Ruth Beckermann

Alexander Horwath, Michael Omasta (Hg.)

Österreichisches Filmmuseum
SYNEMA – Gesellschaft für Film und Medien

Ein Buch von SYNEMA ☰ Publikationen
Ruth Beckermann
Band 29 der FilmmuseumSynemaPublikationen

© Wien 2016
  SYNEMA – Gesellschaft für Film und Medien
  Neubaugasse 36/1/1/1
  A-1070 Wien

Korrektur: Joe Rabl
Grafisches Konzept, Gestaltung und Produktion: Gabi Adébisi-Schuster
Coverfoto: Heribert Corn © 2006
Druck: REMAprint
Gedruckt auf FSC-zertifiziertem Papier
Verlags- und Herstellungsort: Wien

ISBN 978-3-901644-68-9

Dieses Buch entstand mit Unterstützung durch das Österreichische Filminstitut

Österreichisches Filmmuseum und SYNEMA – Gesellschaft für Film und Medien
sind vom Bundeskanzleramt Österreich / Kunst und Kultur – Abt. (II/3) Film
sowie von der Kulturabteilung der Stadt Wien geförderte Institutionen.

Inhalt

Zum Geleit
GEORG STEFAN TROLLER
Filme machen in Wien 5

BERT REBHANDL
Das ewige Thema
»Judenkind, Flüchtlingskind, Wirtschaftswunderkind«:
Die Identifikationen von Ruth Beckermann 7

RUTH BECKERMANN
Fotografien 1 – New York 34

ARMIN THURNHER
Andere Zeiten
Zu vier frühen Filmen Ruth Beckermanns 41

CHRISTOPH RANSMAYR
Zwei Kaiser und kein Reich
Nachmittage an der Wiener Marc-Aurel-Straße 47

CHRISTA BLÜMLINGER
Studien zur Bodenlosigkeit 53

RUTH BECKERMANN
Die Flaneurin – Exposé zu einem Film 60

CRISTINA NORD
Wege, die nicht aus dem Wald hinausführen
Zum Motiv der Bewegung in den Filmen Ruth Beckermanns 67

RUTH BECKERMANN
Fotografien 2 – Ägypten 72

RUTH BECKERMANN
Jenseits des Krieges – Drehtagebuch 80

JEAN PERRET
Nichts gewusst, nichts gesehen
Ein fundamentales Werk über Schuld und Verdrängung: *Jenseits des Krieges* 93

RUTH BECKERMANN
American Passages – Auszüge aus dem Arbeitsbuch 96

INA HARTWIG
Der Ort des Ich
Arbeiten mit Ruth Beckermann 101

ALICE LEROY
Celan, Bachmann, Beckermann
Korrespondenz der Geträumten 108

OLGA NEUWIRTH
Gegen die Verstaubung 116

RUTH BECKERMANN
Waldheim – Ein Postproduktionsfilm
Notizen aus dem Schneideraum 122

ALEXANDER HORWATH & MICHAEL OMASTA
»Wir reden von einem Kino, das es fast schon nicht mehr gibt«
Ruth Beckermann im Gespräch 131

Kommentierte Filmografie 163

Weitere künstlerische Arbeiten 182

Bibliografie (Auswahl) 184

Autorinnen und Autoren 187

Abbildungsnachweis 190

Dank 191

Georg Stefan Troller

Filme machen in Wien

Ich erkenne mich in Ruth Beckermann wieder, über diese zwei Generationen hinweg, die es wohl sein müssen: in ihren Bildern, in den Filmtexten, in den Antworten auf Interviewfragen. Nicht, daß sie viel von meinen Sachen gesehen haben kann, mit Ausnahme der Axel-Corti-Trilogie *Wohin und zurück*, zu der ich die Drehbücher schrieb (und sie ein starkes Nachwort). Aber meine Dokumentarfilme liefen ja kaum je in Österreich, und persönlich getroffen haben wir uns bestimmt nicht öfter als drei oder vier Mal. Nein, was wir gemeinsam haben, so scheint mir, ist die unüberwindbare, die nie zu verleugnende Herkunft als Bestimmung. Dieses jüdische Wienertum, oder wienerische Judentum – die Verflechtung in die uns verliehene Stadt, der wir uns, häufig gegen unseren, und ihren, Willen, als zugehörig empfinden müssen. Und so spüre ich bei Ruth Beckermann, so viele Jahre nach mir geboren, jene zwischen Aufsässigkeit und Melancholie, zwischen Anverwandlung und Trotz gemischte Stimmung, die uns eben von je aus »unserer« Stadt herüberkommt. Auch finde ich in ihren Filmen die nämliche Sehnsucht nach dem »schönen« – aber zuvörderst aussagekräftigen – Bild … in Verbindung mit einem Text, der das Abgebildete nicht etwa bloß erklärt, sondern, wenn man so sagen darf, verklärt. Mit ihm fusioniert zu etwas Gestaltetem. Und dazu gehört natürlich auch die fast erotische Lust an der Montage, die wiederum stark an die Musikfreudigkeit des Wieners erinnert.

Ja, ich erkenne mich in Ruth Beckermann wieder, auch über solche Artverwandte wie Schnitzler, Polgar, Altenberg … und ein bißchen Karl Kraus. Hierorts hat man stets nach Form gestrebt, vielleicht mehr als zulässig. Form als Zusammenfassung der Realität auf höherer Ebene. Aber insgeheim auch die Verdrängung, ja die Niedermachung einer unerträglichen Wirklichkeit. Zumindest Spiel mit ihr, freie Verfügung, bis hin zum bewußten Akrobatentum. Sieht man Ruth Beckermanns jüngsten Dokumentarfilm, *Those Who Go Those Who Stay*, dann spürt man, wie hier eine gereifte Filmemacherin mit einer Wirklichkeit umzugehen wagt, die fast nur mehr Stoff, nur mehr bloßes

Material für sie ist. Und man denkt lächelnd an die Inschrift über der Filmfakultät der »University of Southern California« in Los Angeles: »Reality ends here«.

Die Aufarbeitung, nein, die Überwindung der Umwelt, das war von jeher der geheime Antrieb dieser kunstbeflissenen Wiener Juden. Ob sie nun Autoren waren, Maler, Musiker, Essayisten. Oder auch nur Sammler und Betrachter, und ansonsten ihrem Geschäft im Konfektionsviertel zugehörig. Rudolfsplatz, Neutorgasse, Salzgries, Marc-Aurel-Straße, Sterngasse ... das war auch mein Revier als Junge. Hier wohnten »unsere Leut«, feierten zusammen, gaben sich vielleicht religiöser und gewiß auch spießiger, als sie tatsächlich waren. Und immer diese geheime Sehnsucht nach Höherem, ja nach Verwandlung! In Ruth Beckermanns so deutlich subjektiven Filmen spürt man diesen verborgenen Antrieb, nicht nur »sich selbst zu finden«, wie der gängige Ausdruck lautet, sondern sich und ihre Umwelt neu zu erfinden, mithilfe aller technischen und auch künstlerischen Möglichkeiten unseres Metiers. Man denke an den Weg unserer Lehrmeister wie Eisenstein, Flaherty, Chris Marker und vieler anderer dieser »Bilderdichter und Wortemaler«, wie die große Hélène Cixous sie nennt. Und danach auch das wunderbare Wort für Ruth Beckermann findet, das ich vorher nie gehört habe: das von der »Herzkamera«. Möge sie noch lange unsere Welt aufnehmen und verzaubern.

Bert Rebhandl

Das ewige Thema

»Judenkind, Flüchtlingskind, Wirtschaftswunderkind«:
Die Identifikationen von Ruth Beckermann

Der deutsche Bundeskanzler Gerhard Schröder sprach ein wenig unbedacht, als er 1999 über das damals in Diskussion befindliche Holocaust-Mahnmal in Berlin sagte, es sollte ein Ort werden, »an den man gerne geht«. Er versuchte später, seine schnoddrige, in einem Fernsehinterview gefallene Formulierung zu erklären: Das Mahnmal solle nicht von einer Aura der moralischen Verpflichtung geprägt sein, sondern man könne den Ort auch anders als »mit der gehörigen Beklemmung und einem gewissen Widerwillen«[1] aufsuchen. Der leutselige Wunsch ist weitgehend in Erfüllung gegangen. Das von Peter Eisenman entworfene Stelenfeld südlich des Brandenburger Tors ist ein Touristenmagnet geworden, in dem die Besucher ganz unbefangen Selfies machen und sich eine Atmosphäre der Kontemplation oder gar der Trauer kaum einmal einstellt.

In Österreich entspricht dem *Denkmal für die ermordeten Juden Europas* in Berlin das *Mahnmal für die österreichischen jüdischen Opfer der Schoah* auf dem Judenplatz. Auch die Skulptur von Rachel Whiteread stieß auf Ablehnung. Ein oberflächliches Argument lautete dabei, dass es in Wien ja bereits ein anderes Mahnmal gibt, das von Alfred Hrdlicka entworfene, ebenfalls unter intensiven Debatten realisierte *Mahnmal gegen Krieg und Faschismus*, das aber in seiner figurativen Konkretheit wie auch in seiner impliziten »Erzählung« noch deutlich mehr Fragen aufwirft als das ebenfalls wegen seiner Semantik umstrittene Mahnmal von Rachel Whiteread.

Für Ruth Beckermann hat sich durch das volkstümlich »Hrdlicka-Denkmal« genannte Mahnmal ihr ganzes Verhältnis zu Wien und zu Österreich verändert: »Zu allen Gasthäusern, Berghütten, Sportplätzen, die ich meide, um der Volksseele auszuweichen, kommt der Albertinaplatz.«[2] Alfred Hrdlicka hat für die Republik Österreich also einen Gedenkort geschaffen, an den die bedeutendste jüdische Filmemacherin des Landes nicht nur nicht gern, sondern nach Möglichkeit gar nicht geht. »Die Stadt, in der ich wunderlicherweise geboren wurde, hat ihrer Selbstgerechtigkeit ein Denkmal gesetzt.«[3]

Im Jahr 2015 trat sie dann allerdings sogar offiziell dort auf; sie löste in diesem Moment ein Vorhaben ein, das sie sich schon 1989 in einem Text über das Mahnmal vorgenommen

---

1 Claus Leggewie, Erik Meyer, *»Ein Ort, an den man gerne geht«. Das Holocaust-Mahnmal und die deutsche Geschichtspolitik nach 1989.* München 2005, S. 23.
2 Ruth Beckermann, *Unzugehörig. Österreicher und Juden nach 1945.* Wien 1989, S. 14.
3 Ebd., S. 12.

7

hatte: »Es gibt eine Menge Photos aus dem Wiener März 1938. Grinsende Menschen, die bodenreibenden Juden zusehen. Ich habe mich oft gefragt, wieso in all den Jahren seit Kriegsende niemand auf die Idee gekommen ist, mit den Photos in der Hand auf die Suche nach diesen Menschen zu gehen. Ihnen ihr Grinsen vorzuhalten.«[4] Auf Grundlage nicht von Fotografien, sondern von zeitgenössischem Filmmaterial erstellte Beckermann einen Loop mit dem Titel *The Missing Image*, in dem zu sehen ist, wie zwei Juden bei einer der »Reibpartien« nach dem »Anschluss« von grinsenden, auf sie herabblickenden Wienerinnen und Wienern beobachtet werden. Diese »reaction shots« sind das »fehlende Bild«, das Beckermann in der Skulptur von Hrdlicka installierte. Sie korrigierte damit nicht nur die immer wieder zu Missverständnissen Anlass gebende Figur des »Knienden und straßenwaschenden Juden«[5], sie machte damit auch im übertragenen Sinn den Albertinaplatz für sich selbst wieder begehbar, und damit nicht nur für sich selbst, sondern für alle Juden und Jüdinnen. Die Stadt hat mit dieser Installation zumindest für einige Monate im Jahr 2015 ihre eigene »Selbstgerechtigkeit« hinterfragt.

In dieser Geste kommt auch zum Ausdruck, dass sich seit den 1980er-Jahren, in denen Ruth Beckermann als Filmemacherin erstmals hervortrat, in Österreich nicht nur geschichtspolitisch viel verändert hat. Ihr Werk ist auch so etwas wie ein Index dieser Veränderungen, subjektiv gebrochen natürlich, aber mit einer unverkennbaren historiografischen Spur: Als Jüdin reflektiert Ruth Beckermann ständig ihr Verhältnis zu Österreich. Das Werk geht darin nicht auf, findet in dieser Sammlung von Identitäts- und Identifizierungsmöglichkeiten mit einem Staat und einer Gesellschaft, die 1938 bis 1945 Teil des nationalsozialistischen Regimes waren, aber einen autobiografischen Fluchtpunkt.

In der Widmung der 1989 erschienenen Textsammlung *Unzugehörig* bedankt Ruth Beckermann sich bei ihren »Freundinnen und Freunden – besonders John Bunzl und Evelyn Klein – für die vielen Gespräche über das ewige Thema«. Was damit genauer gemeint ist, muss nicht ausdrücklich benannt werden, denn es sind die Texte des Buches, aus denen die Antwort hervorgeht. Das »ewige Thema«, auf das Ruth Beckermann sich verwiesen sieht, hat eben damit zu tun, dass sie »wunderlicherweise« in Wien geboren wurde: als Tochter eines Juden aus der Bukowina, der die Schoah überlebte, mit der Roten Armee kämpfte und nach dem Krieg nach Wien kam, und einer Jüdin, die 1938 aus Wien nach Israel geflohen war und nach dem Krieg widerwillig zurückkehrte, ist sie selbst Österreicherin.

Sie ist damit Bürgerin eines Landes, von dem der »Dichter« Wolf Martin, der für seine Vierzeiler in der *Kronen-Zeitung* berüchtigt war, einmal schrieb, dass es für die Juden dort immer noch besser sei als im »gelobten Land«. Aus den Zeilen sprach der Hohn darüber, dass es trotz politischer Proteste im »Naziland der blauen

---

4 Ebd., S. 12.
5 Hrdlicka musste die Skulptur überarbeiten, damit sie nicht mehr als Sitzgelegenheit zu missbrauchen war.

Ansicht der
Installation in der
Wiener Innenstadt:
The Missing Image
(2015)

Schande«[6] zu keiner signifikanten jüdischen Emigration aus Österreich kam. Das war zu Beginn des Jahres 2000, als in Österreich eine Regierung die Verantwortung übernahm, die durch eine Koalition der ÖVP (Österreichische Volkspartei) mit der rechtspopulistischen FPÖ (Freiheitliche Partei Österreichs mit ihrem demagogischen Vorsitzenden Jörg Haider) zustande gekommen war. Ruth Beckermann drehte damals gerade den Film *homemad(e)*, in dem sie das städtische »Dorf« (Franz Schuh) rund um die Marc-Aurel-Straße im 1. Bezirk in Augenschein nahm.

Das »ewige Thema« stellte sich in dieser Zeit wieder einmal neu: Wie kann man als jüdische Filmemacherin in Österreich leben?

homemad(e) gibt darauf eine ganze Reihe von Antworten. Die Rede von einem »Dorf« in der Stadt meint ja nichts anderes, als dass man (im Idealfall, wie Franz Schuh betont) zuerst einmal in einer überschaubaren Lebenswelt aufgehoben ist, in der ein Satz wie »Was mach' ma zu Purim?« ganz normal klingt, während er in Ottakring oder Döbling auch befremdlich erscheinen könnte. Die Marc-Aurel-Straße mit dem Café Salzgries, mit den Redaktionen von *profil* und *Falter*, mit einem persischen Lokal und mit dem Textilgroßhandel von Adi Doft ist ein Mikrokosmos. Ruth Beckermann wohnt in dieser Straße, sie filmt also in diesem Fall das, was ihr täglich unterkommt, wenn sie aus dem Haus geht. Ein Stück dörflicher Urbanität, in dem die Zeit einerseits keine große Rolle spielt, weil die Routinen wichtiger sind: morgens das Geschäft aufsperren, vormittags im Café die Zeitung lesen, spätnachmittags auf der Straße

einen Plausch haben. Andererseits haben die Leute eine Geschichte: Der Inhaber des persischen Restaurants gehört zu einer Familie, die im vorrevolutionären Iran unter dem Schah Reza Pahlavi eine hervorragende Position einnahm und deswegen ins Exil musste.

Die bedeutendste Figur aber ist der Textilgroßhändler Adolf Doft, dessen Biografie durch die Schoah geprägt ist. Er erzählt, dass seine Mutter von der Gestapo erschossen wurde. Er selbst war auch in den Lagern: »Auschwitz, Flossenbürg, Buchenwald, überall bin ich gewesen.« Den Tod der Eltern und mehrerer Geschwister kann er »nie akzeptieren und nie verzeihen, nicht einmal Gott«. Andererseits glaubt er an eine ausgleichende Gerechtigkeit: »Die kriegen alles zurück.« Das ist allerdings eine Frage der Zeit.

Adi Doft ist einer der Überlebenden, zu deren »Kindern« auch Ruth Beckermann selbst zählt, wie sie in ihrem Text *Jugend in Wien* ausführlich reflektiert. Sein gebrochenes Deutsch verweist Beckermann auf die eigenen Eltern.[7] Ihre Entscheidung für Wien und Österreich war der Tochter vorgegeben. Ruth Beckermann steht im Grunde bis heute vor der Wahl, sich diese Geschichte zu eigen zu machen; sie hat auch mehrfach anderswo gelebt. Dennoch spricht einiges für die Vermutung, dass sie die

---

6 *In den Wind gereimt*, 16.2.2000: »Dass Juden jetzt aus Öst'reich flüchten, steht zu befürchten wohl mitnichten. Denn selbst für ärgste Haider-Fresser lebt es sich wohl um Häuser besser im ›Nazi-Land‹ der blauen Schande, als im gelobten heil'gen Lande.«

7 Die Sprachfärbung ihres Vaters ist der von Doft sehr ähnlich. Besonders markant ist, dass er das Wort »Antisemitismus« ständig zu »Antisemismus« verschleift.

Entscheidung der Eltern in ihrer ganzen Ambivalenz angenommen hat. Sie ist auch in Wien geblieben. Dieser Umstand hat wiederum verschiedentlich mit Veränderungen in der österreichischen Gesellschaft und Politik zu tun, deren Zeugin und Protagonistin Ruth Beckermann war.

~

Im Frühling 1976 war sie nach einem Jahr in New York nach Wien zurückgekehrt, um ihr »als sinnlos empfundenes Studium der Publizistik dennoch abzuschließen«.[8] Sie kam in einem bedeutsamen Moment zurück. Sie wurde Teil einer vielfältigen progressiven und linken Bewegung, die sich bei der Besetzung der Arena im 3. Bezirk formierte. Die Stadt Wien wollte auf dem ehemaligen Schlachthofgelände, das zwischendurch auch für die Wiener Festwochen genützt worden war, ein Textilzentrum errichten lassen, von dem die Firma Schöps und die Wibag (also eine private und eine städtische Firma) profitieren sollten. Diesem Plan stellten die Besetzer die Forderung nach einem selbstverwalteten Kulturzentrum »für die Jugend« entgegen. Die Wochen der Besetzung wurden zu »einer romantischen Erfahrung von Basisdemokratie und alternativen Lebensentwürfen«.[9] Auf einem Plakat, das die vielfältigen Aktivitäten zusammenfasst, finden sich neben zahlreichen angekündigten Konzerten auch die politischen Themen der Zeit: Chile, der Nahe Osten

8 Ruth Beckermann, »Ein Fest fürs Leben«, in: *Die Fantasie und die Macht. 1968 und danach*, hg. von Raimund Löw. Wien 2007, S. 248.
9 Ebd, S. 248.

homemad(e): Dreharbeiten mit Adolf Doft, Nurith Aviv (Kamera) und Christina Kaindl-Hönig (Ton)

und das Südliche Afrika werden jeweils von Komitees verhandelt. Filme bilden einen eigenen Schwerpunkt (auf dem Gelände wurde ein Filmpalast eingerichtet): »permanent Spiel-, Dokumentar- und Trickfilme von der Aktion Der gute Film, von der Filmakademie Wien, von Corti, Eggers, Fitzthum, Madavi, Pilz, und Videoaufzeichnungen der TV-Redaktionen Ohne Maulkorb und Teleobjektiv«.

Dieser Aufzählung ist zu entnehmen, dass sich unter dem Stichwort »Filme« sowohl das kritische Fernsehen wie auch eine Reihe von Filmemachern nennen ließen, die dem Umstand trotzten, dass es damals in Österreich eigentlich kein Kino gab[10]: Axel Corti, Jörg A. Eggers, Mansur Madavi, Michael Pilz und Werner Fitzthum. Das Thema Vergangenheitsbewältigung spielt in der Arena-Bewegung keine Rolle, man kann allenfalls in dem Nahost-Komitee etwas vermuten, was der Historiker John Bunzl unter dem Stichwort »Brüchige Allianzen« verhandelt: »Während ein kleiner Teil (der Linken) sich der Schwierigkeiten einer verantwortungsvollen Israel-Kritik bewußt war, ging ein größerer Teil – auch angewidert von der offiziellen geheuchelten Israel-Sympathie – rasch zu seiner Identifikation mit den Palästinensern über.«[11]

Hier ist der Keim zu einer Entwicklung gelegt, die sich damals noch in Latenz befand. »Ich durfte nicht mehr auf den ja höchst unterschiedlichen Vergangenheiten meiner Eltern und derjenigen der neuen linken Freunde beharren, dachte ich. […] Schweigen über die NS-Vergangenheit war der Preis für die vermeintliche Einheit«[12], schreibt Ruth Beckermann.

Sie war Teil der Videogruppe Arena, die im Juli 1977 aus Material, das während der Besetzung entstanden war, den Film Arena besetzt montierte. »Mia gengan nimma fort«, war eine der Parolen, die sich allerdings letztlich als falsch erwies. Denn die Besetzung endete mit einer Niederlage. Der konkreten Enttäuschung über die Abspeisung mit dem ungeliebten Inlandsschlachthofgelände steht aber der Umstand gegenüber, dass die Aufbruchsstimmung vielfältige Folgen hatte. Eine dieser Folgen war der Film Arena besetzt selbst, mit dem Beckermann, Josef Aichholzer und Franz Grafl nicht nur das damals neue Medium Video für politisches Kino nutzbar machten, sondern mit sie die Arena-Themen auch präsent halten konnten – bezeichnenderweise endet Arena besetzt mit Bildern von einer Demonstration gegen das Atomkraftwerk Zwentendorf, über das 1977 in Österreich eine Volksabstimmung abgehalten wurde, bei der sich eine knappe Mehrheit gegen die sogenannte friedliche Nutzung der Kernenergie ergab.

Während Beckermann ursprünglich vorgehabt hatte, Österreich nach Abschluss des Studiums so schnell wie möglich wieder zu verlassen, gab es nun Gründe, zu bleiben: »Für mich bedeutete die Arena den Eintritt in die österreichische Gesellschaft.«[13] Davor hatte sie sich in Enklaven aufgehalten, mit Malern wie Walter Schmögner, Walter Pichler oder Max Peintner

10 Ruth Beckermann im Videogespräch auf der DVD zu Arena besetzt.
11 John Bunzl, Der lange Arm der Erinnerung. Wien 1987, S. 117.
12 »Ein Fest fürs Leben«, S. 253.
13 Ebd., S. 249.

f amol a Streik (1978)

im Café Hawelka, oder mit jüdischen Hoch-schüler / inne / n, die vor allem israelische Politik diskutierten und sich »für eine Verbindung von Judentum und Sozialismus« interessierten. »Von Österreich hatte ich keine Ahnung, es interessierte mich auch nicht, weil ich sowieso nicht hier leben wollte. Arena und Filmladen katapultierten mich mitten hinein in die Linke und in dieses Land.«

Der Filmladen entstand aus dem Syndikat der Filmschaffenden Österreichs, das sich 1977 konstituierte, und in dem sich eine kleine Gruppe bildete, die »Sektion Verleih«. Josef Aichholzer, Franz Grafl und Ruth Beckermann, größer war die Sektion nicht, die ihr Büro in diversen Kaffeehäusern hatte und sich zum Ziel setzte, einen politischen Filmverleih in Öster-reich zu etablieren. Neben dem Aufbau der Verleiharbeit entstanden auch zwei politische Dokumentarfilme. *Auf amol a Streik* bilanziert in 24 Minuten einen Arbeitskampf im Reifenwerk der Firma Semperit in Traiskirchen im Frühling 1978. Das Traditionsunternehmen versuchte,

mit Lohnkürzungen auf die veränderten Ar-beitsbedingungen zu reagieren. Innovative Techniken hatten Produktivitätszuwächse er-geben, von denen nur die Aktionäre, nicht aber die Belegschaft, profitieren sollten. Ruth Becker-mann ist hier zum ersten Mal zu hören. Sie spricht den Off-Kommentar. Gemeinsam mit Josef Aichholzer zeichnet sie auch für die Regie verantwortlich. Der »kollektive Flugblattfilm« verbindet Interviews mit den Arbeitern mit agitatorischen Montagen; eine Parteinahme für den Streik, der innerhalb der Gewerkschafts-organisationen umstritten ist, schimmert zwar durch, wird aber nicht explizit. Stärker scheint das Interesse zu sein, die Lage in allen ihren Aspekten zu erhellen: Die Arbeiter rätseln an ihrem Betriebsratsobmann Maierhofer herum, der wiederum im Streit mit dem Gewerk-schaftschef Teschl liegt. Die Abwägung von Lohnzuwächsen mit Rationalisierungsschritten ergibt schließlich den springenden Punkt, an dem aus dem organisierten Arbeitskampf ein »wilder Streik« wird, wie es die Presse bezeichnet. Aichholzer und Beckermann lassen auch die Arbeitgeberseite zu Wort kommen, merken allerdings leicht polemisch an, dass die neuen Manager »den österreichischen Sozialpartnerschaftston nicht gewohnt« sind. Eine Grafik des damals noch relativ unbekannten Manfred Deix zeigt den obersten Gewerkschaftspräsidenten Anton Benya, der zwei Streitparteien die Ohren langzieht.

Aus heutiger Sicht ist dieser Streikfilm deutlich als ein Kapitel der frühen Erfahrungen mit Globalisierung erkennbar. Eine österreichische Firma fusioniert mit einer französischen, weil auf dem Weltmarkt Überkapazitäten herrschen. Der technische Fortschritt schwächt die Arbeitnehmerseite weiter. Der letzte Satz, den Beckermann in *Auf amol a Streik* spricht, deutet auf weitere Verluste hin, die nun auch die Angestellten betreffen: Die Semperit-Zentrale in Wien soll geschlossen werden. Der Chef der Creditanstalt, Heinrich Treichl, sieht die Beilegung des Arbeitskampfes nach Zusicherung von Lohngewinnen für die Wickler und Bedienungsleute im Saldo schon positiv für die Arbeitgeberseite: Was die Firma nun mehr zu zahlen haben wird, wird sie durch Rationalisierungen auch zusätzlich erwirtschaften. Das wird allerdings die Überkapazitäten auf dem Weltmarkt verstärken – ein Aspekt, der nicht mehr berücksichtigt werden kann.

Es sind andere Filme aus dem Filmladen, die damals einen umfänglicheren Begriff von Globalisierung vermittelten: *Flaschenkinder* (1974) von Peter Krieg griff eine internationale Kampagne gegen den Nestlé-Konzern auf, dessen Pulvermilch im Zusammenhang mit unhygie-

nischer Zubereitung unter den Armutsbedingungen in Afrika für den Tod vieler Kinder verantwortlich gemacht wurde.

1981 treten die Leute des Filmladens noch einmal mit einem Dokumentarfilm hervor: *Der Hammer steht auf der Wies'n da draußen* beginnt mit einer Großdemonstration, bei der über 10.000 Menschen in Judenburg in der Steiermark gegen die Schließung eines Stahlwerks protestieren. Das Werk gehört zur Verstaatlichten Industrie, einem Sektor der österreichischen Wirtschaft, der seit den 1970er-Jahren zunehmend in die Krise gerät. Ein Grund, wie er im Film genannt wird: Die »Ausweitung auf rentable Finalprodukte« wurde unterlassen, entweder aufgrund schlichter Unfähigkeit der Verantwortlichen oder aber, auch das klingt als Möglichkeit an, weil die Sozialpartnerschaft diese Bereiche der Privatwirtschaft überlassen wollte. Aichholzer, Beckermann und der hier ebenfalls in den Credits genannte Michael Stejskal stellen den ganzen Film ins Zeichen des Blues. Sie erteilen Menschen das Wort, die beklagen, »dass ma überhaupt kan Halt mehr hat«. Ehefrauen von Arbeitern deuten auf dem Spielplatz vor einer Neubausiedlung an, dass die modernen Wohnungen, in denen sich das Wirtschaftswunder der Vollbeschäftigungsjahre auch manifestierte, bald zu teuer werden könnten.

An einer markanten Stelle von *Der Hammer steht auf der Wies'n da draußen* sieht man Ruth Beckermann, wie sie eine (Video-)Kamera, die in Farbe aufnimmt, auf eine Interviewsituation richtet, in der einer der lokalen Funktionäre sich äußert, auf der Terrasse des Eigenheims, in

Hammer steht auf der Wies'n da draußen (1981)

der Hollywoodschaukel. Dieses Bild der Beobachtung der eigenen Arbeit deutet auf Möglichkeiten einer selbstreflexiven Praxis, die der Film dann aber nicht weiter aufgreift. In der leidenschaftlichen Abrechnung eines Arbeiters mit der »Feigheit« der Verantwortlichen und auch der höheren Arbeitnehmervertreter in Wien ist zu erkennen, wie wichtig es ist, dass einmal ein Filmteam sich ausführlich auf die Leute vor Ort einlässt. Nur so kann ersichtlich werden, was die Stimmung ausmacht: »Judenburg ist verraten und verkauft.« Tragische Ironie, dass all dies unter einer »roten« (sozialdemokratischen) Regierung geschieht. Der Protest bleibt ohnmächtig, auch wenn er das stärkste aller Argumente für sich beanspruchen kann: »Mir kinnan des in aner Demokratie net hinnehmen.« Was auf dem Spiel steht, ist die Gerechtigkeit, die von einem demokratischen System erwartet wird.

14 Vgl. etwa Rolf Schwendter, »Das Jahr 1968. War es eine kulturelle Zäsur?«, in: *Österreich 1945–1995*, hg. von Reinhard Sieder, Heinz Steinert, Emmerich Talos. Wien 1995, S. 166–175.

Zwei Namen fallen im Abspann des Films: Peter Pilz und Siegfried Mattl, zwei engagierte Intellektuelle, der eine geht später von der Sozialwissenschaft in die Politik, der andere wird zu einem der bedeutendsten Historiker. Beide stammen aus dem steirischen Industriegebiet, beide sind geprägt durch das Milieu, das sich rund um die Arena formiert hat; sie zählen zu den »kollektiven« intellektuellen Ressourcen, zu denen auch materielle hinzukamen. Der Film wurde, so gibt das letzte Insert zu erkennen, durch Spenden ermöglicht und kann damit als eine frühe Form von Crowdfunding betrachtet werden.

Zusammengenommen bilden die drei Gruppenfilme aus den Jahren 1977 bis 1981 auch einen Beleg für die häufig getätigte Feststellung, dass die Arena-Besetzung und ihre Folgen das österreichische Pendant zu den Ereignissen von 1968 in Frankreich oder Deutschland darstellen.[14] Filmemacher gehen in die Fabriken: Das Beispiel, das die Groupe Medvedkine und andere in Frankreich 1968 gegeben hatten, wurde in Österreich durch die Filmladen-Gruppe aufgegriffen. Private Lebensumstände (das gemeinsame Leben in der WG Heinestraße) und beginnende berufliche überschneiden sich: Michael Stejskal wurde schließlich zur prägenden Figur des Kinoverleihs, Josef Aichholzer gründete eine Produktionsfirma, und Ruth Beckermann wurde Filmemacherin.

In einem Text, den sie 2007 für das Buch *Die Fantasie und die Macht* schrieb, lässt Ruth Beckermann erkennen, dass diese Zeit für sie persönlich ein Wendepunkt war. »Jene hoffnungsfrohe und sorglose Zeit überstrahlt mein ganzes Leben.« Sie entdeckt damals ein anderes Wien, ein anderes Österreich. Die »Suche nach den eigenen Wurzeln« bekommt in der Adresse der Wohngemeinschaft in der Heinestraße im 2. Bezirk eine unvermutete Konkretion: »Sie hat mich in die Nähe meines Großvaters Jonas Deutsch geführt, der 1916 aus Galizien in Wien angekommen in der Blumauergasse seine Schusterwerkstatt hatte, bis er im Jahr 1938 als Staatenloser nach Dachau, dann nach Buchenwald deportiert wurde. Wie er dort starb, habe ich nie erfahren; eine Urne wurde meiner Großmutter 1941 nach Wien geschickt und am Zentralfriedhof begraben.«[15] Die Blumauergasse, in der übrigens auch Josef von Sternberg lebte, liegt ein paar Blöcke von der Heinestraße entfernt in Fußweite des Pratersterns in jenem 2. Bezirk, den Beckermann 1984 in einem Buch als *Mazzesinsel* in Erinnerung rief: »Die Leopoldstadt muss etwas ganz Besonderes, muss anders gewesen sein als das übrige Wien und doch so sehr Teil dieser Stadt, dass sie schon nichts Exotisches mehr war.«[16]

Dieses »anders und doch so sehr Teil dieser Stadt« ist eine gelungene Formulierung für das Verhältnis, das Beckermann in diesen Jahren (für sich) entdeckt: Das Wien der Zwischenkriegszeit enthält Anknüpfungspunkte sowohl für ihr politisches Engagement wie auch für ihre Suche nach einer kollektiven Vorgeschichte ihrer Familie. Die Leopoldstadt wird zu einem Topos ihrer eigenen (Un-)Zugehörigkeit, denn »das Phänomen« dieses Bezirks war für die Wiener lange Zeit keines, es war aber eines für Menschen, die von außen kamen (wie Joseph Roth). Und es wird wieder eines im Rückblick, denn spätestens durch den Novemberpogrom von 1938, im Grunde aber schon durch den aggressiven Antisemitismus der österreichischen Nationalsozialisten, war die Selbstverständlichkeit, auf die Beckermann anspielt, verloren gegangen. Und in der Zweiten Republik war das »Phänomen« dieses Bezirks eines, das an die Schwierigkeiten der Ersten erinnerte.

In dem Film über Judenburg war an einer zwischendurch gefallenen Bemerkung auch erkennbar geworden, dass die österreichischen Arbeiter um 1980 ihr Schicksal immer noch in Relation zu den krisenhaften 1930er-Jahren, zu dem politischen Antagonismus, der zum »Bürgerkrieg« von 1934 führte, aber auch zu den Erfahrungen der Geschlossenheit einer Arbeiterfront begreifen konnten. Für die Leute vom Filmladen konnte es politisch konsequent und als folgerichtiger Schritt erscheinen, einen Zeitzeugen von damals zu befragen: Franz Weintraub, der später im Exil in London den Famili-

15 Ebd., S. 256.
16 Ruth Beckermann (Hg.), *Die Mazzesinsel. Juden in der Wiener Leopoldstadt 1918–1938*. Wien 1984, S. 12.

ennamen West annahm und beibehielt, war einer dieser Zuwanderer, die zu einem »Teil der Stadt« wurden und doch »anders« blieben und bleiben mussten. Für Beckermann war es aber eben auch eine Begegnung mit einem jüdischen Wien, in dem nicht zuletzt ihre eigene Mutter in einer Schusterfamilie ihre früheste Kindheit verbrachte.

Der Film *Wien retour* (1983), bei dem Ruth Beckermann gemeinsam mit Josef Aichholzer als Regisseurin genannt wird, beginnt mit einer Fahrtaufnahme aus einem Zug, der von Osten über die Donau nach Wien kommt. Das Riesenrad ist die erste Sehenswürdigkeit, die sich zeigt. Ankunft ist am Nordbahnhof, dem heutigen Praterstern. Franz Weintraub, dessen Eltern aus der Bukowina und aus der Slowakei um 1900 nach Wien gekommen waren, wohin sie mit dem Sohn 1924 nach einigen Jahren in Magdeburg zurückkehrten, bemerkt in der Leopoldstadt (die er charakteristisch auf der zweiten Silbe betont) eine »veränderte Situation bezogen auf meine Zugehörigkeit zum Judentum«. In Magdeburg hatte er sich eindeutig in der Diaspora erlebt, hier aber muss er sich nicht verstecken. Er erlebt hier »eine starke jüdische Gemeinschaft (von) Menschen, die dasselbe Schicksal haben wie du«. Diese Bevöl-

kerung ist um Assimilierung bemüht, hängt aber auch, wie Weintraubs Mutter, an »Überbleibseln« wie dem Verzicht auf Schweinefleisch – jedenfalls dort, wo sie nicht zu Extrawurst verarbeitet ist.

Weintraub skizziert in diesen ersten Passagen des Films eine mögliche historische Verlaufslinie: Die »jüdische Bindung« hätte »langsam aufgehört«, stattdessen hätte er sich »sozialistisch gebunden«.[17] Staatsbürgerlich-politische Identität könnte an die Stelle des »gemeinsamen Schicksals« der Juden treten. Die Nationalsozialisten propagieren dagegen eben dieses Schicksal. Sie skandieren »Jagt's die falschen Wiener in die Bukowina«. In den Berichten von Franz Weintraub aus den zehn Jahren zwischen 1924 und 1934 vollzieht sich im Zeitraffer noch einmal das Scheitern der jüdischen Emanzipation und Assimilierung in Deutschland und Österreich seit 1848.[18]

Für die Filmemacherin Ruth Beckermann wird die Beschäftigung mit der Mazzesinsel und der jüdischen Erinnerung an die Erste Republik in zweifacher Hinsicht bedeutsam: Das Buch beruht auf historischer Recherche, bei der fotografische Aufnahmen eine entscheidende Rolle spielten. Und bei dem Film über Franz Weintraub stellte sich die Frage, wie man die Aufnahmen eines Zeugen visuell aufbereiten konnte. Die Notwendigkeit, die Sprechpassagen durch Zwischenschnitte und illustrierende Bildinhalte zu ergänzen, brachte es mit sich, dass Beckermann und Aichholzer in die Archive gingen. Die Implikationen dieses Begriffs waren damals noch gänzlich andere als 2016, da Österreich über eine professionalisierte Archiv-

---

17 Eine andere markante »Bindung« für Weintraub war Fußball, vom dem er sagt, dass er eine Weile alles andere an Bedeutung überragte. Obwohl er aufmerksam verfolgte, wie es dem jüdischen Verein Hakoah erging, galt seine Unterstützung den »Violetten« (der späteren Austria Wien). Auch dies ein Indiz für die Auflösung der konfessionellen Zusammenhänge, die durch den Antisemitismus unterbrochen wurde.

18 Vgl. dazu grundlegend Bunzl, *Der lange Arm der Erinnerung*, a.a.O.

landschaft verfügt. Im Abspann von *Wien retour* ist die Liste der Institutionen aufgeführt, bei denen Beckermann und Aichholzer damals recherchiert haben: Die Arbeiterkammer, das Bezirksmuseum Leopoldstadt, das Dokumentationsarchiv des österreichischen Widerstands, das Institut für Zeitgeschichte, das Österreichische Filmarchiv und das Filmmuseum sowie die SPÖ-Lichtbildstelle stellten Fotografien und Filmmaterial zur Verfügung.

Das zeitliche Zusammentreffen des Buches über die Mazzesinsel und des Films über Franz Weintraub lässt erkennen, wie offen Ruth Beckermann damals in Hinsicht auf die Formate war – eine Titulierung ausschließlich als Filmemacherin wäre bis heute eine Verkürzung. Während ihres Aufenthalts in New York hatte sie an der School of Visual Arts Fotografie studiert, ihr Einleitungstext zu *Die Mazzesinsel* ist aber auch ein sorgfältig gearbeiteter historiografischer Text, der wiederum von einem alltagsgeschichtlichen Motiv seinen Ausgang nimmt: Die jüdischen Familienfotos bekamen ihre besondere Bedeutung erst durch den vieltausendfachen Verlust in der Schoah, sie wären wohl andernfalls »in den Ablagen und Schränken der Kinder und Enkel verstaubt«. Das Buch ist sowohl eine literarische wie fotografische Anthologie, und auch ein Katalog zu einer Ausstellung.

Die letzten zwanzig Minuten von *Wien retour* enthalten eine Politik (und wohl auch eine Poetik) des Umgangs mit historischem Bildmaterial. Die »innenpolitische Konsolidierung«, als die sich die Durchsetzung des Ständestaats ausgab, wird mit den Propagandamitteln der damaligen Regierung gezeigt. Ein Film

über die »Februarrevolte 1934 in Wien« endet mit den Panzerzügen, aus denen heraus die bewaffneten Arbeiter in Floridsdorf beschossen werden. Mit einer »Kinderhuldigung«[19] und einem »Heil Österreich« von Dollfuß schließt diese Passage, die durch einen »mug shot« von Franz Weintraub konterkariert wird, der damals verhaftet und polizeilich fotografiert wurde. Das »Heil Österreich« führt zu dem abschließenden Monolog, den Weintraub eigens auf Tonband aufgenommen hatte, und in dem er die Geschichte seiner Familie im »Dritten Reich« bilanziert – eine Aufzählung der Verluste, die Adolf Doft in *homemad(e)* später ganz ähnlich vornehmen wird. Der Zeitzeuge, der aus erster Hand weiß, »was das für eine Zeit war, in der man damals gelebt hat«, hat das letzte Wort auch gegenüber harmonisierenden Darstellungen des Krisenjahres 1934 in Österreich. Wobei Franz Weintraub selber die Gegensätze klar benennt: Er verstand sich damals als Teil der »Linksradikalen Arbeiteropposition«, die letztlich nur eine Möglichkeit sah, um den Faschismus zu schlagen – »zu den Waffen greifen«. Die Zeugenschaft des Widerstandskämpfers lässt das propagandistische »Heil Österreich« ins Leere einer nächtlichen Bahn- und Kamerafahrt laufen, die eigentlich suggeriert, dass man dieses Wien, dieses Österreich verlassen müsste. Das wäre aber 1983 der falsche Moment gewesen, auch wenn vieles gerade noch danach aussehen mochte.

19 Während der sogenannten »Kinderhuldigung«, einer politischen Massenveranstaltung am 1. Mai 1934 im Wiener Stadion, wurde auch die neue Verfassung öffentlich verkündet, mit der die Erste Republik beendet war.

Franz Weintraub
(seit der Emigration: Franz West) –
Wien retour (1983)

Die wissenschaftliche Aufarbeitung des sogenannten Austrofaschismus stand in den 1980er-Jahren erst am Anfang und wurde lange durch die weltanschaulichen Lager geprägt. *Wien retour* ist vor diesem Hintergrund vor allem in methodischer Hinsicht ein sehr wichtiger Schritt: An die Stelle einer Gesamtdeutung im jeweiligen ideologischen Sinn tritt eine individuelle Perspektive auf das Geschehen, die aber gerade davon lebt, dass Franz Weintraub in der Lage ist, von sich als »Sonderfall« auf das Allgemeine einer Opfererfahrung zu schließen, die in Österreich erst allgemeinere Akzeptanz finden musste.[20] Der Film entspricht einer breiteren »Wende hin zur Zeitgeschichte, zum Politischen, zum Alltäglichen und zur biographischen Erfahrung«[21], die Christa Blümlinger für die Periode festgestellt hat. Damals war noch relativ neu, was danach ziemlich schnell zu einer »Abnutzung des Archivs der Bilder in einem instrumentellen Recycling« (Siegfried Mattl)[22] führte, wie man es aus dem Geschichtsfernsehen kennt, das in Österreich mit den kanonisch gewordenen Sendungen von Hugo Portisch ab 1989[23] schließlich fast schon staatstragende Harmonisierungskonstruktionen hervorbrachte.

~

Die Begegnung mit Franz Weintraub, dessen sorgfältig abwägende Formulierungen nicht zuletzt ein herausragendes Beispiel für reflektiertes Sprechen sind, könnte für Ruth Beckermann auch in einer besonderen Hinsicht von Bedeutung geworden sein. Denn sie wurde dadurch nicht nur auf viele Themen und auf die Verbindung politischer mit persönlichen Fragen verwiesen, sie erlebte auch einen Mann mit einer ausgeprägten Stimme. Und dieses Finden einer Stimme sollte sich als entscheidender Schritt auf ihrem eigenen Weg erweisen. In *Wien retour* hatte noch Paola Loew den (nicht allzu umfangreichen) Kommentar gesprochen. In *Die papierene Brücke* (1987) ist dann zum ersten Mal ausführlich die unverwechselbare, deutlich wienerisch gefärbte Stimme von Ruth Beckermann zu vernehmen. Sie erzählt eine Geschichte.[24] Die Vorstellung von einer Brücke aus Zigarettenpapier lässt verschiedene Möglichkeiten offen, das Überbrückte zu verstehen. Vergangenheit und Gegenwart, Tod und Leben sind die naheliegendsten Enden einer Verbindung, die vor allem als fragil ausgewiesen wird.

20 »Auffällig ist hierbei, dass die längst vorliegenden wissenschaftlichen Befunde vielfach offenbar ›vergessen‹ werden, dass nämlich die ersten Opfer der nationalsozialistischen Gewalt sozialdemokratische und jüdische BürgerInnen waren.« Ilse Reiter-Zatloukal, Christiane Rothländer, Pia Schölnberger, »Einleitung«, in: *Österreich 1933–1938. Interdisziplinäre Annäherungen an das Dollfuß-/Schuschnigg-Regime*. Wien/Köln 2012, S. 7.

21 Christa Blümlinger zitiert in Siegfried Mattl, »Unverhältnisse. Der neue österreichische Dokumentarfilm und die Zeitgeschichte«, in: ders., *Die Strahlkraft der Stadt. Schriften zu Film und Geschichte*, hg. von Drehli Robnik. Wien 2016, S. 200. In diesem Zusammenhang wäre vor allem auch auf das Projekt der Dokumentation lebensgeschichtlicher Aufzeichnungen hinzuweisen, das der Historiker Michael Mitterauer 1983 an der Universität Wien ins Leben rief. Vgl. zum Beispiel den Band *Gelobt sei, der dem Schwachen Kraft verleiht. Zehn Generationen einer jüdischen Familie im alten und neuen Österreich*, Wien 1987.

22 Ebd., S. 204.

23 *Österreich II*, eine Doku-Reihe des ORF in drei Staffeln, erschien ab 1982. Das der Ersten Republik gewidmete *Österreich I* folgte 1989.

24 Vgl. Manès Sperber, *Die Wasserträger Gottes*. Zürich/München/Wien 1974.

Es liegt auch nahe, die Stimme von Becker-mann, die zugleich sanft und bestimmt ist, selbst als eine solche papierene Brücke zu ver-stehen. Eine Nebenbemerkung, in der sie die »alten Geschichten« mit den vergeblichen Be-mühungen um wissenschaftliche Objektivität in Beziehung setzt, lässt erkennen, wie sehr sie damals in die intellektuellen und zeitgeschicht-lichen Debatten eingebunden war. Nun aber setzt sie diesen Diskursen ihre eigene Bewe-gung entgegen, eine Bewegung, die wohl mit Bedacht von einem leeren, zum Ausbau bereit-stehenden Dachboden ausgeht, der noch ein-mal auf die (leeren) »Ablagen der Kinder« ver-weist, von denen sie in *Die Mazzesinsel* schrieb. Der Speicher, in dem sich üblicherweise die Memorabilia befinden, hat seine Funktion ver-loren. »In diesem Winter bin ich weggefahren.«

Es ist eine Reise zu ihren individuellen wie kollektiven Ursprüngen, die sie durch eine Fahrt nach Czernowitz vorbereitet hatte, von der sie in einem Text aus dem Jahr 1985 be-richtete. Zweimal wird sie in dieser Stadt am äußersten Rand der Sowjetunion vom Ge-heimdienst aufgegriffen, das zweite Mal vor dem Palast der chassidischen Zaddikim in Sadagora, einem Vorort von Tscherniwzi (so der ukrainische Name der Stadt). Die Fahrt nach Czernowitz (»Märchenort in Vaters Kind-heitsland, Schlaraffenland, wo das Korn die saftige Erde erdrückt und die Obstbäume ihre Last kaum tragen können. Pferdeland. Juden-

stadt. Mein Großvater, der Pferdezüchter, in meiner Märchenstadt«), in das ehemalige habs-burgische Kronland Bukowina, ergibt mit dem von Beckermann in einer guten Spannung zwischen Komik und Unbehagen erzählten Kampf um die Fotografien, die sie auf einem Markt gemacht hat, schließlich eine Art Poeto-logie des dokumentierenden Blicks, der in seiner gebrechlichen Medialität die Zeit- und Verlusterfahrungen eingeschrieben hat, die er doch aufzuheben versucht: »Erst […] im hei-matlichen Fotolabor zeigt sich, daß die eifrigen Staatsdiener während des Frage- und Antwort-spieles meine Filme den Röntgenstrahlen aus-gesetzt haben, um den Spiegel, der die schiefe Fratze zeigen könnte, zu zerstören. Bilder einer vertrauten Welt, nostalgische Bilder einer sen-timentalen Reise, Abbilder des Erhaltenen, neh-men, aufgelöst in zerfließende Formen, wieder die Gestalt an, die diese Stadt für uns hat. Ich sehe puderrosa und resedagrüne Farbflecken in unwirklicher Ferne, sehe die Stadt wieder hineintauchen in Geschichten und Gedichte vom vorgeschatteten Blatt-Trieb der Buche, sehe sie wieder zum Namen werden, der keinen Ort mehr hat, nur Märchenstadt in Vaters Kindheitsland, sehe sie in unerreichbarer Ferne.«[25] Die Versuche einer Wiener Jüdin, etwas zu finden, was die Geschichte unauffind-bar gemacht hat, brechen sich in der Destruk-tivität der Agenten eines Regimes, das für die Juden nur das Unverständnis eines schlechten Universalismus (und eines ideologisiert vater-ländischen Sieges über die Nazis) aufbringen konnte. In der »geeinten Familie der sowjeti-schen Nationen«[26] war für die Juden, vor allem,

25 Ruth Beckermann, »Erdbeeren in Czernowitz«, in: Christoph Ransmayr (Hg.), *Im blinden Winkel. Nach-richten aus Mitteleuropa*. Wien 1985, S. 100.
26 Ebd., S. 90.

wenn sie sich an eine Vergangenheit in einem anderen Vielvölkerreich erinnerten, nicht richtig Platz.

Die beschädigten Filme sind auch schon so etwas wie eine papierene Brücke, und tatsächlich führt die winterliche Reise zu den letzten Juden von Rădăuți im nordöstlichen Rumänien zu denselben Widersprüchen, auch wenn Beckermann sie fast schon beschwörend immer wieder aufzulösen versucht: »Alles war einfach. Ich kam von weither und schaute durch die Kamera.« Dass die Sache keineswegs einfach ist, verrät ein Detail, das auf den ganzen Komplex ihrer (Un-)Zugehörigkeit verweist. Als sie einen Rabbi beim Schächten von Hühnern filmt, sieht sie sich an eine Bäuerin in Reichenau erinnert, von der sie in ihrer Kindheit einmal sah, wie sie ein Huhn schlachtete. »Erinnerungen überlagern sich«, sagt Beckermann hier, und dann: »Ich bildete mir ein, dazuzugehören.« Diese Teilhabe an einer alltäglichen landwirtschaftlichen Szene in einem Ort, an dem die Bürger von Wien gern Sommerfrische machen, entspricht in ihrer sinnlichen Unmittelbarkeit einigen anderen Motiven, von denen später noch die Rede sein wird, vor allem im Zusammenhang mit Beckermanns Sisi-Film *Ein flüchtiger Zug nach dem Orient*. Das kindliche (Nicht-) Dazugehören zu Österreich wird in Rumänien durch ein rituelles (Nicht-)Dazugehören zu ihrem Volk überschrieben, aber so, dass die beiden Erfahrungen einander eher verstärken als ausschließen.

Unweigerlich führt *Die papierene Brücke* schließlich zu der »wunderlichen Tatsache« zurück, dass Ruth Beckermann in Wien geboren wurde. Das hat mit ihrem Vater zu tun, der sich nach dem Krieg, als Flüchtling aus dem Osten, für Wien entschied, was er nun für den Film noch einmal erläutert. »Hier ist schon ein fertiges Land, man kann etwas machen«; er versprach sich, dass er mit seinen Kenntnissen in Österreich »reüssieren« könnte – was auch gelang. Der Preis war, dass seine Frau, die als gebürtiges »Wiener Mädel« nach dem Krieg zu Besuch nach Wien kam, sich seinetwegen entschloss, in dem Land zu bleiben, »wo man mich rausgeworfen hat«. Für den Vater war Österreich das »Befreiungsland«, für die Mutter blieb Israel »immer Heimat«. So war in Ruth Beckermanns Familie von Beginn an die Spannung zwischen Assimilation und Alija (»Aufstieg« bzw. »Einwanderung« ins Gelobte Land) da. Wenn man sie später als Kind einer gutsituierten Familie erlebte, dann legte sie Wert darauf, dass deren Geschichte nach dem Krieg von vorn hatte beginnen müssen: »Ich, deren Vater mit 14 Jahren zu arbeiten begonnen hatte, deren Mutter aus einer Schusterfamilie stammt und mit 15 in einen Kibbuz nach Palästina flüchtete, deren Eltern 1950 ihr Leben in Wien ganz neu aufgebaut hatten.« Dieses Ich musste sich mit solchen Klarstellungen gegen latent antisemitische Anmutungen wehren.[27]

~

Ruth Beckermanns Fragmente über die Erfahrungen einer Jüdin zweiter Generation in Österreich können auch als eine persönliche, indirekte Bilanz einer Periode erscheinen, in

27 »Ein Fest fürs Leben«, S. 254.

Die papierene Brücke (1987):
am Drehort mit Herbert Gropper

der die Vergangenheitsbewältigung mehr oder weniger auf eine neue Ebene gehoben wurde. 1985 kam der Film *Shoah* von Claude Lanzmann heraus, der maßgeblich auch den Umgang mit den jüdischen Zeugen prägen sollte. Am 8. Mai 1985 hielt der deutsche Bundespräsident Richard von Weizsäcker anlässlich des 40. Jahrestags der Beendigung des Krieges in Europa und der nationalsozialistischen Gewaltherrschaft eine Rede im Bundestag, die als Meilenstein der offiziellen Vergangenheitsbewältigung begriffen wurde. Im Juli 1986 erschien der Text *Eine Art Schadensabwicklung* von Jürgen Habermas, in dem sich der wichtigste deutsche Philosoph gegen »apologetische Tendenzen« in der Geschichtswissenschaft wandte.[28] Damit war der sogenannte Historikerstreit eröffnet, der ausgehend von der Frage nach der Vergleichbarkeit und Verrechenbarkeit historischer Zusammenhänge die Frage nach der »Einzigartigkeit der nationalsozialistischen Judenvernichtung« stellte.[29]

Zu diesen intellektuellen Großereignissen kam ein österreichisches Politikum: 1985 nominierte die Österreichische Volkspartei Kurt Waldheim, den früheren Generalsekretär der UNO, für die Wahl zum Bundespräsidenten. Nachdem sich herausgestellt hatte, dass er in seiner Autobiografie die Zeit bei der Wehrmacht zwischen 1942 und 1944 ausgespart hatte, wurde Waldheim zur Symbolfigur einer Geschichtsverdrängung, die allerdings damals schon brüchig geworden war, wie der Historiker Oliver Rathkolb hervorhebt. Er nennt noch ein weiteres geschichtspolitisches Schlüsselereignis für Österreich: »Die 1984 organisierte Ausstellung

zum Bürgerkrieg des Februar 1934 signalisierte auch symbolisch das Ende des Primats der Zwischenkriegszeit als der zentralen Geschichtsfrage in der damaligen Gegenwart.«[30]

Eine auf dem Stephansplatz im Herzen Wiens gedrehte Szene von streitenden Passanten verweist auf diese zeithistorische Ebene. Ruth Beckermanns Eltern tauchen dabei ebenfalls auf. Das halb geisterabwehrende »Man weiß, woran man ist«, das Beckermann beim Blick auf ein Denkmal des antisemitischen Bürgermeisters Lueger wie zu sich gesagt hatte, bestätigt sich – und wird zugleich widerlegt durch die unvermutete Wucht, mit der in Österreich die informelle Öffentlichkeit auf den Straßen und die veröffentlichte Meinung dem Ressentiment (wieder) Geltung verschafften. Man kann geradezu von einem geschichtspolitischen Umschlagpunkt sprechen[31], denn erst durch diese Ereignisse Mitte der 1980er-Jahre wurden die Bedingungen für die damals entstehende Gedenklandschaft geschaffen. Zu diesem Um-

28 Das für den Historikerstreit neben Texten von Ernst Nolte (»Vergangenheit, die nicht vergehen will«, *FAZ* vom 6.6.1986) grundlegende Buch *Zweierlei Untergang. Die Zerschlagung des Deutschen Reiches und das Ende des europäischen Judentums* (Berlin 1986) von Andreas Hillgruber ging kritisch auf die Weizsäcker-Rede ein.

29 Der einschlägige Dokumentarband *Historikerstreit*, hg. von Ernst Reinhard Piper (München/Zürich 1987), enthält Texte aus den Jahren 1980 bis 1987 – ausschließlich von Männern.

30 Oliver Rathkolb, *Die paradoxe Republik. Österreich 1945–2015*. Wien 2015, S. 386.

31 Ruth Beckermann zählt dazu mit einer kleinen Sequenz in *Die papierene Brücke* auch die Großausstellung *Traum und Wirklichkeit*, die 1985 im Künstlerhaus zu sehen war und in der das (jüdische) Wien des Fin de Siècle beschworen wurde.

schlagpunkt hat Ruth Beckermann mit ihrem persönlichsten Film *Die papierene Brücke* wesentlich beigetragen.

In den meisten anderen Fällen verbindet sie die Filmprojekte gerne mit einem Recherchevorhaben, das sich wie eine intellektuelle Explikation von etwas ersehen lässt, was dann in der filmischen Erzählung indirekt zum Tragen kommt. Aus der Beschäftigung mit »Zionismus als Utopie« wurde 1991 der Reisefilm *Nach Jerusalem*. Das Land, das sie dabei durchquert, kann man auch als eine Mazzesinsel bezeichnen, eine Szene in einer orthodoxen Bäckerei legt das ganz eindeutig nahe. Eine Frau, die aus der (damals noch) Sowjetunion eingewandert ist, zeigt sich überzeugt, »dass unser Staat gut sein wird«. Für Beckermann, die 1970/71 nach der Matura ein Jahr lang in Tel Aviv studiert hatte, verbindet sich mit dieser Fahrt, die der Straße von Tel Aviv nach Jerusalem folgt und unterwegs Beobachtungen sammelt, der Versuch, auf ihre Weise die Frage von Claude Lanzmann zu beantworten: »Warum Israel?« Damit geht die persönliche Frage einher, warum sie selbst nicht in Israel lebt. Mögliche Antworten darauf hat sie mit *Die papierene Brücke* bereits gegeben. In diesem Film wird deutlicher, dass Israel, wenn man keinen theologischen Begriff davon hat, eine sehr umstrittene Größe ist. Ein Land, in das die arabischen Tagelöhner zum Arbeiten kommen – und wenn sie es abends nicht rechtzeitig zurück nach Gaza schaffen, dann schlafen sie irgendwo im Graben »wie die Hunde«. Ein Land, in dem ein Lautsprecherwagen den Beginn des Sabbats deklamiert (und das Kommen des Messias beschwört), während in einer an-

deren Szene ein Radiowerbespot der Firma Schweppes dafür wirbt, dass ihr Getränk besonders geeignet ist für das Fastenbrechen von Muslimen, die sich nach einem langen Tag im Ramadan an ein bittersüßes Getränk halten sollen. Die Juden von Rădăuți sind hier implizit anwesend, denn die Emigration aus Russland und aus anderen Ländern des Ostblocks ist ein großes Thema. Das jüdische Israel verstärkt sich mit neuen Bürgerinnen und Bürgern aus Äthiopien oder Russland.

In diesem Film, der sich stark den Zufällen entlang der Route überlässt, ist das Prinzip des »entnommenen Bildes« stärker als der erzählerische Zusammenhalt durch die Subjektivität der Autorin. Es gibt nur einen relativ kurzen Kommentar, den Beckermann nicht selbst spricht; davon abgesehen ist sie hier eine Zeugin, die manchmal Fragen stellt, vieles aber auch im nicht näher Bestimmten lässt. Warum taucht ein junger orthodoxer Jude bei einer 170 Jahre alten Moschee auf, die auf Umbauarbeiten wartet? Es ist eine dieser »Montagen«, die in Israel an der Tagesordnung zu sein scheinen. *Nach Jerusalem* müsste letztlich auch die Frage nach der Religiosität stellen, aber wenn, dann beantwortet Beckermann sie ex negativo: Eine Ankunft in der Heiligen Stadt selbst (und beim Pessachfest) gibt es nicht, das letzte Bild zeigt eine Landstraße im dichten Schneetreiben. Selbst wenn sie sich dafür entscheiden würde, nach Israel zu gehen, so könnte man das Bild lesen, dann wäre es keine Alija im strengen Sinn, sondern eher ein Nachvollzug der Träume, die Juden aus Tarnopol und anderswo im Osten in der Bedrängnis einmal gehabt hatten.

Nach Jerusalem
(1991)

Von diesen Träumen ist im Kommentar die Rede, und damit von einem ursprünglichen Zionismus, der sich von dem unterscheidet, der nach 1967 ein größeres Israel herzustellen begann. Dieser »Neozionismus«[32] taucht am Horizont von *Nach Jerusalem* auf, ist aber nicht dessen zentrales Thema. Ihre »Trilogie über jüdische Identität«, wie Beckermann die drei Filme schließlich im Zusammenhang nennt, sind der Bukowina näher als Hebron, Nablus oder auch Tel Aviv, wo es immerhin ein Kaffeehaus gibt, in dem sie nach Theodor Herzl gefragt wird.[33]

In dem werkkaleidoskopischen Film *Those Who Go Those Who Stay* (2013) gibt es viele Jahre später eine Szene, in der Beckermann gemeinsam mit dem Kameramann Peter Roehsler doch noch nach Jerusalem fährt. Diese Autofahrt mit Beckermann am Steuer, gedreht mit einer Art »Kiarostami-Kamera«, geht tatsächlich »hinauf«, wird aber von einem abgründigen Dialog begleitet, in dem Roehsler über den Satan spricht. »Er kennt die Gegend«, sagt er, und Beckermann ergänzt: »Von früher.« Dieses »früher« (gemeint ist: vor 1967, aber auch so etwas wie: von Urzeiten an) in Verbindung mit einem Phantasma des Widersachers ist die radikalste denkbare Antwort auf die Hoffnungen der politischen Theologien im »Heiligen Land«. Und sie erfolgt auf die beiläufigste Weise, in einem

Film, in dem man gut sehen kann, wie Beckermann die Erfahrungen, die sie mit dem Kino in den 1980er-Jahren gemacht hat, nicht in eine Methode überführt, sondern in eine konsequente Offenheit für Vorgehensweisen und Möglichkeiten.

Mit Peter Roehsler, dessen Witz sie auch gelegentlich in Interviews hervorhebt, hängt ganz wesentlich der Film zusammen, den Ruth Beckermann in den Räumen der Ausstellung *Vernichtungskrieg* drehte: *Jenseits des Krieges* (1996). Es ist ihre Auseinandersetzung mit den Tätern, die sie hier in einer Zufallsmenge vorfindet und in einer Situation, in der sie – herausgefordert durch das dokumentarische Fotomaterial, das Verbrechen der Wehrmacht an der Ostfront ab 1941 zeigt – fast nicht anders können, als zu sprechen. Sie sagen alle die Wahrheit, nicht notwendigerweise über die Geschehnisse, aber wohl über sich selbst. Und sie sprechen zugleich persönlich und in den Phrasen und Gedankenmodellen, die im Umlauf sind. Die Positionen aus dem Historikerstreit der 1980er-Jahre tauchen hier in Entstellungen wieder auf, vor allem das berüchtigte Churchill-Zitat von dem »falschen Schwein« kursiert. Das »richtige Schwein« wäre demnach Stalin gewesen, wodurch der Feldzug gegen Russland (und die weitgehende Vernichtung der europäischen Juden) sich als berechtigt erwiesen hätte. »Der Deutsche ist denen ja nur zuvorgekommen«, ist eine Popularisierung der Präventivkriegsthese von Ernst Nolte. Beckermann findet auch aufrichtige Erschütterung, und spricht mit Menschen, die auf alle möglichen Weisen durch diesen Krieg kamen. Aber

---

32 »Der Neozionismus entzieht dem israelischen Staat – im Namen des jüdischen Landes – regelrecht den Boden«, schreibt Doron Rabinovici pointiert in seinem gemeinsam mit Natan Sznaider verfassten Buch *Herzl relo@ded. Kein Märchen*, Berlin 2016, S. 35.

33 Die Existenz von Kaffeehäusern ist für Beckermann ein Kriterium, nach dem sie lebbare von anderen Orten unterscheidet.

Bert Rebhandl

im Zentrum steht eine psychische Reaktion der Abwehr: Entweder wollen Männer nicht wahrhaben, was damals geschehen ist, und wovon sie häufig nichts mitbekommen haben (wollen), oder aber eine Frau erträgt den Gedanken nicht, ihr Vater und ihr Onkel könnte in diese Vorgänge verwickelt gewesen sein. Die Kamera erweist sich hier als die Attrappe, vor die sich im traditionellen Setting der Psychoanalyse die Analysanden gestellt sehen: Sie setzt einen Prozess in Gang.

Man könnte *Jenseits des Krieges* in zweierlei Richtung in Beckermanns Werk und in der Zeitgeschichte verorten: als eine Art Abschluss der Waldheim-Affäre, oder aber als Vorgriff auf die Koalition, die 2000 die FPÖ unter Jörg Haider zu einer Regierungspartei werden ließ. Denn der politische Diskurs der FPÖ beruhte eben auf einer niemals vollständig ausdrücklichen, aber immer wieder eindeutigen Kommunikation mit den Tätern und ihren Milieus, mitsamt den Floskeln, die das Geschehen im Dritten Reich relativieren oder überhaupt leugnen sollten. Bundeskanzler Wolfgang Schüssel versuchte 2000 in einem Interview mit der *Jerusalem Post* den Opfermythos wiederzubeleben und räumte erst auf Nachfrage ein, dass Österreich auch in der Verantwortung für die Jahre 1938 bis 1945 steht.

Der Film und das 1998 erschienene Buch zu *Jenseits der Krieges* hatten enorme Resonanz. Ruth Beckermann selbst begriff die Arbeit eher als einen Schlusspunkt: »Der Tabubruch, endlich über die Beteiligung der Bevölkerung an den Verbrechen der Nazis sprechen zu können, ist vollzogen, die Aufklärung über große Berei-

che ebenso.«[34] Sie konnte sich anderen Themen zuwenden, wobei der nächste Film durchaus überraschend erscheinen mag. Die vertraute Weise, in der sie in *Ein flüchtiger Zug nach dem Orient* (1999) von »ihrem« Sisi-Film spricht, verlangt nach einer Deutung. »Hier ist der richtige Ort für meinen Sisi-Film«, sagt sie im Off-Kommentar zu diesem Reisefilm, der in Ägypten gedreht wurde. Kairo, Alexandria, Port Said, das waren Stationen auf den Wegen der Kaiserin Elisabeth, nachdem sie sich von Franz Joseph de facto getrennt hatte. Ruth Beckermann identifiziert sich mit dieser Reisenden, die inkognito unterwegs war und die dabei selbst bis zu einem gewissen Grad eine Sammlerin von Bildern wurde. Es kann allerdings nur eine vielfach gebrochene Identifikation sein. Was findet eine österreichische Jüdin im späten 20. Jahrhundert an dieser Figur des späten 19. Jahrhunderts, die den Untergang des Habsburgerreichs vorwegzunehmen schien, indem sie »unter den Kosmopoliten […] verloren zu gehen« versuchte? Ein primäres Moment der Identifikation bilden die *Sissi*-Filme mit Romy Schneider, von denen Beckermann sagt: »Ich liebte die Kino-Sissi.« Die ungebrochene Zuneigung der Kindheit[35] wurde ihr später »verleidet durch die Heimatfilme«. Man kann also von einem Akt

34 Ruth Beckermann, *europaMemoria* (Ausstellungskatalog). Graz 2003, S. 11.
35 Beckermanns Beschreibung bildet in ihrer Intimität doch eine Art Genreszene: »Meine Erinnerung an die *Sissi*-Filme ist schwarzweiß. Es muß ein Wochentag oder Sonntag gewesen sein – der Samstagabend gehörte auch in der Frühzeit des Fernsehens den Shows und Quizsendungen –, als die Mutter und das junge Mädchen im Nachthemd, jede in einen Fauteuil der Clubgarnitur gekauert, jede ein

der Aneignung sprechen, wenn sie dieser Figur, die 1982 in einer vielgelesenen Biografie von Brigitte Hamann als »Kaiserin wider Willen« apostrophiert wurde und 1992 auch durch ein Musical neue Popularität erlangte, einen eigenen Film widmete.

Sie bricht damit den Bann der Intimität – und wechselt die Ebene. »Sissi gehört zu den Filmen, über die man nie nachdenkt – so selbstverständlich nehmen sie ihren Platz in einer ganz intimen, von ästhetischen Kriterien unbelasteten Filmgeschichte ein.« Beckermann weiß (und schreibt) selbst, dass die Sissi-Filme zugleich filmhistorisch den Abschluss einer belasteten Periode des österreichischen Films bilden, weil erst jetzt eine Filmindustrie an ihr Ende kommt, der sie eine mentalitätsgeschichtliche Ära zuordnet – die Jahre von 1930 bis 1960.[36] Danach begann jene Latenzzeit, die schließlich in den 1970er-Jahren zu einem Neubeginn im österreichischen Kino führte. Beckermann spielt auf diese verspätete Moderne an, indem sie in ihrem Sisi-Film beiläufig auf L'année dernière à Marienbad von Alain Resnais verweist. »Letztes Jahr in Alexandria« kann man zwar auch ganz einfach als ein Bonmot verstehen, inspiriert durch die prächtigen und präzise gestalteten Gartenanlagen, in denen Beckermann eine

Taschentuch griffbereit, sich hemmungslos in das damals bereits über zehn Jahre alte Filmmärchen hineinfallen ließen. [...] Der erste Sissi-Film stammt aus dem Jahr 1955 und war gleich alt wie unser Wohnzimmer.«
Ruth Beckermann, »Elisabeth – Sissi – Romy Schneider. Eine Überblendung«, in: Ruth Beckermann, Christa Blümlinger (Hg.), Ohne Untertitel. Fragmente einer Geschichte des österreichischen Kinos. Wien 1996, S. 305.
36 Ebd., S. 306.

Ein flüchtiger Zug nach dem Orient (1999)

Überblendung mit den Beobachtungen der historischen Elisabeth findet. Sie stellt sich aber zugleich in eine Tradition, in die des reflexiven europäischen Autorenkinos, für das es zweitrangig ist, ob es seine konkrete Ausprägung in einem Spiel- oder einem Dokumentarfilm oder – um eine weitere Unterscheidung einzuführen – in einem Essayfilm hat. Das wäre wohl der Begriff, der hier am ehesten angebracht ist.

Nicht von ungefähr ist *Ein flüchtiger Zug nach dem Orient* der Film, in dem Ruth Beckermann am stärksten mit ihrer eigenen Stimme präsent ist. Sie spricht nicht an der Stelle der historischen Figur, von der es auch kaum Selbstzeugnisse gibt. Sie denkt die Zeugnisse weiter, die von Elisabeth aus diesen Jahren überliefert sind, vor allem die Aufzeichnungen ihres Vorlesers Constantin Christomanos, die Beckermann in Paris kennengelernt hatte. Die Kaiserin Elisabeth, die sich in ihren späteren Jahren nicht mehr fotografieren ließ, wurde selbst zu einer, die den Blick auf die Welt richtete. Sie sammelte Fotografien von Frauen, um dem Geheimnis der Schönheit auf die Spur zu kommen. Ihre von Zeitzeugen ausdrücklich hervorgehobene »pedestrische Leistungsfähigkeit« brachte sie an Orte, an die sie eigentlich als Kaiserliche Hoheit nicht kommen sollte. Was sie dabei erblickt haben mochte, das ist im weitesten Sinne auch Thema von *Ein flüchtiger Zug nach dem Orient*, in dem das Prinzip des »prise de vue« (des Erblickens, der »entnommenen Ansicht«, wie man das wörtlich übersetzen könnte) bestimmend ist. Beckermann benennt die Spannung, in der sie sich selbst als Beobachterin in einem »orientalischen« Land sieht.

Es beginnt mit Euphorie: »Am Anfang ist jeder Blick ein Erlebnis.« Dabei entsteht aber auch Befangenheit: »Es gibt eigentlich keine Erklärung für unsere Anwesenheit.« Die diskrete Kamera von Nurith Aviv sublimiert die »Bilderlust«, die sich leichter zu entfalten vermag, wenn das Team in einem Auto unterwegs ist. In den engen Gassen von Kairo werden die Grenzen zwischen »entnommenen« und gestohlenen (oder zumindest verstohlenen) Aufnahmen durchlässig. Man könnte hier an Momente in Czernowitz denken, wo sich Ruth Beckermann ebenfalls in einer Position befand, in der das Fotografieren und Filmen nicht selbstverständlich war. Die »Entnahme« von Bildern ist ein komplexes Geschehen, das vom arrangierten Porträt bis zum erbeuteten Bild von Personen reicht, die gar nicht bemerken, dass sie aufgenommen wurden.

Die Arbeiten von Ruth Beckermann während der Nullerjahre umfassen das ganze Spektrum dieser Möglichkeiten: Für die Ausstellung *europaMemoria* (2003) in Graz führte sie Interviews mit Menschen mit Migrationshintergrund aus ganz Europa. Das Dispositiv der Ausstellung sah eine persönliche Begegnung mit diesen Aufzeichnungen vor, denn die Kabinen waren so beschaffen, dass immer nur eine Person mit einer Erzählung allein war (in Analogie zu einer anderen Form des Kinos, die historisch unterlag: Edisons Kinetoskop). »Das ist die eigentliche Idee: Europa als Raum, heute, wo ganz verschiedene Leute mit ganz verschiedenen Erinnerungen leben. Ich stelle diesen Raum radikal individuell dar: als ein Europa der Individuen. Das ist ein *Ius solis in extremis*: Weil

Those Who Go Those Who Stay
(2013)

sie da sind, ist es ihr Europa, egal, wo sie herkommen, egal, wo sie geboren wurden, welche Staatsbürgerschaft sie haben.«[37] Dieses europäische Thema, das seit 2003 massiv an Bedeutung gewonnen hat, setzt Ruth Beckermann in *Those Who Go Those Who Stay* noch einmal mit der anderen Fluchtgeschichte in Beziehung, die für ihr Leben und ihr Werk konstitutiv ist.

Die inzwischen hochbetagte Mutter Bety Beckermann erinnert sich in einem der vielen Fragmente dieses bewusst nichtlinearen Films an ihre Flucht aus Österreich 1938. Sie gelangte über Brindisi nach Israel, auf einer Route über Italien, die nun in der Gegenrichtung von afrikanischen Migranten genommen wird, die darauf hoffen, bei einem Fußballclub wie AC Milan unterzukommen. Die Form von *Those Who Go Those Who Stay* wirkt wie eine konzeptuelle Reaktion darauf, dass sich im Lauf der Jahre bei Ruth Beckermann viel angesammelt hat (an Beobachtungen, Erfahrungen, Wissen), das man als ein (mittel)europäisches Nebeneinander[38] bezeichnen könnte. Gerade in seiner Heterogenität wirkt der Film aber auch wie eine Summe. Der Eindruck, den er hinterlässt, ist beinahe der einer größeren Geschlossenheit im Vergleich mit *American Passages* (2011), in dem Ruth Beckermann sich ihr Bild vom Land der unbegrenzten Individualität machte. Das Land ist zu groß, als dass man es auf einen Begriff bringen könnte, und so sind die Passagen die einzig adäquate Form: ein Vorbeigehen an Momenten, die durchaus unverbunden bleiben können. Unverbunden auch bis auf wenige Andeutungen in Hinsicht auf den Vergleich zweier territorialer Utopien: Die Vereinigten

Staaten als ein Land mit »manifest destiny« hinterlassen einen ähnlichen Eindruck wie das Israel aus *Nach Jerusalem*. Die Hoffnung auf einen Neubeginn der nationalen Geschichte, die aus den euphorischen Szenen von der Wahl Barack Obamas zu Beginn von *American Passages* spricht, bricht sich in der Weite des Landes und seiner Bewohner, die alle wirken, als wären sie in einer Diaspora.

~

Im Vergleich dazu lässt sich das Werk von Ruth Beckermann – ohne dass man es schon bilanzieren müsste – als eine Erfolgsgeschichte lesen. Aus dem »wunderlichen« Umstand, dass sie in Wien geboren wurde, hat sie eine Menge gemacht. Und nicht nur sie. *Zorros Bar Mizwa* (2006) zeigt ein selbstbewusstes Wiener Judentum, dem seine Verbindung mit Israel selbstverständlich ist, wie es auch die historischen Wurzeln spielerisch immer wieder einholt: Der Titel bezieht sich auf ein Bar-Mizwa-Video, mit dem eine sephardische Familie ihren Sohn als mexikanischen Helden zu Pferd inszenieren lässt (mit der großartigen Pointe, dass der junge Mann an der Szene einzig deswegen interessiert ist, weil er auf eine halbnackte, weibliche Schönheit gehofft hatte, wie in dem Hollywoodfilm mit Catherine Zeta-Jones). Es ist ein internationales Judentum, das in Wien einen Lebensmittelpunkt und in Israel den geistigen Bezugspunkt hat, und Beckermann zeigt es in

---

37 *europaMemoria*, S. 13.
38 In Analogie zu einer berühmten Formulierung von Siegfried Kracauer: Das Nebeneinander ist ein Topos von Modernität.

verschiedenen Konstellationen und Graden der Orthodoxie.

Mit *Die Geträumten* schlägt sie 2016 eine nun nicht mehr papierene, sondern durch ihr eigenes Werk vielfach solide gewordene Brücke zwischen der Zeit ihrer Herkunft und der österreichischen Gegenwart. Die Liebesgeschichte zwischen Paul Celan und Ingeborg Bachmann hatte aus vielerlei Gründen keine Zukunft, und sie ist natürlich auch Zeugnis der Traumatisierungen eines osteuropäischen Juden aus der Bukowina durch die Erfahrungen der Schoah. Beckermann versucht nun aber nicht, diese aus Briefen herauslesbare Geschichte zu illustrieren (mit Ausnahme eines einzigen Fotos), sondern sie zeigt zwei junge Österreicher bei den Bemühungen, diesen Texten eine (neue) Stimme zu geben. Dieser Vorgang lässt sich in zwei Richtungen akzentuieren: als Möglichkeit zu einer Anverwandlung historischer Erfahrung wie auch als Betonung der Möglichkeitsbeziehung, die sich darin äußert. Für die Musikerin Anja Plaschg und den Schauspieler Laurence Rupp sind Bachmann und Celan denkbare, aber keine verpflichtenden Identifikationspersonen. Beckermann betont diesen Umstand, indem sie die beiläufigen Gespräche zwischen den Aufnahmen filmt, in denen es um die Rolle geht, die diese beiden historischen Figuren für junge Leute von heute haben können, aber es geht eben auch um nichts Besonderes, um Belangloses. Nur wenn Anja Plaschg an einer Stelle über eine Tätowierung auf ihrem Unterarm spricht, dann öffnet sich für einen Moment noch einmal der ganze Abgrund, den auch keine papierene Brücke

Zorros Bar Mizwa (2006)

überspannen kann: Für die Musikerin ist die Tätowierung ein bewusst leerer Code, während an dieser Stelle die Überlebenden ein Leben lang das Zeichen trugen, das sie an den Tod derer kettete, die nicht davongekommen waren. In der Spannung zwischen diesen beiden Zeichen liegt die Geschichte der Bewältigung einer Vergangenheit, aus der Österreich auch als das Land hervorgegangen ist, in dem Ruth Beckermann auf eine Künstlerin wie Anja Plaschg treffen konnte, um der Tochter eines Kärntner NSDAP-Mitglieds eine Stimme zu verleihen. Die Vergangenheit lässt sich immer gerade so weit bewältigen, wie das ewige Thema es zulässt.

FOTOGRAFIEN 1 – NEW YORK

Ruth Beckermanns Selbst- und Stadtporträts auf dieser und den folgenden Seiten datieren
von 1975/76, als sie in New York lebte und an der School of Visual Arts Kurse belegte.
Die beiden Fotos von Peter Stastny (S. 41) entstanden auf der 7th Avenue, NYC.

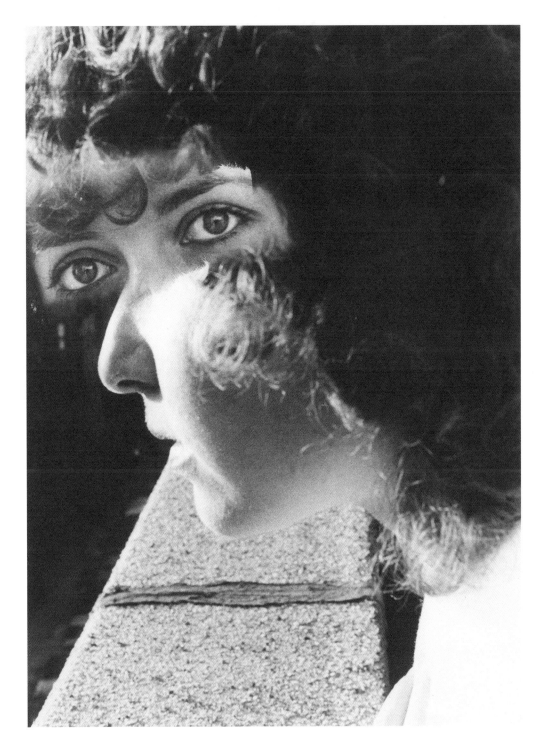

Armin Thurnher

Andere Zeiten

Zu vier frühen Filmen Ruth Beckermanns

Die Wiener Arena wurde 1976 besetzt, der *Falter* 1977 gegründet. Bis heute kämpfe ich gegen die Legende, der *Falter* sei ein Kind der Arena. Die Legende hat recht und unrecht. Wie im Film *Arena besetzt* mehrfach zu sehen, entstand in der Arena die *Arena-Stadtzeitung*, ein Blatt, dem der *Falter* Konkurrenz machte. Der erschien im Mai 1977 zum ersten Mal. Die Arena selbst, so viel ist an der Legende zutreffend, war als Manifestation für die Gründer des *Falter* wichtig, als Beweis für die Größe eines Publikums, und als Beweis für die Notwendigkeit einer nicht institutionell abhängigen Publikation.

Die Arenabesetzung war eine Kulturbewegung, und sie scheiterte, das zeigt der Film der Videogruppe Arena (namentlich: Aichholzer, Beckermann, Grafl) ganz richtig, an der Uneinsichtigkeit der roten Wiener Kulturbürokratie. Das Textilzentrum der Firma Schöps hätte auch woanders errichtet werden können; der Charme des Schlachthofs war unwiederbringlich verloren. Ironischerweise war es eine Ausformung sozialdemokratischer Kulturpolitik, die hier an Sozialdemokraten scheiterte.

Gewiss, die außerparlamentarische Linke der 1970er-Jahre trug Werte wie Selbstverwaltung und Besetzung öffentlicher Räume vor sich her. Aber sie propagierte all das mit den Mitteln einer Eventkultur. Diese Eventkultur wurde von der Sozialdemokratie ihres widerständigen Kerns beraubt und zum offiziellen Dogma erhoben. Ja, es war moderne Eventkultur gewesen, Subkultur-Events, sozusagen, die das Publikum erst mit dem Gelände vertraut machte – in Aufführungen der erstmals vom Intendanten der Wiener Festwochen, Ulrich Baumgartner, 1970 veranstalteten Festwochenarena, die Theatergruppen wie La Mama und den Grand Magic Circus und Regisseure wie Peter Brook und Andrej Serban nach Wien brachten.

Bald beklagten verschiedene Kulturpolitiker die Schleifung der Arena im Oktober 1976 als schweren Fehler. Die von Erhard Busek geführte Wiener ÖVP konnte sie als Beweis für die Verkrustung der Gemeindepolitik verbuchen und Aufwind für ihre »bunten Vögel« daraus beziehen; die linke Kulturszene hatte auf Jahre hinaus einen Feind und erst die durch die Arena belehrte, erneuerte, hegemonial akzentuierte Politik von Helmut Zilk und Ursula Pasterk konnte diese einigermaßen versöhnen.

Kultur für alle, die sozialdemokratische Parole der 1970er-Jahre, hatte einen pädagogischen Impetus gehabt; sogenannten kulturfernen Schichten sollte ihre Schwellenangst genommen werden. Diese Idee degenerierte bald zur Eventpolitik.

Ein Impetus linker Kulturkritik richtete sich gegen die sogenannte Hochkultur; dass Arena-Besetzer ein Gegenbild zum teuer subventionierten Opernbesuch entwarfen, dass die Kosten der Subvention eines Sitzplatzes mit der ärmlichen Ausstattung alternativer Aufführungen gegengerechnet wurde, gehörte zur Diktion der damaligen Kulturkritiker. Die Opernhäuser niederzureißen war gängige fortschrittliche Forderung.

Was im Film mitunter aussieht wie dürftige, ja hilflose Polemik, hatte einen schwelenden realpolitischen Konflikt im Hintergrund, der ein Jahr nach der Arenabesetzung ausbrach. Fritz Herrmann, Chefberater des für Kulturangelegenheiten zuständigen Unterrichtsministers Fred Sinowatz, musste zurücktreten, weil er den Dirigenten Herbert von Karajan mit seinem berühmten Spottgedicht »Trari trara die Hochkultur« beleidigt hatte (»Es scheißt der Herr von Karajan / bei jedem falschen Ton sich an / und wascht sein Arsch im Goldlawua / anal sein g'hört / zur Hochkultur!«).

Diese »Schnaderhüpfeln« erschienen 1977 in der Monatsschrift *Neues Forum*[1], und Herrmann ging so weit, weil er mit seinen Forderungen nach einer Umgewichtung der Subventionen weg von der Hochkultur nicht ausreichend durchkam. Ihm schwebte eine »Gesellschaftsform jenseits kapitalistischer Zwangs- und Herrschaftsverhältnisse« vor, und mit seiner Parole »Sozialist sein heißt eine neue Kultur suchen« griff er Kreiskys Slogan auf, dem zufolge in der Kultur(politik) Radikalität ihren Platz habe. Immerhin erreichte Herrmann neue Modelle der Förderung bei nichtkommerziellen Filmprojekten und freien Theatergruppen. Aber das blieb marginal, und ihr Verhältnis zur Hochkultur wolle die SP weder quantitativ noch qualitativ aufs Spiel setzen. Fred Sinowatz musste zu Karajan und sich für seinen unbotmäßigen Berater entschuldigen. Der trat daraufhin zurück.

Auch Wien hatte seine 1968er-Bewegung erlebt, aber sie war, mit dem geflügelten Wort ihres Chronisten Fritz Keller, nur eine heiße Viertelstunde und erreichte nicht jene kulturelle Dominanz wie in Frankreich, England oder der Bundesrepublik Deutschland. Die Arena fand an einer Zeitenschwelle statt. Noch waren Mechanismen der studentischen Politik in Kraft, die Plenen der Arena waren nicht nur basisdemokratisch, sie wurden zum Teil, und im Lauf der Zeit zunehmend von Menschen dominiert, die in ihren sektiererischen Zirkeln sehr wohl im Kleinen das polit-bürokratische Handwerk gelernt hatten, die Fraktionierung, die technische Beherrschung von Diskussionen, die Manipulation von Abstimmungen. Aber schon standen neue soziale Bewegungen auf der Tagesordnung, und auch der Kapitalismus verschlief die laufenden Verteilungskämpfe nicht.

Die Arena war eine späte Blüte der Revolte, aber sie war eine Kulturblüte. Längst standen die Ideale von Autonomie und Selbstbestimmung in Gefahr, von sich formierenden, mehr oder weniger autoritär am Modell der Kaderpartei geschulten leninistisch-maoistischen Organisationen verdrängt zu werden. Die bekamen in der Arena, weil Kulturblüte, nicht wirk-

---

1 *Neues Forum*, Nr. 280/281, Heft April/Mai, Wien 1977, S. 50 ff.

Arena besetzt (1977)

lich einen Fuß auf den Boden, obwohl sie es versuchten. Hier blühte, getragen von einigen starken Personen, die Utopie der Selbstbestimmung. Hier konnte jeder, der wollte, seine Fähigkeit in ein Kollektiv einbringen (der Autor zum Beispiel schrieb ein Stück für die mobile, propagandistische Theatergruppe; Straßentheater, auch das eine 1968er-Chiffre).

Der Film *Arena besetzt* konfrontiert sein Publikum schonungslos mit dem ästhetischen Dilettantismus der Zeit, den seine Akteure als spontane Artikulation zu legitimieren versuchten. Kunstvoll ausgeformt war die Hochkultur, »Lipizzaner und so«, wie es im Film heißt. Eher absichtslos kunstlos gab sich die Gegenkultur. Dass sie sich an anspruchsvolleren Gästen von Leonard Cohen bis Wolferl Ambros aufrichtete, zeigt der Film ebenfalls. Dennoch hallen einem beklagenswerte Songs und Slogans im Ohr, etwa »Wir ham sie besetzt und sie g'hert uns jetzt« oder »Nix is schena wie unser Arena«.

Dieser ästhetischen Unbeholfenheit entsprach die gemütlich-brutale Anmutung der Polizei. Dem heutigen, aufmilitarisierten Blick erscheinen Polizisten von damals wie leger uniformierte Hausmeister auf Badeurlaub. Ande-

rerseits war manches damals roh und eindeutig, etwa die Nazis, welche die Arena überfielen. Sie wurden dingfest gemacht und der Polizei übergeben, von dieser aber umgehend freigelassen. Sie klammerten sich noch an Helm und Gummiknüppel und hatten keine Flausen von Hegemoniekämpfen im Kopf.

Plump waren auch die Rathauspolitiker, selbst der als fein und diplomatisch geltende Bürgermeister Leopold Gratz brachte gegenüber den kulturellen Befreiungsfantasien der Wiener Kulturjungbürger und -bürgerinnen nur blasiertes Unverständnis auf. Plump auch die Presse, *Die Presse* gar: »Maoisten und nützliche Idioten« sah das Bürgerblatt in der Arena, wohl irritiert darüber, dass es sich vor allem um Bürgerkinder handelte, die rauchten, was das Zeug hielt, diskutierten, so lange die Nacht war, und versuchten, auch dem Proletariat agitierend klarzumachen, dass Kultur für alle tatsächlich alle einschloss. Da sei »zu großer Demokratie-Idealismus auf Seiten der Arenabesetzer«, meinte Bürgermeister Gratz.

Plump auch die Gegenöffentlichkeit der Besetzer: hektografierte Flugschriften, Wandbilder, Straßentheater. Die alte Avantgarde-Idee, dass Leben, Arbeiten, Kunst und Politik eins würden, wollten die Besetzer nicht ad acta legen. Dass diese Idee vielen nicht als Befreiung, sondern als Zumutung erschien, sprach sich erst später herum. Bei aller Plumpheit: Der Film macht die Anziehungskraft dieser Idee sichtbar.

Er endet mit Sequenzen von den Verhandlungen der Arenauten mit Gemeindevertretern – zwei Welten – und schließlich mit den Baggern, die das Gelände zermalmen. Aber auch mit der lichten Vision eines Marsches von Zwentendorf-Gegnern, die schon das nächste Objekt der Begierde ausgemacht hatten, das Atomkraftwerk. Das wollten sie nicht besetzen, sondern verhindern, und das ist ihnen auch gelungen. Auch, weil die ÖVP gegen Kernkraft mobilisierte, um Bundeskanzler Bruno Kreisky zu schaden.

Der Kanzler und SPÖ-Vorsitzende scheint als zentraler Akteur der Epoche in all diesen Filmen der geheime Mittelpunkt zu sein. Den Streikenden aus der Mur-Mürz-Furche hatte er versprochen, Arbeitsplätze zu erhalten, aber er, dem nach seinem geflügelten Wort »ein paar Milliarden mehr Schulden weniger schlaflose Nächte als hunderttausend Arbeitslose« bereiteten, brachte es nicht zuwege, sein Versprechen einzulösen.

Wer hat uns verraten, diese Frage durchzieht als leiser Subtext auch den Film *Wien retour*, einen großartigen Monolog des Franz West, geboren als Franz Weintraub, der in den 1920er-Jahren nach Wien kam und die Sogkraft der austromarxistischen Sozialdemokratie beschreibt, einer Kulturbewegung von eigenem Rang, für die Karl Kraus las und Anton Webern

dirigierte, um nur zwei Namen zu nennen. Welch ein Kontrast zu den Rathausbürokraten der 1970er-Jahre aus dem Arenafilm! Das Rote Wien als kulturelle Realutopie, und fünfzig Jahre später als indolente Anti-Utopie.

Was im Rückblick an den Kreisky'schen Reformen monumental erscheint, nimmt sich in diesen Dokumentationen anders aus. 40-Stunden-Woche, Legalisierung der Abtreibung, Gleichbehandlungsgesetze, Gratisschulbücher, Universitätsreform – das waren längst fällige Modernisierungsschritte. Die Wucht dieser Reformen erfasste aber nicht die gesamte Gesellschaft, einiges blieb im Dunkeln, wie die Geschichte, und schon formierten sich Gegenkräfte, gegen die ein Austrokeynesianismus nichts auszurichten vermochte.

Sieht man die Filme über die Semperit-Arbeiter oder die Stahlarbeiter in der Steiermark, wird einem klar, dass die Sozialdemokratie politisch widerstrebend nur nachvollzog, was wirtschaftlich global vor sich ging. Margaret Thatcher wurde 1975 Vorsitzende der englischen Konservativen und 1979 Premierministerin, aber schon vor ihr hatte ihr Vorgänger, der Sozialdemokrat Jim Callahan dem Keynesianismus abgeschworen. Ronald Reagan wurde 1981 Präsident der USA, aber der Neoliberalismus hatte seine ideologische Offensive schon Anfang der 1970er-Jahre mit massiver Unterstützung der US-amerikanischen Industrie gestartet.

Die radikale Linke, auch das gehört zum Geist jener Zeit, versuchte verzweifelt, die unüberbrückbare Differenz zum Proletariat zu schließen. Langhaarige standen früh auf, um

Ruth Beckermann,
Josef Aichholzer, Franz West:
Wien retour

Flugblätter vor Fabriken zu verteilen, erhielten aber meist nur mütterliche Beachtung von freundlichen Fabrikarbeiterinnen. In Deutschland arbeitete man als ambitionierter Genosse bei Opel in Rüsselsheim. Das war politisch am Ende genauso fruchtlos wie Versuche, an Traditionen von Kaderparteien anzuknüpfen. Die Gewerkschaften wurden überall entmachtet, in Österreich waren sie einerseits auf dem Höhepunkt ihrer Macht, ÖGB-Boss Anton Benya besprach mit Regierungschef Kreisky jede Woche die Agenda, gegen seinen Willen ging nichts. Andererseits endete die Macht des ÖGB bald jenseits der SPÖ. Das zeigte sich spätestens in Konflikten neuer Art, in Hainburg 1984. Und sie taten und tun sich schwer, Anschluss an die neue liberalisierte Welt der Freiheiten zu finden. Die Arenauten wollten Freiraum, die Arbeiter von Semperit bloß gerechten Lohn.

Beckermanns Frühwerk nimmt früh entscheidende Motive auf; auch in diesem Sinn ist es ein Frühwerk. Die Arena-Dokumentation thematisiert die Frage der kulturellen Hegemonie, die gerade heute wieder neue Aktualität gewinnt. Die Frage österreichischer Identität wurde zwar im Sinn der Kreisky'schen Modernisierung neu gestellt; aber die Fragen der Vergangenheit blieben zuerst Literaten und Filmemachern vorbehalten. Ehe die Waldheim-Frage eine breitere Öffentlichkeit weckte, waren es Fernsehserien wie die *Alpensaga* (1976) oder Werke wie die *Staatsoperette* (1977), die Skandale hervorriefen, indem sie die austrofaschistische und nationalsozialistische Vergangenheit des Landes thematisierten. Offiziell wurde diese Ära erst von Kanzler Franz Vranitzky 1991 im Nationalrat und 1993 auf einer Israel-Reise beendet.

Kritik der Sozialdemokratie war in der Linken en vogue; Kreisky band als Bundeskanzler große Teile der linken Intelligenz an sich. Zwar hatte die von den Historikern Helene Maimann, Siegfried Mattl und anderen gestaltete Ausstellung *Mit uns zieht die neue Zeit* schon 1981 in Wien stattgefunden und die große Tradition

45

der Sozialdemokratie und des Roten Wien dokumentiert, aber es war keineswegs selbstverständlich, Filmdokumente aus den 1920er- und 1930er-Jahren präsentiert zu bekommen, wie sie den Film *Wien retour* mitgestalten.

Immerhin zeigt Beckermann diese Dokumente im Rahmen der Erzählung eines Zeitzeugen, in dessen nobler Sprache Wiens jüdische Vergangenheit, Wiens sozialdemokratische Vergangenheit, die nationalsozialistische Verfolgung in Wien thematisiert wurden, drei Jahre ehe das Thema mit der Debatte um Waldheim endgültig seine unselige und doch reinigende Aktualität gewann.

Die unwahrscheinlich kultivierte Figur des Franz West erinnert an die Öffentlichkeit der 1970er- und 1980er-Jahre. Mit der *Volksstimme* erschien eine kommunistische Tageszeitung; die SPÖ hatte ihre *Arbeiter-Zeitung*, die *Presse* gehörte der Handelskammer, der *Kurier* der Industrie. Franz West war von 1965 bis 1969 Chefredakteur der *Volksstimme*. 1968 war für ihn ebenfalls ein Zeitenbruch, aber in anderer Hinsicht. Im August dieses Jahres beendeten die Sowjetrussen den Prager Frühling; 1969 trat West wie einige der besten Köpfe aus der KPÖ aus und publizierte fortan in der eurokommunistischen Plattform des *Wiener Tagebuch*.

Eine tragische Biografie, die von den Sozialdemokraten zu den Kommunisten führte, in die englische Emigration, nach der Rückkehr ins Politbüro der KPÖ und schließlich aus dieser hinaus. Welche moralische Kraft die Linke einst besaß, wird an diesem Mann sichtbar, der klar und ohne Ressentiment zu uns aus einer anderen Zeit spricht; als der Film entstand, lebte man in Wien noch am Rand des Eisernen Vorhangs. Die KPÖ war von der patriotischen Staatspartei 1945 zur stalinistischen Randpartei geworden, verbündet mit den sowjetischen Kräften jenseits dieses Eisernen Vorhangs. Die radikale Linke forderte sie heraus, die reformistischen Kräfte im Osten wurden niedergeschlagen, die Eurokommunisten sahen keine Möglichkeit, als sich zwischen alle Sessel zu setzen, am Ende fand sich auch West auf dieser Position. Die Invasion der Russen in die Tschechoslowakei hatte ihn dorthin katapultiert.

Dieses moralische Leuchten, diese feine Klarheit erinnert an Hannah Arendts Formulierung von »Menschen in finsteren Zeiten«; Franz West ist so ein Mensch. Sein Namensvetter Arthur, der ebenfalls seinen Namen in West änderte – Franz von Weintraub, Arthur von Rosenthal –, ist übrigens in einer Szene des Arenafilms zu sehen. Arthur war Theaterkritiker und Feuilletonchef der *Volksstimme*. Anders als Franz ist er nie aus der KPÖ ausgetreten. Mir bleibt er in Erinnerung als einer, der sich nicht nur in ausführlichen Rezensionen auch der unbedeutendsten Hervorbringung einer Off-Theatergruppe annahm, sondern, in genuin Brechtschem Sinn, in die Produktionen solcher Gruppen gesprächsweise eingriff, wenn man ihn darum bat. Die Kulturseiten der Tageszeitungen waren damals noch voll mit langen, sorgfältigen Kritiken aus allen Kunstbereichen.

Es waren andere Zeiten, in jedem Sinn, und es ist unsere Zeit daraus geworden. Was aus ihr nicht geworden ist, auch das kann man in Ruth Beckermanns frühen Filmen sehen.

Christoph Ransmayr

Zwei Kaiser und kein Reich

Nachmittage an der Wiener Marc-Aurel-Straße

Das zwanzigste Jahrhundert schlingerte im Lärm von Kriegen und Bürger-
kriegen durch Nachrichtenfluten von Entführungen und Bombenanschlägen
und stets begleitet von vielstimmigen Chören langer Demonstrationszüge bereits auf sein Ende zu, es war im Jahr 1979 oder 1980, als in einer geräumigen
Gründerzeitwohnung an der innerstädtischen Wiener Marc-Aurel-Straße die
von schwerwiegenden Mängeln entstellte Welt entscheidend verbessert
wurde. Zumindest an Vorschlägen zu dieser Verbesserung fehlte es nicht in
jenen kettenrauchenden Runden, die sich in Ruth Beckermanns Wohnung an
dieser ruhigen, großbürgerlichen Straße zusammenfanden: Studenten, Journalisten, Dichter und Schriftsteller oder Leute, die das eine oder das andere
noch werden wollten, Filmfreunde und Filmschaffende und Leute, die weder
das eine noch das andere werden, sondern ihren Weg erst noch finden, dann
aber durch bislang unbetretene Gebiete der Kunst oder der Wissenschaft fort-
setzen wollten.

In Ruth Beckermanns Wohnung, die mit ihren Größenverhältnissen,
Teppichen und ihrem gediegenen Mobiliar manchmal weit über die gegen-
wärtigen Verhältnisse der Versammelten hinauswies, wurden an manchen
Nachmittagen und Abenden, die oft bis tief in die Nacht dauerten, die
Abgründe besprochen, die in einer von Gier und Profit beherrschten Gesell-
schaft überbrückt werden mußten, um, wenn nicht die ganze Menschheit,
dann wenigstens einige ihrer aufgeklärteren Individuen wieder auf festen
Grund und in eine hellere Zukunft zu führen.

Unter den manchmal etwas struppigen oder von vielerlei Kämpfen ums täg-
liche Brot zerzausten Freunden, die Ruth Beckermann ihre Gastfreundschaft
mit leidenschaftlichen Diskussionsbeiträgen dankten, war ich als bereits in die
Semester und Jahre gekommener Student der Philosophie in meinen Über-
zeugungen immer noch nicht gefestigt genug, um wesentlich mehr beitragen
zu können, als mich den eloquenten Ausführungen überzeugender Wortfüh-
rer mit einigen bestätigenden Beispielen, manchmal auch bloß durch nickende

oder lachende Zustimmung anzuschließen: Wer einem ganz offensichtlich Klügeren in schwierigen Fragen zustimmte, brauchte sich schließlich vor Blamagen nicht zu fürchten und konnte seine eigenen, möglicherweise radikaleren Gedanken ja immer noch in aller Stille schriftlich, in einem Artikel oder einer Seminararbeit, zur Sprache bringen. An der Marc-Aurel-Straße wurde aber im Geiste des römischen Philosophenkaisers Marc Aurel (der vermutlich in einem Feldlager bei Vindobona, dem späteren Wien, gestorbenen war) vor allem über alles geredet, nicht geschrieben. Und großes Reden war eine Kunst, die ich erst noch lernen mußte.

Mir öffneten sich jedenfalls unter dem Namen dieses römischen Kaisers an manchen Abenden Fenster in eine für mich damals noch unter dem Horizont liegende, exotische Welt, von der ich zwar in meiner oberösterreichischen Vergangenheit gehört und gelesen, deren leibhaftigen Bewohnern ich aber selten begegnet war – stammten doch viele Geschichten, die in Ruths Wohnung erzählt wurden, aus einem jüdischen Universum:

Erzählt wurde von Eltern und Verwandten, die den Holocaust mit allen Arten von Verletzungen an Körper und Seele überlebt hatten oder in Konzentrationslagern, in Pogromen und an jedem nur denkbaren Ort des Schreckens umgekommen waren. Erzählt wurde etwa von einem Onkel, der noch jetzt, Jahrzehnte nachdem *alles* scheinbar überstanden war, Nacht für Nacht schreiend aufwachte und dann Nacht für Nacht lange, sehr lange brauchte, um zu begreifen, daß er geträumt hatte, nur geträumt. Und erzählt wurde von der Großtante eines Wortführers, einer Optikerin, die bis in unsere Tage kein Sonnenlicht ertrug und sich nur bei Nacht auf die Straße und ins Freie wagte; ausgerechnet sie, die als junge Spezialistin für Ferngläser und Refraktoren bis zu ihrer Deportation die Brechungen des Lichtes nicht nur berechnet, sondern die spektralen Farbenspiele geliebt hatte.

Ich konnte im Schatten des Philosophenkaisers Marc Aurel nicht von solchen Verwandten und ihren Schicksalen berichten, hatte nun aber Bekannte, ja Freunde mit solchen Verwandten und begann zum ersten Mal nicht bloß zu begreifen, sondern zu empfinden, daß die Vergangenheit noch längst nicht vergangen war. Ohne davon zu erzählen, erinnerte ich mich an Wanderungen mit meinem Vater (er war für drei Jahre auch mein Lehrer gewesen), an einen Schulausflug, der in den Steinbruch von Ebensee am Traunsee, einem ehemaligen Nebenlager des Konzentrationslagers Mauthausen, geführt hatte. Ich war am Ufer des Traunsees zur Schule gegangen, aber der Steinbruch war bis zu diesem Tag nicht mehr gewesen als eine kolossale, hoch ins Gebirge führende Treppe in der Ferne. *Gedenkstätten* hatten solche Ausflugsziele geheißen und ich konnte es meinem Vater lange nicht verzeihen, daß er mit seinen Erzählungen davon, was an diesem Höllenort geschehen war, die Idyllen meiner Kindheit, Bilderbuchansichten des Salzkammerguts und seiner schimmernden Seen, in einen tiefen, durch keine Operetten, Andachtsjodler und Schmalzgedichte mehr aufzuhellenden Schatten gerückt hatte. Was nach diesem Besuch im Lager von Ebensee von Chören in Tracht als *Heimat* besungen oder mit Blechmusik orchestriert wurde, schien durch einen einzigen Nachmittag im Steinbruch für immer verfinstert und schweißte den Zauber der schönen Landschaft für immer an eine gespenstische Erinnerung.

War es dann aber nicht selbstverständlich, daß jeder Nachgeborene, der auf die eine oder andere Art auch nur von einer Ahnung der an solchen Orten erlittenen Qualen und geflossenen Tränen berührt worden war, alles, alles tun mußte, damit, was hier verbrochen worden war, sich niemals wiederhole? Und mußte dafür um nichts weniger versucht werden, als die Verbesserung jener Welt, die sich bisher doch über jeder noch so schwarzen, abgrundtiefen Hölle – einfach weitergedreht hatte? Und mußte der erste Schritt zu dieser Verbesserung nicht zumindest darin bestehen, sich und andere – an die Gegenwart des Grauens zu erinnern?

Möglicherweise würde dies eine in alle Ewigkeit fortzuführende Arbeit sein – nicht anders als die Plage von Sisyphos, der vergeblich versucht hatte, den Tod zu überlisten, und dafür mit der endlosen Mühe bestraft worden war, einen Stein auf jenen Berg zu wälzen, von dem er dann wieder und wieder in ein finsteres Tal zurückrollte: Denn hatte in diesen Jahren nicht eben erst ein kaum zehn Gehminuten von der Marc-Aurel-Straße residierender sozialdemokratischer österreichischer Regierungschef versucht, einen ehemaligen Offizier der Waffen-SS, dessen Brigade hinter den Linien der sogenannten *Ostfront* ausschließlich damit beschäftigt gewesen war, Massenmorde an Zivilisten zu verüben, im Interesse machtpolitischer Konstellationen zum Vizekanzler zu machen? Zum Vizekanzler eines von alliierten Armeen von der Barbarei befreiten Landes! Und hatten nicht abgedankte, ehemalige Mitglieder in verschiedenen nationalsozialistischen Formationen, anstatt bei lebenslanger Haft über ihre Verbrechen nachdenken zu dürfen, in diesem Land glänzende Karrieren als Minister, als Richter und Höchstrichter, Gutachter und Professoren gemacht oder neue Parteien gegründet, von denen eine bezeichnenderweise das Wort *frei* so lange verzerrte, bis es als *freiheitlich* in einen grotesken Parteinamen eingefügt werden konnte: Nur folgerichtig, daß diese neue *Freiheitliche Partei,* von einem pensionierten SS-Offizier geführt, alten und neuen Barbaren zur bequemen Zuflucht wurde.

Das Wasserzeichen der Hölle, das ich durch die Erzählungen meines Vaters an den Idyllen meiner Kindheit und selbst auf den kolorierten Ansichtskarten einer im Abendrot glühenden und von Walzerklängen oder Marschmusik umspielten Alpenwelt wahrgenommen hatte, war in diesen Jahren allgegenwärtig. Und die guten Absichten und Hoffnungen der Weltverbesserer in der Marc-Aurel-Straße wirkten vor den Dimensionen versäumter Aufklärung und überfälliger Reformen – von Revolution war damals schon nicht mehr die Rede – utopisch, ja unerfüllbar.

Vielleicht ist auch meine eigene Erinnerung trügerisch, aber ich glaube, daß es an einem Sabbat war, an dem die Runde der Weltverbesserer einmal mehr in Ruth Beckermanns Wohnung zusammensaß und es plötzlich klingelte. Sabbat, ja, es muß wohl ein Sabbat gewesen sein, weil Ruth einem in eleganten Nadelstreif gekleideten, massigen Mann die Tür öffnete: Salo Beckermann, ihrem Vater, der sein Textilgeschäft an Wochentagen nur selten und stets nur kurz verließ. Er kaufte dann Süßigkeiten, mit denen er nicht nur seine Familie beschenkte, sondern auch Angestellte und Streifenpolizisten, die, wie er meinte, die Straßen sowohl vor gebannten wie vor nicht gebannten Gefahren beschützten.

Der Besucher schien von der Versammlung in der Wohnung seiner Tochter zwar nicht überrascht, darüber aber auch nicht besonders erfreut zu sein, schließlich galt der *Sprung,* auf den er, wie er sagte und der Runde zunickte, vorbeikam, allein seiner Tochter und nicht den Verbesserern jener Welt, deren tödliche Mängel und Abgründe er wohl wie kein einziger der Anwesenden kannte.

Salo Beckermann, geboren in Czernowitz als eines von neun Kindern in den letzten Jahren der Donaumonarchie, war in seinem Leben Untertan so vieler Herren gewesen – in den Schulen Seiner Apostolischen Majestät Kaiser Franz Josephs, als Flüchtling und Rekrut in der rumänischen, dann als Sanitäter in der sowjetischen Roten Armee –, daß ihm jede Art von Herrschaft nach so vielen Kriegsjahren verdächtig, schließlich gleichgültig wurde. Am Ende verworrener Fluchtrouten gelang es ihm in Wien gemeinsam mit seiner Frau, einem Wiener Mädel, das sich 1938 vor den Barbarenhorden nach Palästina gerettet hatte und nur durch das Versprechen, es sei nur für ein Jahr, gewiß nur für ein Jahr, zu bewegen war, in ihre Heimatstadt zurückzukehren, ein Textilgeschäft zu eröffnen und eine Familie zu gründen. Bety, dieses Wiener Mädel, und seine beiden Töchter Ruth und Evelyn, sagte er manchmal seiner Stammkundschaft, hätten diese Welt inmitten einer eisigen Finsternis wieder zu einem hellen Ort gemacht.

Obwohl Salo Beckermann in Czernowitz ein bejubelter Boxer gewesen war, hatte er die überlebten blutigen Zeiten so sehr hassen gelernt, daß er nicht einmal mehr weißes Hühnerfleisch aß, weil ihn selbst der Kadaver eines Vogels an etwas erinnerte, woran er niemals mehr denken wollte. Aber Süßigkeiten! Salo Beckermann hatte alle seine Erinnerungen mit einer leidenschaftlichen Liebe zu Schokolade und allen Süßigkeiten gemildert: gerollten Mandelkuchen aus dem Café Demel, Buttercremetorten im Zuckermantel, belgische Pralinen, handgeschöpfte Schokolade … Wenn er aus seinem Geschäft nach Hause kam und seiner Frau sagte, er habe den ganzen Tag nichts, gar nichts gegessen, ergab eine Nachfrage stets: Nichts hieß, ausgenommen drei Stück Kuchen oder ausgenommen eine Kardinalschnitte und ein Stück Sachertorte.

Wie immer, wenn er zu einem seiner Kurzbesuche erschien, hatte Salo Beckermann seiner Tochter auch an diesem Sabbat etwas mitgebracht: eine kleine, aber zweilagig gefüllte Schachtel voll handgefertigter Pralinen – gefüllte Muscheln, getunkte Marzipanfischchen, Mandelsterne, Zuckerkorallen, so, als ob er in einem Schokoladenozean gefischt und das Beste aus dem Fang handverlesen hätte. Vermutlich hätte dieser elegante Mann, der in einer Runde von Weltverbesserern in T-Shirts, Jeans und Turnschuhen wie von weither, ja einem anderen Planeten, angereist erschien, die Pralinenschatulle lieber zwischen sich und seine Tochter auf ein Teetischchen gestellt und während einer kurzen Plauderei mit ihr auch selber die eine oder andere Kostbarkeit aus seinem Schatz genossen. Aber Salo Beckermann war nicht nur elegant und höflich, sondern auch großzügig:

Er schritt die Runde ab und bot jedem Anwesenden ein Stück seines Fangs: dem einen einen Seestern, dem anderen eine Muschel, dem nächsten ein getunktes Fischchen, eine Zuckerkoralle … Und plötzlich, ich erinnere mich nicht mehr, womit ich beschenkt wurde, sondern nur, daß ich, als die Reihe an mich kam, plötzlich das Wasserzeichen selbst im matt schimmernden Schokoladenmantel der Meeresfrüchte wiederzuerkennen glaubte, das Höllenzeichen:

Es war der Satz eines zweiten römischen Kaisers, Justinian, wie Marc Aurel auch er ein in Blut gebadeter Feldherr, dem so schöne Beinamen wie *Der Große,* aber auch: *Der Schlaflose* zugeschrieben wurden. Ebenso wie Marc Aurel hatte auch Justinian trotz seiner zahllosen Schlachten in der Tradition der griechischen Rechtsphilosophie selbst den Arbeitern, den Geschundenen, den Sklaven und endlich auch den Frauen eine Art Gerechtigkeit widerfahren lassen wollen. Erst die Schergen des Nationalsozialismus hatten aber den wohl denkwürdigsten seiner rechtsphilosophischen Sätze nicht bloß in sein Gegenteil verkehrt, sondern bis zur Unkenntlichkeit verzerrt, als sie ihn in schmiedeeisernen Lettern über das Tor des Konzentrationslagers Buchenwald setzen ließen – und zwar mit der Rückseite zur Außenwelt, damit er nur von den Verzweifelten im Inneren des Lagers zu lesen war: *Suum cuique* hatte Kaiser Justinian gefordert. Über dem Tor von Buchenwald war daraus eine schmiedeeiserne Todesdrohung geworden:

Jedem das Seine.

Ich würde mich gerne daran erinnern, daß wir Weltverbesserer an diesem Sabbat die uns dargebotenen Meeresfrüchte dankbar, fast andächtig eine Weile in den Händen hielten – jeder das Seine –, bevor wir sie verzehrten, und daß wir uns später die Spuren der in unseren Händen schmelzenden Schokolade nach der Verabschiedung des wortkargen, großzügigen Besuchers heimlich von den Fingern leckten.

Aber vermutlich führten wir die Pralinen eher wie zuschnappende Fische zum Mund, bevor wir ihre schönen Formen – Muschel, Seestern, Oktopus, Koralle – mit ein, zwei Bissen zermalmten und die süßen Bruchstücke nach kurzem Genuß ihres Aromas verschlangen.

Christa Blümlinger

Studien zur Bodenlosigkeit

Ruth Beckermanns erster Langfilm aus dem Jahr 1983 hebt mit einer mehr als dreiminütigen Zugfahrt an, begleitet von den Saxofonklängen einer zeitgenössischen melodischen Komposition. Erst dann ertönt eine Stimme. Sie begleitet unseren Eintritt in das Wohnzimmer eines Zeitzeugen des »Roten« Wien, der in der »Mazzesinsel« groß geworden war. In den 1920er-Jahren hatte man die Leopoldstadt so genannt, wegen ihres großen Anteils jüdischer, vornehmlich aus dem Osten zugewanderter Bewohner. Während der Filmvorspann also vom Erreichen eines Bestimmungsortes kündet, benennt die Erzählstimme das Phänomen einer historischen Migration. Der Filmtitel hingegen, *Wien retour*, deutet auf einen späteren Moment im Leben der jüdischen Einwanderer hin. Er bezeichnet mit einem knappen Wort – »retour« – die Schatten des Nationalsozialismus, der eben diese Ankömmlinge einige Jahre später verjagen und deportieren sollte.

Die Filmemacherin unternimmt hier zusammen mit Josef Aichholzer eine Zeitreise: Franz West erzählt aus seinem von der Arbeiterbewegung und der Zugehörigkeit zu einer jüdischen Familie geprägten Leben und über das bewegte

Jahrzehnt, das zum Austrofaschismus führte. Es geht hier nicht darum, die Geschichte eines Menschen zu illustrieren oder zu dramatisieren. *Wien retour* präsentiert sich einerseits als Ort der Rede, andererseits als lebendiges Archiv, in dem private Fotos, Sequenzen aus zeitgenössischen Propaganda- und Gebrauchsfilmen, Lieder und historische Parolen in einer Form ausgestellt und montiert sind, die es möglich macht, sie als Dokumente wahrzunehmen. Als der Film ins Kino kam, waren diese audiovisuellen Archivmaterialien weitgehend unbekannt. Aus den Recherchen für den Film entstand zeitgleich ein materialreiches Buch über die Mazzesinsel.

In der Folge unternahm Ruth Beckermann immer wieder Erkundungen in der eigenen Stadt oder in der Fremde, um nach Spuren und Zeichen zu suchen, die das soziale und kulturelle Gedächtnis herausfordern. Immer wieder geht es darum, die variable Geschwindigkeit zu erfassen, mit der bestimmte »Zeitschichten« (Reinhart Koselleck[1]) ins öffentliche Bewusstsein gelangen, bzw. um die Struktur bestimmter sozialer und politischer Handlungen, die sich wiederholen. Jedes Mal gilt es, eine dem Sujet entsprechende Form zu finden und zu erproben. Beckermanns radikalster Film ist diesbezüglich *Jenseits des Krieges* (1996), in dem eine Videokamera inmitten einer Fotoausstellung

---

1 Reinhart Koselleck, *Zeitschichten. Studien zur Historik.* Frankfurt am Main 2003.

über die Verbrechen der deutschen Wehrmacht Auftritte anonymer, betagter Männer provoziert, deren Zeugenschaft – wie die so mancher Fotos – ambivalent und schwer zuordenbar bleibt. Hier sollen keine Taten rekonstruiert, sondern Sprechakte untersucht werden, die in einem spezifisch österreichischen Klima zu einem bestimmten Zeitpunkt stattfinden. Dieser Film führt mit seinem einfachen Dispositiv eindrücklich vor Augen, wie in Österreich der Prozess einer »Neutralisierung der Vergangenheit« (Saul Friedländer[2]) um sich gegriffen hat, die auf erträgliche Dimensionen zurückgedrängt werden soll, gerade weil die direkt betroffene Generation dahinschwindet.

Wien retour wiederum lässt erahnen, in welchem Maße ein Zeitzeuge sich der Unteilbarkeit persönlicher Erfahrungen bewusst sein kann, über die lange ein Mantel des Schweigens gebreitet wurde. Wenn Franz West etwa von einer Gewalttat erzählt, deren Opfer er vor den Toren der Universität geworden war, relativiert er die subjektive Dimension des Vorfalls, indem er ihn nicht primär als einmaliges, biografisch prägendes Erlebnis schildert, sondern als Beispiel für eine große Anzahl von affektgeleiteten Übergriffen durch junge Nationalsozialisten, in denen sich die spezifische Ausprägung des Wiener Antisemitismus lange vor dem »Anschluss« äußerte. Der Film will an dieser Stelle aber auch kein kollektives Gedächtnis beschwören, sondern unterstreicht im Gegenteil die Einsamkeit des sich Erinnernden. Einzig das dokumentarische Foto einer antisemitischen Versammlung im öffentlichen Raum interpunktiert die detailreiche Erzählung, ohne

sie zu illustrieren. Beckermanns Filme legen immer wieder den Zusammenhang des Hervorbringens von Zeugenschaften frei und ermöglichen es damit, den Prozess der Formung historischer Erzählungen und des sozialen Gedenkens zu begreifen. Wests Schilderungen betreffen zum Teil Ereignisse, die sich etwa auch in Elias Canettis autobiografischen Schriften finden, doch geht es West in seinem Erzählen weniger um die Bildung einer individuellen Persönlichkeit unter dem Eindruck geschichtlicher Ereignisse als darum, eine Beobachterperspektive zu vermitteln, die sowohl die Kollektive der gegnerischen wie auch die der eigenen politischen und sozialen Gruppen miteinbezieht.

Die von Annette Wieviorka so genannte (und auf die Periode des Nationalsozialismus bezogene) »Ära der Zeitzeugen«[3] hatte Anfang der 1980er-Jahre gerade erst begonnen, und zwar paradoxerweise genau deshalb, weil man ihr Ende heraufbeschwor. Diese Ära zeichnet sich durch das systematische Sammeln audiovisueller Zeugnisse aus, die für die »Archive der mündlichen Geschichte« bestimmt sind. Es geht darum, Menschen rechtzeitig zum Reden zu bringen, die »weder das Bedürfnis, noch vielleicht die Fähigkeit haben, schriftlich den Bericht ihres eigenen Lebens niederzulegen« und damit aus der anonymen Masse herauszutreten. Solch subjektive Berichte erzeugen zwar Emotion und Empathie, doch erlauben sie an sich noch keine Rekonstruktion von Fakten.

2 Vgl. Saul Friedländer, *Kitsch und Tod. Der Widerschein des Nazismus*. München 1986, S. 96–97.
3 Annette Wieviorka, *L'Ère du témoin*. Paris 1998.

Als wir Anfang der 1980er-Jahre gemeinsam an dem Oral-History-Projekt »Widerstand im Salzkammergut« arbeiteten, stellten wir uns die Frage nach dem Zusammenhang von Geschichte und Gedächtnis. Wir hatten nicht nur mit Männern gesprochen, die ihre Heldengeschichten bereits mehrfach erzählt und veröffentlicht hatten, sondern vor allem auch mit Frauen, die ganz entscheidend zur Versorgung des Widerstands beigetragen hatten, deren Taten jedoch in der Folge kaum beachtet worden waren. Wir teilten die Skepsis der Historiker gegenüber einer Technik, die sehr fragil und – je nach dem vom Zeugen verfolgten Ziel – formbar ist. Uns ging es bei der Konzeption eines Films zum Thema schließlich darum, die Erzählweisen der Beteiligten zu vergleichen: *Der Igel* (1985)[4] stellt so betrachtet eine Fortsetzung der in *Wien retour* erprobten Methode dar, den Sprechakt zu zeigen, der eine Geschichte hervorbringt.

Gegen Ende von *Wien retour* taucht in Franz Wests Wohnküche ein kleiner Radioapparat mit eingebautem Kassettenrekorder auf. Wir

Der Igel. Widerstand im Salzkammergut (1985)

hören gemeinsam mit den beiden Filmemachern und mit dem Zeitzeugen dessen apparativ vermittelter Stimme zu. Es handelt sich um eine persönliche Zeugenschaft, die der Befragte seiner Familie gewidmet und zuvor allein aufgezeichnet hat. Wir vernehmen eine große Anzahl von Namen und Berufen und erfahren, dass West den Großteil seiner Familie mütterlicherseits in nationalsozialistischen Konzentrations- und Vernichtungslagern verlor. Der ehemalige Kommunist, der seine Emigration als Exil bezeichnet hatte und sich selbst als politisch Verfolgten, berichtet hier sichtlich zum ersten Mal öffentlich darüber, in welchem Ausmaß seine eigene Familie von der Vernichtung der Juden durch die Nationalsozialisten betroffen war, die man damals, wenige Jahre vor Claude Lanzmanns epochalem Film, in öffentlichen Diskussionen noch selten Schoah nannte.[5] West braucht dieses kleine Gerät, das vor der Kamera und den beiden Besuchern an seiner Stelle spricht. Er braucht es wie die Über-

4 Ein kurzer dokumentarischer Videofilm, der aus dem studentischen Forschungsprojekt unter der Leitung von Ruth Beckermann und Gerhard Botz entstand.

5 Im deutschen Sprachraum hatte sich im Anschluss an eine amerikanische Fernsehserie der 1970er-Jahre zunächst der aus dem Griechischen und Lateinischen ins Englische gewanderte Begriff *Holocaust* durchgesetzt. Der Begriff »Vernichtung der europäischen Juden« geht auf den Historiker Raul Hilberg zurück, der sich in seiner grundlegenden Studie *The Destruction of the European Jews* (Chicago 1961; dt. *Die Vernichtung der europäischen Juden*, 3 Bände, Berlin 1982) einer Reihe von Quellen bediente, die es erlaubten, das funktionale Handeln der Täter zu rekonstruieren.

lebende und spätere Filmemacherin Marceline Loridan, die in Jean Rouchs und Edgar Morins *Chronique d'un été* (1961), weit von der Kamera entfernt, ein Nagra-Tonbandgerät nutzte, um in Worten ihrer Mutter gedenken zu können, die im Konzentrationslager umgekommen war.

Hatte *Wien retour* seinerzeit eine klare Form gefunden, jenseits konventioneller Dokumentationen Archivmaterial mit mündlichen Zeugnissen zu konfrontieren, so geht es in einem von Beckermanns jüngsten Projekten darum, dem »archivalischen Drang« (Hal Foster[6]) reflektiert zu begegnen und die Materialität der Archive als Bedingung für deren Sichtbarkeit oder Hörbarkeit auszustellen. Dies bedeutet nicht, auf Emotion zu verzichten, die durch diesen oder jenen Satz, diese oder jene Fotografie ausgelöst würde. Es gilt jedoch, einen Denkraum herzustellen, der es erlaubt, die Zeugnisse einzuordnen, zu distanzieren und im Lichte der heutigen Zeit zu erkennen. Gegen Ende der »Ära der Zeitzeugen« entwirft Ruth Beckermann mehrere Installationsprojekte und Filme, die auf sehr unterschiedliche Weise die Tektonik des sozialen Gedächtnisses aufzeigen.

The Missing Image (2015) ist eine Arbeit, die sie für den öffentlichen Raum geschaffen hat, als späten Nachhall zu einer in den 1980er-Jahren engstirnig geführten Debatte über die Funktion von Gedächtniskunst. Gleich hinter der Oper, am Wiener Albertinaplatz, konfrontierte Beckermann eine mächtige, mehrgliedrige, den Opfern des Faschismus gewidmete Skulptur mit der künstlerischen Analyse eines überraschend aufgetauchten Amateurfilmfrag-

ments aus dem Jahr 1938. Auf zwei großen digitalen Bildschirmen lief mehrere Monate lang Beckermanns »fehlendes Bild«, frontal der realistisch gestalteten Bronzeskulptur von Alfred Hrdlicka aus dem Jahr 1988 entgegengestellt. Letztere soll die öffentlichen Erniedrigungen jüdischer Wiener im Jahr des »Anschlusses« an das »Dritte Reich« evozieren, wird aber trotz der figurativen Anstrengung augenscheinlich nicht von allen Passanten als auratisches Kunstobjekt erkannt, das den Opfern der NS-Verbrechen gewidmet ist.[7] Der Bildhauer hatte sich auf Fotografien von 1938 bezogen, in denen man jüdische Menschen kniend beim Reinigen des Trottoirs sieht, mit bloßen Händen der beißenden Lauge ausgesetzt.

In Beckermanns präziser Zweikanal-Installation entwickelt sich »the missing image« als eineinhalbminütige Variation über ein fünfsekündiges Filmfragment, zu stark verfremdeter, konkreter Musik, die Olga Neuwirth aus Tonspuren eines Gebets komponiert hat. In Augenhöhe des Betrachters zeigt sich lebensgroß und in wiederkehrenden Bilderschleifen die Mikrophysik einer alltäglichen Machtausübung. In öffentlichen Inszenierungen zwangen Wiener Nazis damals Juden, pro-österreichische Parolen von der Straße zu entfernen. Ein Detailaspekt der im Österreichischen Filmmuseum aufbewahrten Amateuraufnahme ist seit lan-

---

6 Vgl. Hal Foster, »An Archival Impulse«, in: *October*, Nr. 110, Herbst 2004, S. 3–22.

7 Als ich den Albertinaplatz 2015 an einem lauen Sommerabend betrat, nahm gerade eine gelangweilte Jugendliche auf der Skulptur Platz, um ihr Mobiltelefon zu benutzen.

e Missing Image: Stills aus dem Amateurfilm von 1938

gem, in Form von Fotografien, in die mediale Geschichtsschreibung eingegangen: ein Bürger mittleren Alters, auf nackten Knien über den nassen Gehsteig gebeugt. Das verlangsamte und vergrößerte Bewegtbild zeigt sehr deutlich, dass es sich hier um einen eben noch gesellschaftlich integrierten Menschen handelt, der nun ausgegrenzt wird.

In einem anderen Ausschnitt sieht man einen jungen Mann im bürgerlichen Anzug, ebenfalls am Boden, kurz einen abgeneigten Blick in die Kamera vor ihm werfend, während die johlende Menge im Händeschluss einen Kreis um ihn herum bildet. Ein Schwenk nach oben eröffnet das bislang »fehlende Bild«, den Gegenschuss zu den erniedrigten Menschen, aber auch den Blick auf die direkte Interaktion zwischen Tätern und Opfern. Mit der rhythmischen Akzentuierung der Blicke und Gesten, die auf kleinste Bewegungen hin untersucht werden, treten in der digitalen Bearbeitung des Archivmaterials enigmatische Momente hervor, wie das verlegene, direkt in die Kamera gerichtete Lächeln einer von Nazis umringten

Frau, die von einem Polizisten handgreiflich dazu angehalten wird, mit einem Besen zu posieren. Die Analyse dieser wenigen Filmkader lässt die Handlungen von Hitlerjugend und Polizei als Teil der theatralisierten Menschenjagd hervortreten, zeigt aber auch in Großaufnahme Gesichter gewöhnlicher Wienerinnen und Wiener, die ihr Gaudium am sadistischen Spektakel haben.

Das fehlende Bild, um das es in dieser Installation geht, ist also das Bild von Beistehern, einer an Szenen der Misshandlung und Erniedrigung sich belustigenden Menge. Es ist kein Bild, das zum Ziel hat, die Verfolgten von 1938 im Augenblick ihrer Erniedrigung auszustellen oder gar deren zukünftige Vernichtung anzuzeigen. Auch der Titel der Installation zielt keineswegs auf die kontrovers geführte bildtheoretische Debatte, die vor etwa zehn Jahren in Frankreich u. a. von Georges Didi-Huberman (inspiriert von Jean-Luc Godard) und Gérard Wajcman (im Anschluss an Claude Lanzmann) geführt wurde und die sich u. a. auf Lanzmanns Behauptung bezog, es gäbe keine

Bilder von der Schoah.[8] Wie der Historiker Pierre Vidal-Naquet zu Lanzmanns Film *Shoah* feststellt, fokussierte dieser vor allem auf das Alleinstellungsmerkmal der Vernichtung der europäischen Juden, nämlich den Prozess der Industrialisierung von Mord, in dem es kein Gegenüber von Täter und Opfer mehr gibt.[9] Beckermanns »missing image« hingegen zeigt genau das Gegenüber von Täter und Opfer, das der Industrialisierung der Vernichtung vorausgeht. 1938 präsentierte sich der Antisemitismus in Wien noch sehr direkt und in einer rohen Form. Seine Konsequenzen wurden zu diesem Zeitpunkt eben noch nicht verhüllt oder mit euphemistischen Worten umschrieben wie später die Massenmorde; sie wurden öffentlich theatralisiert und offen mediatisiert.[10] Die Installation schließt also mehrere Zeiten zusammen, in deren Kontext die Filmaufnahmen aus den 1930er-Jahren je unterschiedlich zu begreifen sind: den Moment der Aufnahme des Ereignisses, in dem der Kamera die ambivalente Funktion der Registratur von Gewalt zukommt, sowie den Moment der Betrachtung, der sich im Lauf der Jahrzehnte immer wieder geändert hat, was wiederum der direkte Bezug auf die Skulptur von 1988 deutlich macht. So betrachtet, lässt *The Missing Image* die Utopie einer Öffentlichkeit anklingen, in deren Raum sich emanzipierte Zuschauer bewegen.

Auf zeitliche Schichtungen verweist auch Beckermanns jüngster Film *Die Geträumten*, jedoch in gänzlich anderer Form. Hier überschreitet die Filmemacherin dezidiert die Grenze zur Fiktion und begibt sich auf neue Wege. Der Film ist den Stimmen zweier Liebender gewidmet, Menschen, die im Nachkriegswien in der Dichtung und in Briefwechseln einen Ort finden, um die Bodenlosigkeit zu bearbeiten, der sie, jeder für sich, ausgeliefert sind, jedoch, was ihre jeweilige Herkunft betrifft, mit umgekehrten Vorzeichen. Zwischen Paul Celan und Ingeborg Bachmann entspinnt sich eine Jahrzehnte dauernde Korrespondenz, in der, darin Kafkas Briefen an Milena nicht unverwandt, der Schritt »ins Leben« immer aufs Neue gestundet wird. Verkörpert werden die beiden von zwei jungen Menschen in etwa jenem Alter, das Celan und Bachmann hatten, als sie sich kennenlernten. Das österreichische Timbre der beiden Darsteller erinnert zwar an die beiden aus Czernowitz und Klagenfurt stammenden Literaten, doch sie versuchen nicht, sich mit den historischen Figuren zu identifizieren. Es gilt, Bachmann und Celan aus dem Heute heraus zu lesen.

8 Vgl. dazu vor allem Georges Didi-Huberman, *Bilder trotz allem*, München 2007.

9 Vgl. Pierre Vidal-Naquet, »L'épreuve de l'historien«, in: Michel Deguy (Hg.), *Au Sujet de Shoah. Le film de Claude Lanzmann*. Paris 1990, S. 206; sowie Sylvie Lindeperg, »De l'absence au manque«, in: Dork Zabunyan (Hg.), *Les images manquantes*. Paris 2012, S. 146.

10 Während tatsächlich nur sehr wenige Aufnahmen existieren, die von den Nazis selbst in den Vernichtungslagern gemacht wurden, ist die Zeit der Verfolgung, die der Massenvernichtung vorausging, durch Bilder relativ reichhaltig dokumentiert. Claude Lanzmann, der in *Shoah* dezidiert keine Archivbilder verwendete, vertritt in Diskussionen zu den Bildern der Schoah immer wieder eine normative Position, die über den technischrational organisierten Moment der Vernichtung hinauszielt. Georges Didi-Huberman setzt in *Bilder trotz allem* Lanzmann ein komplexes Verständnis des historischen Ereignisses entgegen und bringt das philosophische Argument vor, dass dieses Ereignis definitionsabhängig sei. Vgl. dazu Sylvie Lindeperg, a.a.O.

Das mediale Dispositiv der Aufnahme ist das entscheidende Element der Inszenierung. Als Rahmen dient ein Tonstudio des Wiener Funkhauses, das Geschichte hat. Je mehr man von der Apparatur des Studios zu sehen bekommt, desto genauer hört man den Interpreten zu. Die Stimme, so schreibt Paul Zumthor, ist nicht nur ein Instrument oder Vehikel der Rede, sondern interpretiert, kommentiert, ja unterminiert das Sprechen durch ihre Leiblichkeit.[11] Sie zeigt das Unsagbare an, sie ist – durchaus auch geschlechtsspezifisch – die Spur des Körpers in der Sprache. Genau in diesem Sinne nimmt hier die Filmkamera das Sprechen auf, um zu zeigen, wie die beiden Interpreten, vor großen Mikrofonen stehend, im Dialog sich dem Stoff der Aufführung annähern. Man sieht außerdem, wie sie sich während der Arbeitspausen über eine ihnen unbekannte Zeit, aber auch über ihre Gegenwart auseinandersetzen.

Die empathische Arbeit von Kamera und Montage gilt also nicht allein dem Drama der »Geträumten«, Celan und Bachmann. Es ist vielmehr Beckermanns ästhetische Strategie, in wechselnden Einstellungsgrößen nach und nach die Gesichter »unter dem Mienenspiel« (Béla Balázs[12]) sichtbar zu machen, die im Nachvollzug einer Art literarischen Selbsterziehung der Gefühle entstehen. Aus der Intensität der Filmarbeit entsteht ein Funke von Erotik, der sich der Leiblichkeit der Stimmen verdankt und der auf den Briefwechsel überzuspringen vermag. Nicht die identifizierende, sondern die vermittelnde Verkörperung erlaubt es, das Maß an Liebe, Großzügigkeit und Intelligenz zu erahnen, das es braucht, um einen Menschen zu unterstützen, dessen Bodenlosigkeit abgrundtief ist.

Der Vorspann von *Die Geträumten* benennt in einer Texteinblendung lakonisch die entscheidende Differenz: »Seine jüdischen Eltern sind in einem deutschen Konzentrationslager in der Ukraine umgekommen. Ihr Vater war Soldat und ist lebend aus dem Krieg zurückgekehrt. Darüber, dass er in der NSDAP war, hat sie nie gesprochen.« Es geht in Ruth Beckermanns Filmen und Installationen denn auch immer wieder gleichzeitig um *die Bodenlosen* (im Sinne des Arendt'schen[13] Begriffs von Migranten) und um *das Bodenlose* (im Sinne von Unbehagen) in einer Gedächtniskultur, die trotz wiederholter Aufklärungsschübe bis heute von Formen der Verdrängung geprägt ist. Aber es geht bei weitem nicht nur darum. Beckermanns eigensinnige Auseinandersetzung mit österreichischen Zuständen ist bloß die Bedingung dafür, sich anderen Stoffen zuwenden zu können, in die Fremde zu gehen und dort Vorstellungen einer Flaneurin zu entspinnen, die es liebt, unterwegs zu sein und sich beobachtend unter die Leute zu begeben, ohne dabei selbst beachtet zu werden.

---

11 Vgl. Paul Zumthor, »Körper und Performanz«, in: Hans-Ulrich Gumbrecht und Ludwig K. Pfeiffer (Hg.), *Materialität der Kommunikation*. Frankfurt am Main 1988, S. 703–713.

12 Vgl. Béla Balázs, *Der Geist des Films* (1930), in: ders., *Schriften zum Film*, Bd. 2. München/Budapest 1984, S. 62.

13 Hannah Arendt spricht in *Elemente und Ursprünge totaler Herrschaft* (Frankfurt am Main 1957) von der Gefahr des Fortlebens totalitärer Erfindungen, Menschen überflüssig zu machen. Sie sieht in den 1950er-Jahren angesichts der anwachsenden »Bodenlosigkeit und Heimatlosigkeit« die Gefahr, dass die Konzentrationslager als Institution »den Sturz aller uns bekannten totalitären Regime überleben« (S. 671).

Ruth Beckermann

Die Flaneurin

Exposé zu einem Film

VORARBEITEN

Literarische, urbanistische und politische Denkansätze, die über aktuelle Themen wie Ausländerfrage, Kriminalität und Verkehr hinausgehen, bilden den Hintergrund des Filmprojekts. Für meine Arbeit war besonders das Studium der Texte Charles Baudelaires wichtig, der als erster das moderne Großstadtleben zum Thema seiner Literatur machte. Eines seiner Gedichte, das von einer Frau handelt, die im Straßentrubel an ihm vorübergeht, nannte er »À une passante«. Der Film *Die Flaneurin* nimmt hundert Jahre später das Motiv des Großstadtlebens wieder auf, ein Motiv, das auch den frühen Film begeisterte (Vertov, Ruttmann, Ivens …). Doch nun ist die Passantin nicht allein Objekt, sondern Subjekt der Handlung.

Grundlegend für mein Konzept sind die Arbeiten Walter Benjamins und der Chicagoer School of Sociology. In Gesprächen mit dem Soziologen Richard Sennett, dem Soziologen Samuel Bordreuil, der Soziologin Elizabeth Wilson und der Filmtheoretikerin Giuliana Bruno habe ich wesentliche Anregungen und Zuspruch zu der Idee erhalten, die Wege des Blicks und das Augenspiel der Stadt zu untersuchen. Zur Situation der Frau im Feld der Blicke verdanke ich viel den Arbeiten Laura Mulveys und Anne Friedbergs – und vor allem den Gesprächen mit Elfriede Gerstl und deren Texten.

Da es sich hier um eine Art ethnographischen Dokumentarfilm handelt, dessen Reiz in der Suche nach Bildern und Szenen liegt, formuliert das Konzept die Fragestellungen und den Plan zur Feldforschung. Einen Schritt dorthin bildete mein in Wien und Paris geführtes »Recherchebuch«, das jedoch nicht als Vorlage, sondern nur als Grundlage für den Film dient. Denn es geht darum, sich mit der Kamera wieder auf den Weg ins Ungewisse zu machen und von Menschen und Orten zu lernen.

[…]

FRAUEN IN DER STADT

Die Stadt, Zentrum der Zivilisation und Kultur in der Antike, in der Renaissance, im 18. Jahrhundert. Seit der Industrialisierung zeigt die zur Großstadt gewordene Stadt ihr Doppelgesicht: Ort des Spektakels und Ort des Grauens und Elends. Viele Intellektuelle, Reformer und Politiker fürchteten, daß die großen Städte Zentren der sozialen Desintegration, der Kriminalität und Unmoral werden würden. Das Leben in den Städten würde die stabilen hierarchischen Ordnungen unterminieren, sexuelle Ausschweifungen fördern und das Familienleben aushöhlen.

Die Rolle und der Status der Frau standen im Mittelpunkt dieser moralischen Angst. In der Stadt schien sie den Zwängen der patriarchalischen Ordnung zu entgleiten. Denn erstmals bot sich den Frauen wirklich mehr Freiraum durch Arbeitsplätze, die nun entstanden. So ist es eine bittere Ironie, daß die Urbanität den Weg für die Emanzipation der Frau bereitete, die Bedingungen für ein unabhängiges Leben aber noch immer nicht gegeben sind.

Die Obsessionen des 19. Jahrhunderts, das vom Thema Prostitution besessen war, unterschieden immer weniger zwischen Huren und sonstigen Frauen: Eine Frau auf der Straße galt als Straßendirne. Eine Frau in der Öffentlichkeit als eine öffentliche Frau. Es gehörte zur erotischen Phantasieproduktion, sie mit Kriminellen, Außenseitern und Revolutionären in Verbindung zu bringen.

»Die Frau gehört ins Haus.« So dachten auch die fortschrittlichsten Architekten, wie zum Beispiel Le Corbusier, für den öffentliche Einrichtungen wie Kantinen und Krippen nicht zur Entlastung der Frauen, sondern zur Stärkung des Familienlebens gedacht waren. Seine Ideen hatten nach dem Zweiten Weltkrieg, in den Jahrzehnten eines autoritären Optimismus, großen Einfluß.

Jede Bewegung der Frau ist suspekt, ob es sich um Fortbewegung oder geistige Beweglichkeit handelt. Ganz unverständlich wird es aber, wenn sie sich zum Vergnügen aus dem Haus begibt und sich dem Luxus des Müßiggangs, der Beobachtung, der »Zeitvergeudung« hingibt.

Es war leichter, Fabrikarbeiterin oder Managerin zu werden als weiblicher Flaneur oder Dandy (Wie viele Gedichte besingen des Weibes fleißige Hände …). Unangepaßte Frauen wählten daher wie Ida Pfeiffer oder Isabelle Eberhardt die Rolle der Reisenden, um den Zwängen ihres Milieus zu entkommen.

Heute scheinen die Geschlechterrollen in der westlichen Welt weniger eng definiert. Und doch stellt gerade die Frage der Sicherheit und Akzeptanz von Frauen im öffentlichen Raum immer noch ein heikles Thema dar. Was wollte sie denn abends auf der Straße, im Park, in der U-Bahn, fragen Polizisten und Richter, wenn eine Frau attackiert wird. Bezeichnenderweise war es Golda Meir, die meinte, man solle doch die Männer zu Hause einsperren, dann wären die Straßen sicher.

[…]

DER FLANEUR

Der klassische Flaneur ist eine männliche Figur des 19. Jahrhunderts. Er sieht zu, registriert, verknüpft das Gesehene und Gehörte zu einem Panorama der Großstadt. Und schreibt es auf wie Charles Baudelaire, Walter Benjamin u. a. Damit leistet er einen wesentlichen Beitrag als Chronist und interpretierender Dokumentarist seiner Zeit und rechtfertigt gleichzeitig seinen Müßiggang und seine Neugierde vor sich selbst und den anderen.

Der Flaneur ist aber auch ein Träumer. Walter Benjamin notiert: »Kategorie des illustrativen Sehens grundlegend für den Flaneur. Er schreibt wie Kubin es tat, als er die *Andere Seite* verfaßte, seine Träumerei als Text zu den Bildern.«

Der *Larousse* des 19. Jahrhunderts vertritt die Ansicht, die meisten Genies seien große Flaneure gewesen. Oft sei es die Zeit, in der der Künstler am wenigsten mit seiner Arbeit beschäftigt scheint, in der er am tiefsten in ihr untertaucht. Als Beispiel nennt er Beethoven, der bei jedem Wetter durch Wien flanierte und sich seine wunderbaren Symphonien durch den Kopf gehen ließ, bevor er sie aufs Papier warf. Er sah nichts und hörte nichts; er war ganz woanders.

Der Flaneur ist der Mann der Menge. Nicht zu verwechseln jedoch mit dem Schaulustigen, der sich nicht unter Kontrolle hat, überall dabei sein muß, wo was passiert und eine Traube Menschen zusammenläuft. (Für den modernen Schaulustigen übernimmt das Fernsehen die Lauferei; er muß nur noch Knöpfe drücken, um dabeizusein.) Der Schaulustige ist eher Sklave als Herr seines Blicks.

Das Auge des Flaneurs läßt sich vom kollektiven Taumel nicht blenden. Er sieht ihn sich mit einer gewissen Distanz an, als Szene in dem Theater, das die Stadt zu bieten hat. Die Stadt, die im 19. Jahrhundert zur Großstadt wird, zu einem Ort der Geschwindigkeit und der Masse. Der Flaneur beschreibt in seinen Texten das neue Spektakel und feiert die neue »Freiheit des Blicks«, welche die Stadt ihm erlaubt. Das Recht auf den Blick und die emanzipatorische Kraft des Blicks selbst.

DER FILM

Der Film *Die Flaneurin* setzt nun eine Frau in den öffentlichen Raum Stadt. Er verwandelt die literarische Figur des Flaneurs in eine filmische und weibliche Kunstfigur: die Flaneurin.

Wie für ihr männliches Pendant ist das Element der Flaneurin die Stadt der Menge, der Bewegung, der Lichter, der Töne, wie sie Charles Baudelaire als erster feierte: »Es ist nicht jedem gegeben, im Meer der großen Masse ein Bad zu nehmen: Sich der Menge genießend zu erfreuen, ist eine Kunst; und der allein kann, auf Kosten der Menschheit, in Lebenskraft schwelgen, dem eine Fee, in seiner Wiege, die Lust zur Verkleidung und zur Maske, den Haß des Zuhauses und die Leidenschaft des Reisens eingeblasen hat …«

Die Flaneurin verläßt das Haus, neugierig wie Pandora mit ihrer Büchse, um Bilder in ihrer Kamera einzufangen. Sie ist die perfekte Voyeurin, möchte sehen, ohne gesehen zu werden; in der Menge verschwinden.

Die wirkliche Flaneurin liebt es diskret. Trotzdem will der Ausgang vorbereitet sein. Ein letzter Blick in den Spiegel. Lippenstift, Kleiderclip und der passende Hut. Nun ist sie gewappnet und bereit, sich dem Augenspiel der Stadt auszusetzen.

Die Flaneurin taucht an verschiedenen Orten der Stadt auf. Obwohl sie weitgehend anonyme Beobachterin bleibt (vergleichbar dem Reisenden in Robert Kramers *Route One/USA*), ermöglicht allein die Anwesenheit einer Akteurin eine andere Art dokumentarischen Drehens: Indem die Personen in einer Bar oder in der U-Bahn nicht direkt mit der Regisseurin bzw. der Kamera konfrontiert werden, sondern sich zuerst auf diese Kunstfigur beziehen, entsteht ein komplexeres und differenzierteres Blick- und Beziehungsgeflecht.

Die Kamera beobachtet die Gesten und Rituale, die sich ergeben, wenn die Flaneurin zum Beispiel in einem Restaurant, wo ausschließlich Manager zu Mittag essen, Platz nimmt. Zum Teil entstehen Bilder, in denen die Flaneurin wirkt wie ein Marsmensch, der sich die Erdenbewohner ansieht. So zum Beispiel, wenn sie morgens zwischen einer Menge Herren im Anzug, Aktenkoffer in der Hand, in der Wartehalle des Flughafens steht.

Die Wege der Flaneurin kreuzen sich immer wieder mit denen anderer Stadtwanderer, wie dem Blumenverkäufer »Herr Teller« oder dem ambulanten Händler »Herr Wille«, der in seiner Aktentasche Wodka und Kaviar zu den Kunden trägt. In Wien begegnet ihr zum Beispiel Heinz Frank auf dem Weg vom Kleinen Café zu seiner Schneiderin, die ihm Anzüge aus Tweed, Karo, Fischgrät, Hahnentritt und Pepita nach eigenen Entwürfen näht. »Meine Kleidung ist Teil meiner Arbeit«, sagt Heinz, dessen bis an die Ränder kariertes Selbstporträt in den meisten Lokalen hängt und den Stadtwanderer in einen Derwisch verwandelt.

Doch der Film malt nur implizit ein Porträt der Flaneurin. Wir verlieren die Akteurin immer wieder im Großstadttrubel und die Kamera nimmt mit subjektiven Bildern ihren Platz ein. Denn was hier gezeigt werden soll, ist nicht allein der Blick der Frau auf die Frau (d. h. der Filmerin auf die Flaneurin), sondern der Blick der Frau auf die Stadt.

Die Flaneurin ist einerseits Erzählerin: Vor unseren Augen ziehen die Bilder vorüber, die sie sieht. Andererseits ist sie Objekt der Erzählung: Wir sehen zu, wie ihr Blick operiert, wie er von etwas angezogen wird, auswählt, wegschaut, wieder hinschaut. Die Zusammenhänge werden über subjektive Wahrnehmung und gedankliche Verknüpfung geschaffen.

[…]

ARBEITSWEISE

Im Unterschied zum Reisen ist das Flanieren ein Kreisen. Manche Orte wiederholen sich zu verschiedenen Zeiten; die Wahrscheinlichkeit, den gleichen Menschen öfters zu begegnen, ist groß. […] Um nicht im Lokalkolorit stecken zu bleiben, sondern Strukturen herauszuarbeiten, wird der Film in (mindestens) zwei Städten – Wien und Paris – gedreht. […] Der Ton unterstützt auf allen Ebenen den Collage-Stil: Off-Töne, Einbeziehung »fremder« Töne in die Montage; Off-Text der Flaneurin in Form eines fragmentarisch-lakonischen inneren Monologs; Schrift-Zitate von Benjamin, Hessel, Gerstl, Wiener, Baudelaire u. a.

DIE AKTEURIN

Sie ist weder jung noch alt. Eine jener mädchenhaften Erscheinungen, die noch mit fünfzig Jahren ihren offenen Blick und jugendlichen Gang bewahren.

Sie ist nicht einzuordnen. Wirkt weder reich noch arm; ist nicht teuer, doch bewußt gekleidet.

Sie kann sich an die verschiedensten Situationen anpassen, bleibt immer zurückhaltend, beobachtend. Sie interveniert nur manchmal durch eine Frage, einen Blick, eine Geste.

Sie wird nicht porträtiert oder psychologisiert. Ihr Blick dagegen ist subjektiv. Er wird mittels innerer Monologe, vor allem aber durch die Bildgestaltung und Montage gezeigt. Dabei wird nicht der Anspruch erhoben, »den weiblichen Blick« darzustellen, den es ebenso wenig gibt wie »den männlichen Blick«. Es wird versucht, den subjektiven Blick einer Frau darzustellen, der sich aus der Zusammenarbeit von Akteurin, Kamerafrau und Filmerin ergibt.

AUS DEM RECHERCHEBUCH

Datum: 15. Juli

Zeit: 14.20

Ort: Floridsdorf

Wetter: warm, leicht bewölkt

Eine Straße. Die Menschen, die Autos. Welche Autos? Die Geschäfte. Was verkaufen sie? Es gibt keine Lebensmittelgeschäfte. Doch, da, eine Bäckerei. Sich fragen, wo die Leute, die hier wohnen, einkaufen. Genauer schauen. Den Rhythmus der Straße erfahren. Die Autos kommen ruckweise an, weil sie weiter oben in der Straße von einer Ampel angehalten werden. Bestimmen die Autos den Rhythmus der Stadt? Laut Georg Kreisler könne man an der Dauer der Rot-, Gelb- und Grünphasen der Ampeln den Rhythmus einer Stadt erkennen.

Eine Gruppe Jugendlicher neben, auf, vor Motorrädern. Ob Jeans oder Leder, Pins rechts oder links, die Kappe verkehrt auf dem Kopf oder ganz rasiert, die Kleiderordnung muß stimmen. Zwei Burschen und ein Mädchen lösen sich aus der Gruppe und schlendern zu einem Haus, wo drei andere Burschen im Eingang lehnen. Halten sich kurz auf und kommen wieder zurück.

Ein uraltes Ritual läuft ab. Der Häuptling gibt den Stil vor, der Stamm folgt. Die Mädchen versuchen mitzuhalten. Immer noch möchte jede die Freundin des Chefs sein.

Die Jugendlichen und die Flaneurin betrachten einander neugierig. Erkennen vielleicht ähnliches Interesse an Maske und Verkleidung.

Datum: 30. Juli

Zeit: 11.15

Ort: Wien, Innere Stadt

Wetter: warm und sonnig, blauer Himmel

Flaneurin über den Graben.

Stadtmobiliar statt Autos: nostalgische Telephonzellen, Bänke zum Ausruhen, viele sehr große Mülltonnen (kein Trennmüll; noch nicht), Bänke, Würstelstand, rustikale Hütten (wozu?), Bänke.

Sich auf die Terrasse eines Cafés setzen. Eine Liste der sichtbaren Dinge anlegen.

– *Buchstaben:* KLM (auf der Tasche eines Passanten), Madonna (auf einem T-Shirt), »1., Graben«, »AIDA«, »Z«

– *Farben:* rot (ein Kleid, Tischtücher, Fahrverbotsschild), rosa Erdbeereis, rosa »AIDA«, grüne Bäume, grüner Loden
– drei Hunde (zwei Dackel, ein Afghane)
– Spatzen, die sich auf die Tische setzen (frech)
– *Menschen:* Erwachsene und Kinder; Frauen und Männer, Buben und Mädchen (Erdbeereis essend, Spatzen verscheuchend, Spatzen fütternd)

Hören. Zuhören. Mehr noch. Nicht allein Wortfetzen aufschnappen, sondern die Gedanken hören, sich sogar in sie einmischen.

Kein Altenberg Peter stochert »im karierten Anzug mit zu kurzen Hosen, den Ledergürtel sportlich umgeschnallt, ohne Hut, sandalenklappernd, die Zwickerschnur breit wie ein Meßhemd, den keulenförmigen, knolligen Stecken unterm Arm« (Polgar) über den Graben.

Weg aus der Fußgängerzonen-Welt. Warum schaut der so? Sitzt der Hut? Läuft eine Masche? Was wär', wenn ich zurückschau'.

Schau, schau, jeder Er hat sein Telephon bei sich. Wieder ein geschäftig Telephonierender. Existieren die Gesprächspartner überhaupt oder handelt es sich um unsichtbare Gegner?

Datum: 3. September
Zeit: 19 Uhr
Ort: Centre Pompidou
Wetter: rosa Wolken auf blauem Himmel
Bahnhofs-Stimmung. Das Museum als neuer Ort der Masse.

Was suchen die Hin- und Herlaufenden? Postkarten, ein Dach über dem Kopf, Picasso, Matisse? Wer schaut wen an? Wieso stoßen die vielen Menschen nicht zusammen? Die Stadt in der Stadt (ein Postamt gibt es auch). Die Stadt hier funktioniert. Sandler bis zur Sperrstunde in der Halle oder in der Bibliothek. Trotzdem kein Elendsgefühl. Sozusagen ein Ort mit gemischter Nutzung. Soziale Aufstiege und Abstiege.

Bewegliche Aufstiege und Abstiege im Raum: Die Rolltreppe an der Außenhaut.

Datum: 9. September
Zeit: 12.30
Ort: Rue St. Denis
Wetter: grauer Himmel, Smog
Klare Trennung zwischen Huren und sonstigen Frauen. Die sicherste Straße der Stadt. Ein Paar hat sich gefunden und verschwindet. Sechs Minuten später taucht sie wieder auf. Überprüfe die Zeitspanne bei anderen Prostituierten. Sechs bis zehn Minuten. Interessiere mich vor allem für die praktischen Details des schnellen Handels. Dichtgedrängt stehen die Damen zwischen Peep-Shows und Sexshops. An der Ecke Menschengewirr. Ein Weißer und ein Inder disputieren mit einer weißen Hure. Sie will anscheinend den Inder nicht. Warum ist der französische Film besser als der deutschsprachige? Weil die Bilder voller sind.

Das mit Januar 1994 datierte Exposé wurde beim Filmbeirat des Unterrichtsministeriums eingereicht, das Ansuchen um Produktionsförderung jedoch abgelehnt. Die Flaneurin blieb unrealisiert.

Die papierene Brücke
Ein flüchtiger Zug nach dem Orient

Cristina Nord

Wege, die nicht aus dem Wald hinausführen

Zum Motiv der Bewegung in den Filmen Ruth Beckermanns

Zu den ersten Einstellungen von *Die papierene Brücke* (1987) zählt eine, die aus einer Straßenbahn heraus gefilmt wurde. Die Kamera steht im Wageninneren und blickt durch ein Fenster und eine Glastür nach draußen. Sommerliche Parkanlagen und einige repräsentative Bauten im Zentrum von Wien wie das Kunsthistorische und das Naturhistorische Museum ziehen vorbei. Die Bewegung geht von rechts nach links, mithin gegen die Richtung, die man in Europa mit Fortschritt und Zielstrebigkeit zu assoziieren pflegt. Weil die Sommersonne intensiv scheint, ist der Lichtkontrast groß, und der Waggon liegt fast im Dunkeln. Einmal bremst die Tram an einer Haltestelle, Passagiere steigen aus und ein. Zwei gehen dicht vor der Kamera vorbei, ihr Oberkörper füllt für einige Sekunden den Bildausschnitt, sodass die Staffelung des Bildraums eine dritte Ebene erhält: das Draußen, das im Dunkel liegende Drinnen und die Oberkörper in unmittelbarer Nähe. Die Kamerafrau Nurith Aviv könnte sie anfassen. Aus dem Off ist währenddessen Ruth Beckermanns klare, artikulierte Stimme zu hören. Laut denkt die Regisseurin über ihre Großmutter Rosa nach. Wie konnte sie hier überleben? Wie kam es, dass sie nicht nach Theresienstadt deportiert wurde? Man erfährt: Die Großmutter trug den gelben Stern nicht, sie tauchte unter, lebte das Leben einer Obdachlosen, »sie schlief in Parks und in öffentlichen Klosetts«, sie täuschte vor, stumm zu sein. Manchmal ging sie in den Prater und sprach laut zu sich selbst, um die eigene Stimme zu hören.

Die Einstellung birgt etwas, was Beckermanns Filme kennzeichnet: das Moment der Bewegung, das viele Ebenen in sich einschließt. Zunächst ist dies die konkrete Bewegung des Fahrzeugs, aus dem heraus gefilmt wird. Auf vergleichbare Travellings stößt man immer wieder in Beckermanns Filmografie, in *American Passages* (2011) etwa schaut die Kamera vom Seitenfenster aus auf die Landschaft neben dem Highway. Am Ende von *Nach Jerusalem* (1991) blickt sie durch die Windschutzscheibe auf eine israelische Autobahn im Regen, und *Ein flüchtiger Zug nach dem Orient* (1999) beginnt mit Bildern, die aus dem Zugfenster heraus gefilmt sind; Böschung und Gras huschen vorbei und erhalten durch das Tempo eine fast abstrakte Anmutung, ein Effekt, der noch verstärkt wird, weil die Scheibe eine Flasche und Geschirr reflektiert, die auf dem Tisch im Wageninneren stehen. Im selben Film gibt es eine mehrminütige Kamerafahrt, die vermutlich aus einem Auto heraus gefilmt und von einem selbstreflexiven Voice-Over flankiert wird. Die Kamera gleitet an Fußgängern vorbei, über eine Brücke, der Fluss darunter ist der Nil, aus dem Off hört man die Stimme Beckermanns: Kein 360-Grad-Schwenk, kein noch so langes Travelling ändere etwas daran, dass das dokumentarische Filmemachen eines Europäers oder einer Europäerin in Ägypten Ausdruck von real existierenden Machtasymmetrien sei.

Mit einigen signifikanten Ausnahmen wie *Die Geträumten* (2016) oder *Jenseits des Krieges* (1996), die einen jeweils klar definierten Raum nicht verlassen, entwickeln Beckermanns Filme zu Landschaften und Orten ein gefräßiges Verhältnis. Züge, Straßenbahnen, Busse, Boote, Autos und Pferdekarren: Alles kann der hungrigen Kamera als Vehikel dienen, und schon in Titeln wie *Nach Jerusalem*, *American Passages* oder *Ein flüchtiger Zug nach dem Orient* deutet sich die Lust an der Reise und am Aufbruch an. Zur Vorliebe für Travellings passt die Sprunghaftigkeit vieler Filme; rasche, nicht weiter erklärte Ortswechsel sind ein wiederkehrendes Merkmal. *Those Who Go Those Who Stay* (2013) etwa schaut sich mal eine Ladenpassage in Paris an und mal eine Uferpromenade in Alexandria, mal die Vorführkabine in einem Kino in Aarhus und mal eine Straßenbahn in Istanbul. Und die Einstellungen, die am Anfang von *Die papierene Brücke* diejenigen umschließen, die in der Wiener Straßenbahn aufgenommen wurden, stammen von einer rumänischen Landstraße. Es ist Winter, das klare Licht des Sommertags weicht dichtem, fast jenseitig anmutendem Nebel.

Hinzu kommt, dass die Bewegung durch den Raum sich an eine zweite Bewegung bindet, und zwar an eine, die durch die Zeit führt. Was in der Gegenwart ist, hat eine Vorgeschichte, und die drängt in die Gegenwart hinein; manchmal als materielle Spur, manchmal als etwas Immaterielles, kaum noch Vorstellbares. Die Geschichte der Großmutter Rosa wird nicht evident, solange man aus einer Straßenbahn auf die Gebäude am Ring blickt. Das Grün der Bäume, die Fassaden der Gebäude, das Blau des Himmels, die Passanten und Passagiere, all dies lässt nicht ahnen, was sich hier zugetragen hat, als Österreich nationalsozialistisch war. Indem Beckermann das, was war, aus dem Off evoziert, stiftet sie ein Verhältnis zwischen dem Sichtbaren und dem in der Zeit Versunkenen. Das eine tritt mit dem anderen in Austausch und Reibung, es entsteht eine produktive Unruhe. Der Anblick der Stadt und die leidvolle Geschichte der Großmutter kommen nicht zur Deckung, eine Spannung zeichnet ihre Beziehung aus, etwas Unaufgelöstes. So kann kein Stillstand eintreten.

Ein weiterer Faktor kommt hinzu: Die, die von den Filmen umkreist werden, werden nicht müde, sich zu bewegen. Die Großmutter mag zwar in Wien bleiben, doch sie zieht von Versteck zu Versteck, und auch die übrigen Angehörigen der Regisseurin sind aus freien Stücken oder gezwungenermaßen unterwegs. Je mehr der Nationalsozialismus von Europa Besitz ergreift, umso mehr Menschen sind auf der Flucht oder werden deportiert. Der Vater, ein Mann aus Czernowitz, schließt sich der Roten Armee an, der Mutter glückt es, als Teenager nach Palästina zu entkommen, anderen ist das Glück versagt, sie werden in die Konzentrations- und Vernichtungslager verschleppt. In diesem Sinne stellt *Die papierene Brücke* auch den Versuch dar, vergangene, von den Verwerfungen des 20. Jahrhunderts verursachte Bewegungen nachzuzeichnen. Fluchtrouten, Passagen, Orte, die Heimat waren und es längst nicht mehr sind. So ist der Film auch eine Rekonstruktion, wenn auch eine, die sich ihrer eigenen Grenzen bewusst ist. Beckermann fahndet nach den letzten Spuren einer untergegangenen Welt, nach den Anteilen der Habsburgermonarchie, die tolerant, multireligiös und multikulturell waren, nach den Relikten jener Bukowina, in der Juden, Rumänen, Ruthenen, Deutsche und andere koexistieren konnten. Dieser Verlust löst noch Jahrzehnte später Phantomschmerzen aus.

In *Die papierene Brücke* bleibt ein emblematischer Ort ausgespart: Czernowitz, wo Beckermanns Vater seine Kindheit und Jugend verbrachte. Mitte der 1980er-Jahre in die Sowjetunion zu reisen und eine Drehgenehmigung zu erhalten ist kein leichtes Unterfangen, der Regisseurin gelingt es nicht.[1] Vielleicht, sagt sie aus dem Off, sei das besser so, denn die Imagination mit der konkreten Anschauung zu konfrontieren berge Risiken. In dieser Aussage deutet sich etwas an, was allgemein für Beckermanns Blick auf die Geschichte ihrer Familie und, weiter gefasst, auf die Geschichte der europäischen Juden charakteristisch ist. Es gibt keinen direkten, unverstellten Zugriff auf die Vergangenheit. Beckermann fragt, was es bedeute, zur zweiten Generation zu gehören, Kind von denen zu sein, die die Schoah überlebt haben, mithin

1 Vgl. Katya Krylova, »Melancholy Journeys in the Films of Ruth Beckermann«, in: *Leo Baeck Institute Year Book*, Vol. 59, Mai 2014, S. 249–266, hier S. 260.

keine eigene Anschauung zu haben, die Erzählung der anderen zu übernehmen und zur eigenen zu machen. Dies heißt auch, von der außergewöhnlich reichen, von den Nazis vernichteten Kultur der Bukowina zu wissen, zu der sich – zumal in den 1980ern, vor der Perestroika, vor der Öffnung von Grenzen und Archiven – kein Zugang bietet. Es gibt für dieses komplizierte Phänomen einer Erinnerung, die nicht die eigene ist und die dennoch große Wirkmacht hat, einen Begriff, den die Literaturwissenschaftlerin Marianne Hirsch Anfang der 1990er-Jahre geprägt hat, als sie sich der Graphic Novel *Maus* von Art Spiegelman widmete:

»›Postmemory‹ beschreibt die Beziehung, die die Folgegeneration zu den persönlichen, kollektiven und kulturellen Traumata der Vorgängergeneration entwickelt, mithin zu Erfahrungen, die die Jüngeren aufgrund von Geschichten, Bildern und Verhaltensmustern, mit denen sie aufwuchsen, ›erinnern‹. Doch diese Erfahrungen wurden auf so tiefe und affektive Weise an sie weitergegeben, dass sie Erinnerungen eigenen Rechts zu bilden scheinen. So wie ich es betrachte, wird die Verbindung zur Vergangenheit, die ich als ›postmemory‹ definiere, nicht von Erinnerung, sondern von imaginativer Leistung, Projektion und Schöpferkraft vermittelt. Wer mit überwältigenden, vererbten Erinnerungen groß wird, wer von Erzählungen beherrscht wird, die seiner eigenen Geburt bzw. dem Erlangen von Bewusstsein vorausgingen, der läuft Gefahr, dass die eigene Lebensgeschichte von den Vorfahren verschoben, vielleicht sogar entleert wird. Dies bedeutet, von traumatischen Ereignis-Fragmenten geformt zu sein, die der erzählerischen Rekonstruktion trotzen und das Verständnis übersteigen. Diese Ereignisse haben sich zwar in der Vergangenheit zugetragen, aber sie wirken in der Gegenwart fort.«[2]

Es ist sicherlich nicht zu viel der Spekulation, wenn man einen Teil der Rastlosigkeit, die einen Film wie *Die papierene Brücke* prägt, dem Unaufgelösten zuschlägt, das aus dem, was Marianne Hirsch beschreibt, resultiert. Übertragene Erinnerungen und verschobene Traumata stiften Unruhe, und diese Unruhe ist Antrieb und Motor für die Vorstellungskraft. In Bewegung befinden sich in Beckermanns Filmen nicht nur die Kamera und die Menschen, in Bewegung befindet sich auch das Feinstoffliche: die Empfindungen, Energien, Imaginationen, Gefühle, und dies weniger in einem psychologischen, individualisierenden als in einem kulturell-gesellschaftlichen Sinn.

Viel später fährt Ruth Beckermann doch noch nach Czernowitz. In *Those Who Go Those Who Stay* hat Matthias Zwilling, ein Lehrer, einen etwas längeren Auftritt. Der Mann, der vielleicht 65 Jahre alt ist, führt eine Straße entlang, vor den Überresten des jüdischen Spitals macht er halt; er spricht Deutsch mit einer besonderen Sprachmelodie, wie man sie heute kaum noch hört. Er erzählt vom Antisemitismus, den er in der Sowjetunion erfahren hat, und von seiner Weigerung, seinen Namen zu ändern. Er ist derjenige, der geblieben ist. Die meisten anderen, die in *Those Who Go Those Who Stay* vorkommen, sind unterwegs. Anders als in *Die papierene Brücke*, wo sich Beckermann mit ihren Vorfahren beschäftigt und mit dem,

was es heißt, eine jüdische Österreicherin zu sein, gilt die Aufmerksamkeit hier vielem und vielen. Diese vielen migrieren aus den unterschiedlichsten Motiven, und bisweilen kippt ihre Bewegung in Stillstand wie bei den beiden Flüchtlingen aus Afrika, die in Süditalien ausharren, obwohl sie davon träumen, Profifußballer bei Juventus Turin zu werden. In einer anderen Szene erläutert ein Mann aus Syrien bei einer Podiumsdiskussion, wie das Dokument heißt, das er erhalten hat: »provisorischer Ausweis für einen unbegrenzten Zeitraum«. Fast klingt es wie ein Scherz, wenn er diese bürokratischen Begriffe aneinanderreiht; er spricht von einem »Übergang, der für immer dauert«. Beckermann filmt ihren eigenen Schatten auf einem Trottoir von Buenos Aires; in Israel sucht sie einen Flohmarkt auf, wo sie in einem zum Verkauf stehenden Fotoalbum blättert und eine alte Identitätskarte findet. Ein gewisser Moshe Zener war der Besitzer; ausgestellt hat den Ausweis das »Government of Palestine« im Jahr 1942. Die Szene dauert nicht lange, ihrer Flüchtigkeit zum Trotz ruft sie eine ganze Geschichte auf: die des Zionismus und derjenigen, die noch vor der Staatsgründung Israels in Palästina siedelten. Wieder genügen Beckermann ein paar Augenblicke Screentime, um Vergangenheit und Gegenwart in flirrende Bewegung zu versetzen. Ähnlich die Szenen zu Beginn des Films, in denen der Autor und Filmemacher Georg Stefan Troller – der als junger Mann aus Wien floh und Station in der

---

2 Vgl. http://www.cupblog.org/?p=8066, abgerufen am 27. August 2016. Übersetzung: C.N.

Tschechoslowakei, in Frankreich, Portugal und den USA machte – sowie Trollers Ehefrau Kirsten die Filmemacherin in ihrer Pariser Wohnung empfangen. Gemeinsam schauen sie einem Kater zu, und Troller erläutert die Idee für einen Dokumentarfilm, der sich dem Zufallsprinzip schuldet: Jeden zehnten Passanten auf den Champs-Élysées würde er einladen, sich zu beteiligen und sich befragen zu lassen.

Annähernd so viel Raum wie in Trollers Skizze beansprucht die Kontingenz auch in *Those Who Go Those Who Stay*. Wenn es ein Motiv gibt, das die sprunghaften Wechsel von Akteuren und Orten zusammenhält, dann ist es das der Fäden, der Webstühle, der Stoffe. *Those Who Go Those Who Stay* flaniert durch Pariser Straßen voller Textilgeschäfte, man staunt über die Massen an T-Shirts, Kleidern, Röcken und Hemden. Später, der Film ist nach Italien gesprungen, schaut er einer jungen, konzentrierten Frau an einem Webstuhl zu, einer Frau, das sei en passant bemerkt, mit einem Profil wie eine griechische Statue. Und einmal guckt sich die Kamera, ebenfalls in Italien, Häuserfronten an, auf den Balkonen stehen Chinesen, von denen man sich denken kann, dass sie in lokalen Textilfabriken tätig sind. Gesagt wird dies nicht, *Those Who Go Those Who Stay* öffnet lieber die Türen zu assoziativen Räumen, statt mit faktischen Informationen die Vorstellungskraft zu blockieren. Hélène Cixous, *grande dame* der dekonstruktivistischen Theorie, hat dem Film einen schönen Text gewidmet: »Ich verstand,

dass ich in einem Labyrinth war, doch ohne Faden. Das ist es, was da auf mich zukommt: Ich erfahre das Labyrinth dieses Jahrhunderts 21.«[3]

Mit »Labyrinth« ist ein wesentliches Stichwort gefallen, und dies nicht nur, weil *Those Who Go Those Who Stay* von einem Schriftinsert eröffnet wird, das sich mit Ariadnes Faden und dem Labyrinth von Knossos befasst. »Von den Fährten, die Theseus hinterließ, als er im Labyrinth umherlief, erzählt der Mythos nichts.« Man könnte hierin einen autopoetischen Hinweis erkennen, eine Skizze des Vorhabens: Was der Mythos außer Acht lässt, dem widmet sich der Film in einer rekonstruierend-imaginativen Anstrengung. Vielleicht. Vielleicht ist Knossos aber nur eine falsche Fährte, oder besser: eine der vielen Fährten, die Assoziationen wachrufen, ohne sie bis an ihr Ende zu verfolgen und zu erklären. Fest steht so viel: Es gibt eine Energie in Beckermanns Œuvre, die nicht zum Stillstand kommt, eine Rastlosigkeit, die nicht nachlässt. Die Bewegungen haben kein Ziel; kein Weg führt direkt von A nach B. Dazu passt eine kleine Geschichte, die die Regisseurin in *Die papierene Brücke* aus dem Off vorträgt, während sich die Kamera das graue Wasser eines winterlichen Flusses ansieht. Es geht um einen Mann, der sich im Wald verläuft. Nachdem er lange herumgeirrt ist, trifft er auf einen anderen Mann. Er bittet um dessen Hilfe, damit er aus dem Wald herausfinde. Aber der andere kennt sich so wenig aus wie der erste. »Ich bin auch nur ein Jude, der sich im Wald verlaufen hat«, sagt er. »In all den Jahren habe ich nur die Wege gefunden, die nicht aus dem Wald herausführen.«

---

3 Hélène Cixous, »Aus dem Schicksal führt kein Weg hinaus«, vgl. derstandard.at/1397521003557/Aus-dem-Schicksal-fuehrt-kein-Weg-hinaus, abgerufen am 28.8.2016.

Sich das Bild von einem Menschen machen ...
ist das möglich?
Hat es sie überhaupt gegeben? Oder ist sie
eine Projektionsfläche unserer Träume und
Wünsche und Phantasien ... wie der Orient ...

FOTOGRAFIEN 2 – ÄGYPTEN

Die Fotos auf dieser und den folgenden Seiten sind Kadervergrößerungen aus Ruth Beckermanns
Ein flüchtiger Zug nach dem Orient (1999). Sie wurden im Zuge einer Ausstellung zur Premiere des Films
in der Galerie Charim, Wien, zusammen mit den jeweils darunter abgebildeten Texttafeln präsentiert.

Ich kann nicht in die Vergangenheit, nur in die Ferne fahren, in die Fremde....
Doch vielleicht ist die Vergangenheit ein fernes Ausland.

Ihr Vorleser schreibt: "Heute sagte sie: Der Todesgedanke reinigt wie ein Gärtner, der das Unkraut jätet, wenn er in seinem Garten ist. Aber dieser Gärtner will immer allein sein und ärgert sich, wenn Neugierige in seinen Garten schauen. Deswegen halte ich den Schirm und den Fächer vor meinem Gesicht, damit er ungestört arbeiten kann."

"Ich ziehe es vor, in den Städten zu flanieren",
sagte sie. Mein liebster Aufenthalt, weil ich da
ganz verloren gehe unter den Kosmopoliten:
das gibt eine Illusion von dem wahren Zustand
der Wesen".

Am Anfang ist jeder Blick ein Erlebnis, wert, festgehalten zu werden, ausgekostet zu werden.
Luxus der Beobachtung,
Luxus der Zeitvergeudung.
Zeit ist Luxus.

Ob sie von der Existenz des Kinos wußte? Mir erscheint sie wie ein Star, bevor es Stars im Kino gab. Sie schuf sich ihren Stil, wählte ihre Rollen und inszenierte sie selbst. Wie Greta Garbo oder Marlene Dietrich... und lange vor diesen sagte sie, laßt mich allein, laßt mich in Ruhe.

Was wird mir von dieser Reise in Erinnerung bleiben?

Die Bilder der ägyptischen Frauen, die ich überall gesammelt habe wie Elisabeth?

Ein Kurz-Katalog der Schönheit.

Sie widersprechen unserer säuberlichen Einteilung der Zeit in Perioden und Epochen und Moden und beweisen, daß alles gleichzeitig existiert, in Schichten. Daß sich alles verändert und nichts ändert.

Durch die Stadt gehen, ohne die Sprache zu verstehen, erzeugt einen traumähnlichen Zustand. Die Bilder rücken in die Ferne und die Töne von Kairo bilden ein Muster aus Autohupen und Muezzin-Rufen.
Vielleicht ist alles plötzlich so einfach und unbeschwert, weil wieder eine Abreise bevorsteht.

Ruth Beckermann

Jenseits des Krieges

Drehtagebuch

Zwanzig Jahre sind vergangen seit der Herstellung des Films *Jenseits des Krieges*. Zwanzig Jahre seit jener Ausstellung über die Verbrechen der Wehrmacht, die noch einmal, ein letztes Mal, heiß und hautnah die Kontroverse um jene »Kriegsgeneration« hochspielte; die die ehemaligen Soldaten gerade noch erreichte, bevor sie in Demenz und Tod entwischten und uns zurückließen mit all den Fragen, welche nun nicht mehr gefragt werden können.

Fragen fragen. Die Täter fragen. Warum fragen sie nicht ihre Eltern, meine Freunde, meine Bekannten, meine Altersgenossen? Diese Frage stellte ich mir damals, in den 1980er- und den 1990er-Jahren immer wieder. Warum beschäftige ich mich als Tochter von Überlebenden mit Herkunft und Schicksal meiner Eltern, meiner Onkel und Tanten, während sie sich weitaus mehr für meine Eltern, Onkel und Tanten interessieren als für ihre eigenen Familien? Ich wurde immer ungeduldiger mit all den wohlmeinenden Wissenschaftlern und Filmemachern, die sich besonders in Österreich um die Auseinandersetzung mit der Tätergeneration drückten.

Als die so genannte Wehrmachtsausstellung durch Deutschland tourte, beschloss ich schließlich, die einmalige Gelegenheit zu nutzen, ehemalige Soldaten an einem öffentlichen Ort mit den Verbrechen, die die deutsche Armee im Süden und Osten Europas begangen hatte, zu konfrontieren. Ihre Gesichter vor den Fotos der Verbrechen zu filmen, ihre Gespräche miteinander aufzunehmen. Und sie zu fragen: Was habt ihr gesehen? Was habt ihr gewusst? Was habt ihr getan und was nicht?

Es war ein spontaner Entschluss, gefasst etwa sechs Wochen vor Eröffnung der Ausstellung in Wien. Hannes Heer, den ich um die Drehgenehmigung bat, erkannte sofort die Bedeutung eines Filmprojekts, das die Besucher in den Mittelpunkt stellen würde und setzte sich beim Leiter des Instituts für Sozialforschung, Jan Philipp Reemtsma, dafür ein. Da die Zeit nicht reichte, um Mittel für reguläre Dreharbeiten aufzutreiben, fragte ich den Kameramann Peter Roehsler, ob ihn das Projekt interessiere. Er sagte sofort zu und hatte die Idee, einen Computer gegen die High-8-Kamera eines Freundes einzutauschen. Zu zweit, er die Kamera, ich das Mikro in der Hand, begaben wir uns fünf Wochen lang täglich in die weißgekachelten Räume der ehemaligen Alpenmilchzentrale, wo die Ausstellung gezeigt wurde. Wir drehten 200 Interviews, ca. 50 Stunden Material, das ich erst einige Monate liegen lassen musste, bevor ich mit einiger Distanz an Auswahl und Montage denken konnte.

Das Projekt begann dort, wo die Ausstellung aufhörte: In der Gegenwart des Jahres 1995 in Wien. Die Fotos an den Wänden funktionierten wie Trigger für die Erinnerung, die das Projekt diffamierenden Hetzartikel in der Boulevardpresse als Trigger für die Emotionen der Besucher. Wir hatten keinen Zweifel daran gehabt, dass sie kommen würden, die ehemaligen Soldaten. Und sie kamen. Aus allen Schichten der Bevölkerung und mit allen nur möglichen Weltanschauungen. Es gab keine Vorgespräche mit den Interviewten, das heißt, ich wusste vor dem Gespräch nie, wo jemand während des Krieges gewesen war. Ab der dritten Woche führte ich auch Gespräche mit jüngeren Leuten, Frauen und Soldaten, welche auf alliierter Seite gekämpft hatten, um das Spektrum zu erweitern. Je länger wir drehten, desto spannender wurde dieser Ausstellungsort, wo sich wie auf der Bühne eines Kammerspiels die ganze Welt zu versammeln schien. Der Film sollte auch die geographischen Dimensionen des Weltkriegs spürbar werden lassen.

Obwohl heute manchmal gar nicht angenehme Erinnerungen an die während der Dreharbeiten unvermeidliche Nähe zu den ehemaligen Soldaten aufsteigen, habe ich viel über die Bandbreite menschlicher Gefühle wie über die einmaligen Möglichkeiten des Mediums Film gelernt.

Man filmt immer die Gegenwart, darum ist der Moment, in welchem ein Tabu aufbricht, so kostbar für den Dokumentarfilm. Die Erinnerung wird hörbar, sichtbar, filmbar. 1995 war der richtige Moment: Die so genannte Kriegsgeneration war nicht mehr in den Arbeitsprozess integriert, das Pensionistendasein ließ Zeit zum Rückblick auf das eigene Leben. Zehn Jahre früher hätten diese Männer noch geschwiegen, zehn Jahre später waren sie tot. Das Bedürfnis zu reden war so groß, dass uns keiner der Ausstellungsbesucher fragte, warum und wofür wir drehen würden. Die Interviews hatten etwas von einer Beichte bei einem anonymen Gegenüber. Sie waren froh, reden zu dürfen. Mit einer Frau. Eine Frau schien ihnen unverdächtig. Sie wollten über ihr eigenes Opferdasein, ihre Kriegsgefangenschaft reden, doch die Frau ließ keine Ausflüchte zu und wiederholte immer wieder, hier gehe es nicht um ihre Leiden, sondern darum, was sie gesehen hätten von den Verbrechen.

Geschichte ist ein Konstrukt. Die eigene Lebensgeschichte ebenso wie die große Geschichte. Jeder zimmert sich ein in verschiedenen Lebensphasen unterschiedliches Narrativ, mit dem er leben kann. Während die Ausstellung Fakten der Geschichte in einen Zusammenhang bringt, konzentriert sich der Film auf Nuancen der Erinnerung. Um diese Nuancen in den einzelnen Erzählungen zur Geltung zu bringen und miteinander in Beziehung treten zu lassen, musste der Zusammenprall mit der Wahrheit der Photos vermieden werden. Nicht *History* und *Memory* werden einander gegenübergestellt, sondern die Sichtweisen und Handlungsspielräume der Menschen. Und diese stellten sich als äußerst vielfältig heraus. Hatte ich zu Beginn in Schemata von Lüge und Wahrheit gedacht, stellte sich heraus, dass es viele Schattierungen dazwischen gibt, dass Ereignisse oft nicht völlig geleugnet werden, sondern die eigene Beteiligung daran verschoben wird. Von Mitmachen zu Gesehen-haben, von Gesehen-haben zu Gehört-haben. Allein der Film hat die Möglichkeit, all die Nuancen in Tonfall und Mimik zu zeigen, welche auf Halbwahrheiten, Verdrängungen und Lügen hinweisen.

Fazit: 1. Es gibt mehr Freiheit als man denkt, doch warum einer sie nutzt und der andere nicht, erklärt sich lediglich vage aus einer individuellen glücklichen psychosozialen Mixtur. 2. Auch die Frage, warum einer wahrnimmt, was er sieht und der andere nicht, bleibt zwanzig Jahre und einige Filme später unbeantwortet. 3. Es waren diese Menschen, welche nach dem Krieg die Gesellschaft wieder aufgebaut haben. Der Film zeigt auf erschreckende Weise die psychische Verfassung und das Bewusstsein einer Generation, welche nach Kriegsende medizinisch versorgt, doch nur oberflächlich umerzogen und sogleich politisch umworben wurde. Ich frage mich bis heute, was sie ihren Kindern subkutan mitgegeben haben. Im Film findet eine Frau dafür einen schönen Ausdruck, wenn sie von »Herzensbildung« spricht. Der Mangel an Herzensbildung wird noch über Generationen spürbar bleiben.

Während der Montage des Films entschloss ich mich, weder mit Kommentartexten noch mit Musik oder Grafik in den Film einzugreifen. Über meine Gedanken und Gefühle während der Dreharbeiten erfährt man demnach wenig. Einblick in die Dreh-Situation gibt das in den Arbeitspausen geführte folgende Tagebuch.

18. OKTOBER

Eröffnung der Ausstellung. Nach einem ersten Rundgang sagt ein Freund: »Wir leben unter Mördern. Wir haben es immer gewusst und verdrängt; jeder muss sich fragen, woran sein Vater, sein Großvater, seine Onkel beteiligt waren. Und auch wenn er es zu wissen vermeint, kann man nicht feststellen, ob sie was getan haben oder nicht.«

Krieg sei ein Gesellschaftszustand, sagt Jan Philipp Reemtsma in seinem Eröffnungsreferat. Auch im kriegerischen Zustand sei es für eine Gesellschaft von Belang, welche Grenzen sie zwischen erlaubtem und unerlaubtem Verhalten ziehe. Die Ausstellung zeigt den Zustand der deutschen und österreichischen Gesellschaft vor 50 Jahren. Die Reaktionen auf diese Ausstellung spiegeln die seelische Verfassung dieser Gesellschaft in unserer Gegenwart.

Kein österreichischer Politiker eröffnet. Der Verteidigungsminister pflegt nostalgische Kontinuität am Ulrichsberg[1], kritischer Aufarbei-

---

1 Einmal im Jahr, im Oktober, wird von der Ulrichsberggemeinschaft eine Gedenkfeier ehemaliger Wehrmachtssoldaten veranstaltet, an der sich auch neonazistische Organisationen beteiligen.

tung stellt er sich nicht. Der ORF bringt einige Sendungen, die Eröffnungsrede Johannes Mario Simmels lässt er sich jedoch entgehen. Simmel spricht von den ehemaligen Soldaten, die immer sagen, sie hätten nur ihre Pflicht getan: »Das nur fehlt nie«, sagt er. »Sie hätten nur ihre Pflicht getan. Sie sollen doch einmal sagen, was ihre Pflicht war.«

19. OKTOBER

Wir filmen Interviews mit Raul Hilberg und Manfred Messerschmidt.[2] Hilberg sagt, für die Opfer sei es ganz egal, ob sie von der Wehrmacht oder der SS umgebracht wurden. Und wer welche Uniform trug. Doch das könnten SIE – die Österreicher, die Deutschen, die anderen – nicht verstehen.

22. OKTOBER

Wir drehen seit vier Tagen mit den Besuchern. Heute morgen kamen zwei, die sich über die Ausstellung empörten, ohne sie auch nur anzusehen. Sie hätten kein Geld bei sich. Also blieben sie beim Eingang stehen und schimpften von Verleumdung.

Ein Veteran war heute, am vierten Tag, bereits zum zweiten Mal da. Warum?

Wie wirkt Aufklärung? Die Menschen scheinen mit der gleichen Grundeinstellung hinauszugehen, mit der sie gekommen sind. Die Bilder des Grauens: Lachende Soldaten lassen sich neben Erhängten knipsen; Soldaten machen sich

einen Spaß daraus, alten Juden die Bärte abzuschneiden oder auszureißen – die Bilder ändern nichts, sie bestärken die einen in der Erschütterung, die anderen in ihrem trotzigen Festhalten daran, dass »Krieg eben Krieg sei« und die Russen mindestens so grausam gewesen wären.

Am unheimlichsten aber sind die Wankelmütigen, die sich jeder Mehrheitsstimmung anpassen. Hier sind sie erschüttert, am Stammtisch spielen sie die großen Helden.

Gesichter sprechen, Gesichter täuschen. Wir täuschen uns oft, wenn wir unsere Gesprächspartner auswählen. Der dort, war der Offizier? Nein. Antifaschist? In diesem Fall entpuppt sich der Mann als Monarchist, der es schaffte, sich während des ganzen Krieges in einem Lazarett herumzudrücken.

Endlich ein höherer Rang nach den vor Selbstmitleid triefenden »kleinen Landsern«: der Offizier Harald Mildner. Schneidig, wie man sich einen deutschen Soldaten vorstellt. Die sechste Generation Militärs in der Familie. Stammt ursprünglich aus Schlesien an der polnischen Grenze, studierte aber bereits als Jugendlicher in Wien. Nach dem Krieg stieg er gleich in die Wirtschaft ein. Die Fotos lassen ihn kalt, er spricht ausschließlich von »so genannten Gräueltaten«. Nichts passierte, das mit seiner Soldatenehre nicht zu vereinbaren sei. Nichts. »Zivilisten wurden in jedem Krieg erschossen«, sagt er. »Als Denkzettel. Wenn deutsche Soldaten angegriffen wurden, kannte man gar nichts. Dann wurde nach einem Schema – 1:10 oder 1:20 – erschossen. Meistens borgte man sich Leute aus den Dörfern aus, aus denen die Angreifer kamen … Plündern war streng-

---

2 Raul Hilberg war einer der wichtigsten Forscher über die Schoah; Manfred Messerschmidt ist deutscher Militärhistoriker, der sich vor allem mit der Zeit des Nationalsozialismus auseinandersetzt.

stens verboten. Saubere Wäsche durfte sich der Soldat von den Russen nehmen – falls er dort etwas Sauberes fand – aber nicht die Kopekensammlung …«

Die schwere Arbeit des Krieges und der Vernichtung sollte eben, wie Hilberg sagte, kein Vergnügen sein. Ich führe den Offizier zu den Fotos, auf denen man sieht, wie Soldaten Juden »aus Hetz« auf einem Dorfplatz zum Baden in ein riesiges Fass werfen. Er meint, man müsste wissen, was danach mit denen passiert sei. »Wenn man sich nur ein bisschen mit denen vergnügt hat, na ja.«

Omer Bartov schreibt: »Ganz anders als Verstöße gegen die eiserne Disziplin im Gefecht wurden Verbrechen, die Soldaten unerlaubt am Feind begingen, jedoch nur selten geahndet, zum einen deshalb, weil die Vorgesetzten solchen Aktionen im Grunde wohlwollend gegenüberstanden, zum anderen, weil sie ein willkommenes Ventil darstellten für die Wut und Frustration, die sich, bedingt durch die strenge Disziplin, die steigenden Verluste und die Aussichtslosigkeit des Krieges, in den Männern aufgestaut hatten.«

23. OKTOBER

Immer die gleichen Geschichten: Nichts gesehen, nichts gehört. Krieg ist Krieg, und Krieg ist schrecklich.

Was zieht die Alten hierher? Wie erotisch ist ihr Verhältnis zu diesen Bildern? Ein intimes Verhältnis ist es jedenfalls, das den Reiz des Verbotenen hat und deswegen seinen Reiz nicht verliert. Was waren das für Väter? Was gaben sie ihren Söhnen mit?

Eine Frau sagt: »Verleumdung … Mein Mann war auch im Krieg und ist kein Verbrecher … Man weiß ja, dass sich die SS Wehrmachtsuniformen anzog.«

Irgendwann wird man uns noch weismachen wollen, die Soldaten seien eigentlich verkleidete Juden, die das deutsche Volk ausrotten wollten. Nicht einmal Fotos sind vor Interpretationen geschützt. So absurd es ist, einzig die Ermordung der Juden wird heute nicht mehr (noch nicht wieder?) verteidigt. Hier hat massive »Aufklärung« (also Hollywood) zumindest ein Tabu erzeugt, während sich an der Einstellung zur Vernichtung der »bolschewistischen Führungsschicht« (der Kommissare), der »Freischärler« und Partisanen – sie werden auch heute als »Banditen« bezeichnet – nichts änderte. Im Gegenteil. Indem sie die Judenvernichtung als »entsetzlich« bezeichnen, also der Verurteilung des Schlimmsten zustimmen, gewinnen sie die Freiheit, alles andere mehr oder weniger zu entschuldigen oder gar zu verteidigen.

24. OKTOBER

Heute klebt ein Aufkleber der »Bajuwarischen Befreiungsarmee« an der Eingangstür.

Viele Männer sind schon vor 14 Uhr da. Die meisten allein oder mit einem Freund. Paare sind ganz selten. In der Ausstellung herrscht Stille. Die Stille hat nicht nur damit zu tun, dass viel gelesen werden muss. Wer steht neben wem? Auch heute ist der einzelne feig, solange er allein ist. Mutig wird er im Kreis seiner Kameraden. Leere im Ausstellungsraum über das »Verwischen der Spuren«. Hier sind keine Bil-

Jenseits des Krieges
(1996)

der, nur Texte zu sehen. Die Leute kommen Bilder schauen. Was passiert beim Betrachten der Fotos? Erkennt er jemanden? Orte? Erinnerungen? Lust, Scham, Leid? Schöne Zeit? Jugend, »ein bisschen Vergnügen«? Auch die Anständigen schweigen, um die neben sich nicht zu provozieren. Stille.

Um 15.30 Uhr kommt die Polizei. Vier Polizisten warten auf die Spurensicherung. Die entfernt den Aufkleber von der Glastür, föhnt, löst mit Gummihandschuhen das Papier ab und verpackt es in Plastik: »Bajuwarische Befreiungsarmee. Wir wehren uns.« Links oben in der Ecke ein blaues A.

Auf 100 Männer kommen fünf bis zehn Frauen. Eine ältere Frau sagte heute: »Das hier ist ein Männervergnügen. Die kommen her, um ihr Mütchen zu kühlen. Die Frauen sind noch immer dumm. Die haben noch immer nicht begriffen, dass sie das was angeht.«

Die Gesten der Alten. Ein alter Mann greift den anderen am Arm an. Schulterklopfen. »Ach, waren wir doch klasse Burschen.« Diese fast Mitleid erregenden Alten. Medizinisch überversorgt, psychisch verlassen und verkrüppelt. Aber was haben diese Väter ihren Kindern mitgegeben? Und was kommt aus diesen Kindern erst so richtig heraus, wenn die Väter tot sind?

Heute starb mein Onkel Hermann Sommer in Israel. Er war Bäcker. Ein kleiner sanfter Mann. Er überlebte Transnistrien, Mogilew. Er buk Brot aus allem, was er finden konnte. Soviel er konnte, für so viele Hungrige wie möglich. In Israel kamen immer wieder Überlebende zu ihm und dankten ihm. Er war ein »Mensch«. Das ist einer, der – woher er auch kommt, ob er arm ist oder reich, in welcher Situation auch immer – das erfüllt, was über die biologische Zugehörigkeit zur menschlichen Spezies hinausreicht: ein Mensch zu bleiben.

Aber wie viele jiddische Ausdrücke lässt sich auch dieser nicht erklären.

Noch immer taucht kein einziger Politiker auf. Wahlkampf. Die Kronen-Zeitung schweigt. Irgendwann, bald mal wird sie von den Schreckenserlebnissen »unserer Landser« in russischer Gefangenschaft berichten.

25. OKTOBER

Bisher gefilmtes Material angesehen. Da sind sie wieder, die Männer, die ich vor zehn Jahren während des Waldheim-Wahlkampfes drehte. Ich kann sie nicht mehr hören. Ich will ihnen nicht das Wort geben. Schließlich sind die nicht meine Väter. Sie machen mich ungeduldig, ich unterbreche, wenn sie lange von ihrer Gefangenschaft und ihrem Elend reden. Manche laden uns in ihre Wohnungen ein, um Kriegsalben anzusehen. Danke nein; hier zwischen diesen Fotos an weiß gekachelten Wänden, hier im Neonlicht will ich sie filmen.

Öffentlich ist es geschehen, in der Öffentlichkeit sollen sie darüber reden.

Immer die Vergleiche: mit den Grausamkeiten der Roten Armee, aber auch denen der Engländer, Franzosen, Amerikaner – und immer wieder Dresden. Bis heute keine Verschiebung der Werte. Wenn alle es getan haben, beruhigen sie sich, sei es nicht so schlimm. Irrealisierung der Kriegs- bzw. NS-Zeit. Sie sind unfähig, normale ethische Bewertungen (gut, böse, Mitleid) auch auf diese Zeit anzuwenden. In zwei Punkten herrscht bei fast allen Veteranen Einstimmigkeit:

Der Russland-Angriff war in Ordnung. Zivilisten-Erschießungen waren normal.

26. OKTOBER

Fünf Burschen und zwei Mädchen, 18-jährige aus einem feinen Bezirk, Hietzing oder Döbling. Sehr belesen; kennen die Bücher von General Manstein etc. rauf und runter. Warum interessieren sie sich so sehr für Militärgeschichte, Uniformen? Denke an Sartres »Kindheit eines Chefs«. Der Junior lernt argumentieren, lernt, die eigene Klasse zu verteidigen. Zu Hause die einschlägige Literatur, Diskussionen, da schweigt man nicht. Die alten Herren reden, »gute« Familie. Auf vielen Fotos sehe man SS oder SD, keine Wehrmacht. Außerdem könne man nicht von Vernichtungskrieg sprechen. Es sei darum gegangen zu erobern, aber nicht darum, die Bevölkerung zu vernichten. Ganz im Gegensatz zu Stalin, der den Mittelstand hätte ausrotten wollen. Auf die Vernichtung der Juden muss der junge Herr erst hingewiesen werden.

Ein Kärntner berichtet: Der Gendarm, der während der NS-Zeit bei der Gestapo war und noch kurz vor Kriegsende selbst einem Polen den Schemel unterm Galgen wegtrat, sei nach 45 zwei Jahre aus dem Dorf verschwunden, dann sei er Chef der Gendarmerie geworden. Er erzählt auch von Verwandten, die zwei behinderte Kinder hatten, die »abgespritzt« wurden. Ich frage, ob die Eltern danach Antifaschisten wurden. »Aber wo«, sagt der Mann.

27. OKTOBER

So mancher Alte geht dreimal am Eingang zur Ausstellung vorbei, schaut sich öfter um, ob er auch nicht gesehen wird und huscht dann rasch hinein. Kameramann Peter Roehslers Theorie: »Wer nicht geschossen hat, geht direkt hinein. Wer geschossen hat, muss Auslagen anschauen oder zum Wirt gehen und sich Mut antrinken.«

Pornojäger Martin Humer taucht auf, schaut sich kaum um und regt sich schon über die »Verleumdungen« auf: »Geht's am Fleischmarkt zu den Abtreibern und schaut's euch an, wie dort das ungeborene Leben gemordet wird … Die Russen wären heute am Atlantik, hätten wir sie damals nicht aufgehalten …«[3]

Eine etwa 45-jährige Frau mit Tränen in den Augen: »Das kann nicht stimmen, was hier gezeigt wird … es können nicht alle schuldig sein … meine Onkel waren keine Mörder …«

Wir beobachten einen Mann mit Trachten-Spitzhut und Regenmantel (beides lässt er an), der alles liest und ganz lange ansieht. Mehr als zwei Stunden vergehen. Dann setzt er sich noch eine Stunde vors Video. Beinahe entwischt er uns. Der erste, der Mitgefühl mit den Opfern zeigt. Er spricht von Mauthausen und Dresden, das er jedoch in eine Chronologie einbettet: Zuerst bombardierten die Deutschen, dann kam Dresden. Er war drei Monate in Polen beim Reichsarbeitsdienst und hat gesehen, wie man den Polen auf den Kopf schlug, weil sie nicht vor deutschen Soldaten salutierten.

---

3 Martin Humer (1925–2011) war ein umstrittener österreichischer Antipornografie-, Antiabtreibungs-, Antiprostitutions- und Antisexualerziehungsaktivist. »Fleischmarkt« bezieht sich auf die Adresse eines Ambulatoriums für Schwangerschaftsabbrüche in Wien.

28. OKTOBER

Streitgespräch zweier alter Männer:

Der eine, beinamputiert, berichtet, dass er während seines Einsatzes beim RAD in der Nähe des KZ Groß-Rosen gearbeitet habe. »Auf der einen Seite des Zauns haben wir gearbeitet, auf der anderen waren die KZler.« Der andere beteuert, er habe nichts gesehen, da er ständig an der Front gewesen sei. Darauf der erste: »Mit meinen eigenen Augen hab' ich's gesehen, und es war normal, was zu sehen. Abnormal war, dass meine ehemaligen Kameraden und meine Mitschüler, die das mit mir gesehen haben, bereits 1946 sagten, sie hätten nichts gesehen und nichts gewusst.« Worauf der erste ihn zu beschimpfen beginnt: »Bist beinamputiert und redest einen solchen Blödsinn …« Wer sich nicht an die vereinbarten Codes hält, ist ein Verräter. Wahrscheinlich entstanden die Codes, wie man über diese Zeit zu sprechen und zu schweigen habe, bereits mitten in Niederlage und Zusammenbruch, festigten sich dann in den Kriegsgefangenen-Lagern und bewährten sich in der Heimat, angereichert durch Legenden vom armen, überfallenen österreichischen Volk.

29. OKTOBER

Nebel. Allerheiligstes Grau. Kälte draußen, Kälte in der Ausstellung auf den Gesichtern der Zuschauer: der Zuschauer auf den Fotos, der fotografierenden Zuschauer, der Betrachter der Fotos.

Heute gibt es einen »Herrn Karl in Jugoslawien«. Nichts gesehen, nichts gewusst, aber über die Banditen, die aus den Fenstern geschossen hätten, hergezogen. Daraufhin sei man mit Panzern ins Dorf hinein und habe es angezündet. Ein Herr (aus Serbien?) tritt ins Bild und fragt ganz ruhig: »Wer hat sie denn eingeladen?« Herr Karl versteht nicht. »Wer hat sie denn eingeladen, nach Jugoslawien zu kommen?« Darauf der Herr Karl: »Na, Sie san lustig.«

Ingeborg Bachmann schreibt von den »höflichen und zivilisierten« Mördern. Sie hat die Verwandlung der Mörder und Irren in Ärzte, Gendarmen, Väter miterlebt und miterlitten bis zum Tod.

»Brut« nannte der Österreicher Franz Riedl die 90 Kinder, die er erschießen ließ.

Meine Freundin N. meint, es sei zumindest ein wenig gerecht, wenn die Frau, die um ihren Onkel weint, nicht wisse, ob diese Verbrecher gewesen seien oder nicht. Von den toten Opfern wisse man auch oft nicht, unter welchen Umständen sie gestorben sind. Das Aufrechnen hört nie auf, der Graben zwischen uns, den Kindern, Enkeln, Urenkeln der Opfer, und ihnen schließt sich nicht. Hundert Jahre dauert es, sagen die Psychoanalytiker, bis die Nachfahren keine emotionale Verbindung der Ahnen mit den eigenen Eltern mehr herstellen. Bis dahin machen wir's Kafka nach, der sagte, er schreibe seine Geschichten, »um sie aus dem Sinn zu verscheuchen«.

4. NOVEMBER

Wie Beamte fahren wir jeden Tag an unseren Arbeitsplatz. Jeden Tag gefällt mir das so genannte »Russendenkmal« am Schwarzenbergplatz besser. Die Truppen, die Wien befreiten,

konnten vom ganzen Ausmaß der Verwüstung und Vernichtung ihres Landes noch nichts gewusst haben. Sonst hätten sie sich zu den Deutschen und Österreichern wohl anders verhalten. Nicht die Vergewaltigungen sind erstaunlich, sondern das Ausbleiben weiterer Vergeltungs- und Rachemaßnahmen. Gestern sagte einer: »Ich wundere mich, dass die Russen uns nicht alle erschlagen haben für das, was wir ihnen angetan haben.«

5. NOVEMBER

Eine Frau – Kindergärtnerinnen-Ausbildung in der NS-Zeit – berichtet, dass die Eltern eines Buben, der »abgespritzt« wurde, geschwiegen hätten. Das ist die dritte, die ähnliches erzählt. Was sind das für Menschen?

Denke an unsere Professorinnen im Gymnasium. Sie haben auch ihre Ausbildung während der NS-Zeit erhalten, dann vielleicht einige Jahre pausieren müssen, dann waren sie unsere Lehrerinnen.

Zwischen Verhör und Mitleid. Ich muss mir den kalten Blick bewahren. Wie filmt man Feinde? Feinde: Heute sind sie alte Männer, in keiner Weise gefährlich.

Wie immer sie sich jedoch damals verhielten, sie gehörten der Tätergesellschaft an. Potentiell waren alle Juden Opfer, denn alle – alle – Juden sollten ausgerottet werden, im ganzen Machtbereich der Deutschen, und das hieß letztlich auf der ganzen Welt. Potentiell waren die damals alle Täter oder *bystanders*. *Bystanders*; nicht nur Zuschauer. Beisteher, Beistand leisten.

Meine Augen sehen die alten Männer, die

Fotos aus ihrer Jugend betrachten. Die danach eine, in ihren Augen, junge Frau ansehen. Eine, die keine Ahnung hat, die aber da ist, die wissen will, die fordert, die kein Mitleid hat, die nichts gelten lässt, was man sich danach zurechtgelegt hat. Die einen so sehen will, wie man vielleicht damals war. Als man jung war. Die einen ganz einfach als Teil der Wehrmacht, Teil des Deutschen Reiches sieht. Nicht als Kriegsgefangenen und Kriegsverlierer und Wiederaufbauer. »Bleib dort, bleib bei den Fotos«, fordert die Frau, die noch dazu eine Frau ist und von Militärsachen keine Ahnung hat.

Der moderne Dokumentarfilm ist ein Kind der 70er-Jahre. Voller Utopie, voller Hoffnung. Wir waren stets auf Seiten der Unterdrückten, aller Opfer dieser Welt und im Wesentlichen waren unsere Filme auch Sympathiewerbung für sie. Seit 1989 sind alle Filme neu zu drehen, alle Themen neu aufzugreifen. Die Chance des Dokumentarfilms ist der kalte Blick, die Beobachtung, die Analyse.

Trotzdem: Wie filmt man Feinde? Ich muss ein intimes Verhältnis mit ihnen herstellen, wenn auch nur für kurze Zeit, solange die Kamera läuft. Früher verglich ich die Interviewsituation mit einer Verliebtheit, bei der ich mich ganz und gar auf mein Gegenüber konzentriere, während die Welt rundherum versinkt. Diese Partner liebe ich nicht. Es ist eine Gratwanderung. Ich muss sie filmen, ohne sie zu denunzieren und ohne mit ihnen eine opportunistische Komplizenschaft einzugehen.

8. NOVEMBER

Zu Beginn des Buches *Die helle Kammer* berichtet Roland Barthes von der Erfahrung, als er auf eine Fotografie des jüngsten Bruders von Napoleon, Jérôme, aus dem Jahr 1852 stieß. Damals sagte er sich: »Ich sehe die Augen, die den Kaiser gesehen haben.« Ähnlich erging es mir, als ich die Fotos von den Verbrechen der Wehrmacht sah: ich sehe die Augen, die die Gemarterten, Gehängten, Gedemütigten gesehen haben. Ich sehe, wie sie sie gesehen haben. Sie sahen sie mit großer Freude, mit Lust, mit jugendlichem Übermut.

Sicher wussten wir, dass die Wehrmacht nicht unschuldig war, sondern sehr wohl beteiligt an der Durchführung der NS-Vernichtungspolitik. Ginge es allein darum, würde die Ausstellung nicht eine solche Diskussion, ja fast schon Hysterie auslösen. Was erschüttert, ist das Medium Fotografie. Fotos sind Belege dafür, dass es so war. Belege, die keine Zeichnung, keine Erzählung und auch kein Filmmaterial bietet. Die Fotos halten den ehemaligen Soldaten die Wirklichkeit vor Augen. Sie geben den verschwimmenden eigenen Bildern wieder Schärfe und zerreißen die Schleier, die sich in den vergangenen 50 Jahren gebildet haben. Dagegen kommt keine Sprache an. Da ist nichts zu leugnen. Eine große Anklage. Darum gehen die meisten hin: um zu sehen, ob sie selbst auf einem der Fotos zu erkennen sind. Die Angst vor der Aufdeckung begleitet sie.

Ich sehe die Augen der inzwischen alten Besucher, die Augen der ehemaligen Soldaten, die diese Fotos sehen. Wiedersehen. Denn viele solche und ähnliche Fotos haben sie ja während und nach dem Krieg gesehen, mit Kameraden, in Alben geklebt. Was verwirrt sie so? Nicht das Wissen. Auch sie wussten damals und wissen seither von den Fakten. Es muss die Konfrontation mit ihren damaligen Gefühlen sein; das Sehen der Augen der Soldaten, die damals fotografierten. Denn diese Fotos sind Belege nicht allein für die Verbrechen, sondern auch für die Begeisterung der Mehrheit der Soldaten: lachende Soldaten hinter und vor der Kamera. Und das Unvermittelte der Fotografie. Wie ein Schlag ins Gesicht: Die Erschießungen, die Deportationen hat es gegeben. Punkt. Barthes spricht von der Wirkung eines Fotos von einem Sklavenmarkt (im Unterschied zu einem Stich oder einer Zeichnung). Das Foto beweist, dass es den Sklavenmarkt mit Bestimmtheit gegeben hat. Es ist »[…] keine Frage der Genauigkeit, sondern der Wirklichkeit: Der Historiker war nicht mehr der Vermittler, die Sklaverei wurde ohne Vermittlung wiedergegeben, das Faktum ohne Methode angesiedelt.«

Die ehemaligen Soldaten bezeugen noch einmal, was die Fotos unmissverständlich zeigen: dass die Verbrechen dieses Krieges Wirklichkeit gewesen sind. Und sie stellen eine Verbindung zu den Toten her, die sie gesehen haben, eine Verbindung zu einer Welt, zur Welt des Ostjudentums, die sie noch gesehen haben, während sie sie zerstörten. Die Aussagen der ehemaligen Soldaten bezeugen die Verbrechen »nicht durch historische Belege«, sondern – wie Barthes schreibt – »[…] durch eine neue Art von Beweisen, die – obgleich es sich um Vergangenheit handelt – in gewissem Sinn experimentelle und nicht mehr nur logisch

erbrachte sind: Beweise im Sinne des heiligen Thomas, der den auferstandenen Christus berühren wollte.«

Das Wesentlichste an diesen Männern ist, dass sie in immer neuen Variationen sagen: Es stimmt, diese Verbrechen sind geschehen, sind Wirklichkeit. Es ist beunruhigend, dass wir diese Zeugen benötigen, obwohl doch längst alles bewiesen ist. Ja, dass sie »glaubwürdiger« zu sein scheinen als die Opfer. Was heißt das? Kämpfen wir ständig gegen den Revisionismus an?

15. NOVEMBER

Immer wieder die Frage: Warum wird ein Mensch so oder so? Warum erzählt er so oder so? Denn wie aus den Gesprächen deutlich wird, gab es eine Wahl. Nicht um die bis zum Überdruss wiederholte Feststellung – »Was hätten wir denn machen sollen, wir mussten ja in den Krieg« – geht es, sondern um die vielen kleinen Entscheidungen. Auch als Soldat war man nicht nur Objekt mörderischer Befehle, sondern jeder Landser bestimmt aktiv den Grad der Grausamkeit gegen die Zivilbevölkerung mit, und er trug sie mit. Zu Erschießungen musste man sich freiwillig melden. Meldete man sich nicht, geschah einem nichts, keine Strafen, allerdings auch keine Belohnung, wie Urlaub oder Eisernes Kreuz.

»An der Ostfront,« schreibt Omer Bartov, »erreichte die fortschreitende ideologische Durchdringung der Armee ihren Höhepunkt: Die Truppe wurde auf der einen Seite dazu angestachelt, mit außerordentlichem Einsatz zu kämpfen, auf der anderen, beispiellose Verbrechen zu begehen.«

Jenseits des Krieges

Die Vorstellung, die Kriegsschuld wäre nach der Niederlage verdrängt worden und käme durch Aufarbeitung wieder hervor, scheint mir falsch zu sein. Die Verdrängung beginnt nicht danach. Es ist falsch zu glauben, dass sich 1945 schlagartig ein Tabu bildete. Bereits in der aktuellen Situation gab es Hinschauen oder Wegschauen, Mitmachen oder Verweigern. Sehen und Wissen, der Zusammenhang von Sehen und Wissen – Voir et Savoir – ist das Thema des Films. Was hat man gesehen? Oder was hat man gesehen und trotzdem nicht gewusst?

Warum sah der kleine weinende Herr Bowman die Waggons mit den russischen Kriegsgefangenen am Bahnhof von Minsk, bei 40 Grad Hitze, wo jeden zweiten Tag die Toten rausgeworfen wurden? Und sein Kamerad neben ihm sah sie nicht. Nahm sie nicht wahr, weil er vielleicht mit der Überlegung beschäftigt war, wo er was zu essen bekommen wird oder weil er die Behandlung der Soldaten normal fand … Vorurteile, Angst und Brutalität vermischen sich. Bowman sagt: »Sie haben es gesehen, sie haben es aber anders gesehen als ich, sie haben es nicht gesehen.« Erst durch den kleinen Herrn Bowman wird mir klar, was die meisten so furchtbar verbindet: Ihre Unfähigkeit, sich in andere hineinzuversetzen, sich vorzustellen, wie die Polen und Russen sie wahrgenommen haben. Ihr Mangel an Empathie.

17. NOVEMBER

Typen.

DER FEIGLING UND MITMACHER: davor und danach Sozialist oder Katholik, das Dazwischen irrealisiert.

DER UNGEBROCHENE: Nazi eh und je und immer noch oder echter Antifaschist eh und je.

DER SCHWEJK-TYP: Wiener Typ im positiven Sinn.

DER AUSSENSEITER: Individualist; besitzt eine gewisse Immunität, die zum Teil aus der Erziehung kommt, zum Teil einfach Glück, Charakter, Gene oder sonst was ist.

Die erste Gruppe ist in der überwiegenden Mehrheit.

Die einzig mögliche Filmform: Auftritt, Abtritt; eine Serie. Eine Anhörung.

Erstmals erschienen in Ruth Beckermanns Buch Jenseits des Krieges. Ehemalige Wehrmachtsoldaten erinnern sich, *Wien 1998. Der vorliegende Nachdruck folgt der Fassung in* Viele Schichten Wahrheit. Beiträge zur Erinnerungskultur – Festschrift für Hannes Heer, *hg. von Sven Fritz und Jens Geiger im Metropol Verlag, Berlin 2014.*

Jean Perret

Nichts gewusst, nichts gesehen

Ein fundamentales Werk über Schuld und Verdrängung: Jenseits des Krieges

Der Film bildet im wahrsten Sinne des Wortes Geschichte ab, erzählt über eine Art, *da zu sein,* sich sozusagen im Dasein der Gegenwart voll zu stellen. Deshalb begibt sich Ruth Beckermann in den Widerstand, als Bürgerin und zwangsläufig politisch Engagierte, und gestaltet mit *Jenseits des Krieges* durch ihre konsequente Arbeitsweise das beste Beispiel für gegenwartsnahes Kino.

In der sogenannten Wehrmachtsausstellung, die im Herbst 1995 unter dem Titel *Vernichtungskrieg* nach vielen Stationen in Deutschland auch Wien erreicht, werden erstmals öffentlich Dokumente und Fotografien über die von der Wehrmacht im Russlandfeldzug zwischen 1941 und 1944 begangenen Kriegsverbrechen gezeigt. Vor einer dieser Stellwände sagt ein Österreicher, damals Pilot der Luftwaffe, nichts davon gewusst zu haben. Nichts von den Übergriffen, etwa an russischen Partisanen, die an den Balkonen der Häuser aufgehängt wurden, den exekutierten Gefangenen, den vergewaltigten Frauen, den liquidierten Zivilisten, von all diesen Ausschreitungen, die Ruth Beckermann mit der Aufzeichnung der Reaktionen der Ausstellungsbesucher in ihrem Film dokumentiert.

Der Erzählstrang, den die Filmemacherin von Beginn an in den Mittelpunkt stellt, ist die quälende, zusehends zwanghafte Verdrängung der historischen Tatsachen durch jene, die die Ausstellung besuchen und vor den Bildern und Texten verharren, zum größten Teil österreichische Soldaten der deutschen Wehrmacht oder deren Angehörige.

Der Pilot, dem die Filmemacherin begegnet, beginnt also zu sprechen, während er durch die Ausstellung geht. Er hätte von all den Vorkommnissen nichts gewusst. In der ganz aufs Wesentliche reduzierten Einstellung hört Ruth Beckermann zu, stellt hin und wieder eine Frage, insistiert mit Feingefühl. Da mischt sich ein anderer Besucher ein. In der Nahaufnahme wird die Antithese des eben Gesagten ohne jeglichen Schnitt integriert. Der in der Sequenz gezeigte Widerspruch ist dialektisch, der qualitative Sprung hinsichtlich der Wahrnehmungen verblüffend. Ein anderer alter Mann, auch er ehemals Mitglied der Luftwaffe, sagt einfach, dass alles in der Ausstellung Gezeigte von diesem Krieg und seinen Verbrechen wahr sei, zu hundert Prozent authentisch. Und dass die vernichteten jüdischen Dörfer, das angezündete Spital, in dem alle Insassen zu Tode kamen, erst die großen Angriffsbewegungen der Armee, dann der Rückzug eine systematische Verwüstung hinterlassen hätten, immer wieder »verbrannte Erde« und eine gemarterte Zivilbevölkerung. Dabei sei die Ausrottung der Juden vorrangiges Ziel des Einsatzplans gewesen.

Die unvergleichliche Kraft der Plansequenz – verknüpft mit dem von André Bazin so geschätzten Begriff *montage interdit* – verleiht diesem Werk eine exemplarische Strenge. *Jenseits des Krieges* ist nicht ein Film *über* die Ausstellung, aber *in* dieser gemacht. Ebendort konstruiert die Filmemacherin eine eigenständige Geschichte: eine Anthropologie von individuellen und kollektiven Mentalitäten, verschachtelt in psychologischen und komplexen intellektuellen Mechanismen, die von der Erzähltechnik entblößt und gleichzeitig in gleißendes Scheinwerferlicht gestellt werden.

Der Umgang mit den Personen, die Ruth Beckermann durch die Schärfe ihres Blicks, durch ihre Art, mit ihnen gemeinsam *da zu sein,* zu Subjekten der Erzählung macht, geschieht auf zweierlei Weise. Einerseits das spontane Gespräch mit den Besuchern, vorwiegend betagten Männern, Veteranen und Zeugen des Krieges, die die Filmemacherin beobachtet, anhört, hin und wieder zu einer Aussage animiert, denen sie Fragen stellt, immer in einem höflichen, aber hartnäckigen Ton … Andererseits werden Gespräche eingebaut, eine Art Zwischenhalt, in Form von Dialogen mit anderen Besuchern und Besucherinnen, die Ruth Beckermann an einem Tisch Platz nehmen lässt, der ein wenig am Rand der Ausstellung steht. Diesen persönlichen Berichten wird viel Zeit eingeräumt. Sie sind von einer bewegenden Intensität, wenn ein Mann von den Massakern an Juden in der Umgebung der Konzentrationslager und von sterbenden Russen in Zugwaggons erzählt; er spricht und schweigt, Stille, Schluchzen, die Kamera läuft; sie steht auf einem Stativ, während sie sonst auf der Schulter getragen wird. Unmöglich, hier zu schneiden, da das Auftauchen von Gedächtnisfetzen, Bildern, dieses berüchtigte Wiederaufleben von Verdrängtem, das fünfzig Jahre später immer noch das Gewissen quält, in Echtzeit gedreht werden muss. Die Aussage, »ich habe nichts gesehen«, meint er, spotte jeder Beschreibung. Und da ist noch jener Mann, der nach dem »Anschluss« aus Österreich geflohen ist, um sich den britischen Streitkräften anzuschließen, und der nach dem Krieg und der Rückkehr nach Wien seine Wohnung nicht wiederbekommt, die seiner jüdischen Familie unter dem Nationalsozialismus geraubt wurde. Österreich war nicht entnazifiziert …

Mithilfe der Kamera, die den Ausstellungsraum nie verlässt, wird zu den Besuchern zwar eine Vertrautheit aufgebaut, doch verfolgt der Film einen eigenen Kurs des ständigen Infragestellens, Insistierens, um die Erinnerungsfragmente noch weiter aufzudecken – Erinnerungsaufarbeitung. In überlappendem Schnitt folgen die gefilmten Personen aufeinander, ihre Worte, Gesten und Mimik ergänzen sich, fordern heraus, widersprechen sich aber auch in spektakulären Verwicklungen.

Nach etwas mehr als einer Stunde Laufzeit sagt ein ehemaliger Soldat, dass er froh sei, weil doch die SS für die Massaker und verschiedenen Säuberungen verpflichtet wurde, um so die Wehrmacht von diesen dreckigen Aufgaben zu entbinden. Und ein anderes Leitmotiv taucht auf: jenes der Verantwortung für die Kriegsverbrechen. Spezialeinheiten, isolierte Soldaten, Ausnahmesituationen hat es bestimmt gegeben, und es sei ebenso wahr, dass die Wehrmacht ihre Aufgaben korrekt erfüllt hätte, bestätigen viele Veteranen. Dann aber folgt die Behauptung anderer ehemaliger Wehrmachtsangehöriger, dass der an der russischen Front geführte Krieg wenigstens ermöglicht habe, Österreich und andere Länder von der sowjetischen Diktatur zu verschonen … Winston Churchill wird mit seiner Aussage zitiert, dass man das falsche Schwein geschlachtet habe – in Anspielung auf Hitler und Stalin. Rechtfertigung des Unsäglichen, das der Film gewissenhaft und differenziert einbezieht.

Jenseits des Krieges ist ein Film mit Gesichtern und Stimmen in Nah- und Großaufnahme. Sie bilden spannende Landschaften, in denen versucht wird, die verschütteten Wahrheiten auszugraben, die Lügenstrategien, die Neurosen, die Erinnerungsbrüche, wie auch die Verschleierung, die Verschiebung von Tatsachen in fiktive, beruhigende Überbleibsel. Der Duktus ist bezeichnend für dieses Schauspiel, die Wortwahl, die Verkettung der Sätze, die selten von Zögern noch von Wiederholung, noch Zweifel geprägt sind. In der Tiefe des Films ist genau dieser Zweifel der große Abwesende.

Folglich musste für den Film die radikale Entscheidung getroffen werden, nichts von der eigentlichen Ausstellung zu zeigen. So sieht man verschwommene Schwarz-Weiß-Fotografien und montierte Texte nur aus einiger Entfernung. Dieser unscharfe Nebenschauplatz ist überaus spannend, weil er in Form eines grauen Hintergrunds dennoch Teil der Anlage des Films ist. Beckermanns Film gestaltet sein eigenes Territorium innerhalb der Ausstellung, er erzählt seine eigene Geschichte mit eigenen Bildern. Unnütz also, jene der Ausstellung zu zeigen, die zweifelsohne nur illustrativ gewesen wären.

Der Film findet seine Vollendung in exemplarischer Weise in der letzten Plansequenz, die unweigerlich das Potenzial einer tiefschürfenden Synthese hat. Zwei Veteranen stehen sich mit ihrem Erleben oder vielmehr ihrer Vision des Krieges gegenüber, worin sich eine Weltanschauung des heutigen Österreich widerspiegelt. Der eine Mann bezeichnet seinen Gesprächspartner als dumm, während der andere wiederholt, nichts von den Gräueln des Krieges, dessen Soldat er gewesen ist, gewusst zu haben. Der erste streitet diese Behauptung resolut ab. Ein Dialog ist unmöglich. Im letzten Bild verlässt der Mann, der das Nichtwissen über das Geschehene anprangert, die Szene. Er verlässt den Film, das Bild erstarrt, gefriert.

Jenseits des Krieges ist ein fundamentales Werk, das die Möglichkeit schafft, sich des Unvorstellbaren gewahr zu werden, um darüber nachzudenken und es zu benennen.

Aus dem Französischen von Brigitte Morgenthaler,
bearbeitet von Brigitte Mayr

Ruth Beckermann

American Passages

Auszüge aus dem Arbeitsbuch

13-10-08

Was aus meinem Leben geworden wäre, wenn meine Eltern in die USA gegangen wären? Hätten sie ein Modegeschäft in New Jersey oder eine Kleidermanufaktur auf der 7th Avenue (Fashion Avenue) eröffnet? In den Ferien wären wir statt nach Reichenau/Rax in die Catskills oder die Hamptons gefahren, wo man genauso mit anderen Juden aus Osteuropa Karten gespielt hätte. Mein Vater hätte sich vielleicht mit anderen Jüdinnen statt mit blonden Wienerinnen vergnügt, wie Israel B. Singer es in seinen Geschichten beschreibt. Ich hätte mich vielleicht nie mit Juden, Nazis und antisemitischen Wienern beschäftigen müssen. Die Eltern wären weniger gedrückt und kleinlaut gewesen; sie wären so vital wie all die alten Emigranten, die ich am Sonntag im Jewish Heritage Center in der 16th Street gesehen habe: ein wenig nostalgisch, wenn ein Klang der alten Heimat herüber weht, doch sehr kritische Kommentatoren der aktuellen österreichischen Politik (»70 Prozent der Jugendlichen wählten Strache, wie kann das sein?«). Oder sie wären irgendwann nach Florida gezogen, um in der Sonne ihr Alter zu genießen.

16-10-08

Marxistische Analysen in der Financial Times: »… economists recommend spending on infrastructure, both for counter-cyclical purpose and to spur long-term growth. Rising unemployment and falling incomes will highlight gaps in the country's social insurance and will sharpen complaints about social injustice. More than in the past, the nation's mood is likely to favor universal healthcare and higher taxes on the rich. These are the sentiments that might transform American capitalism – or even end it as a distinct species.«

Fotos der Statuen von Oscar Hansen auf beiden Seiten des Hoover Dam in Nevada. Der Damm wurde 1935 fertiggestellt; er war eines der Projekte der Works Progress Administration, welche unter dem New Deal ins Leben gerufen worden war. 80.000 Brücken und mehr als eine halbe Million Straßenmeilen wurden von der Agency errichtet. Die WPA war das ambitionierteste Arbeitsprogramm, welches jemals in einem nicht-kommunistischen Land zum Einsatz kam.

Barack Obama sieht die Krise als Chance für riesige Infrastrukturprojekte.

Wahrheit?

Irgendwo zwischen Dokumentarischem und Fiktion.

American Passages
(2011)

17-10-08

Was tun arbeitslose Banker? Manche lernen Talmud ... Zulauf in den Business-Schools filmen ... »When the employment market is bad, it's a good time to apply to a school to do an MBA.« (Katty Ooms-Sutter)

Amerika, von Robert Frank nach Orten und Motiven aufgeschlüsselt. Vielleicht wird er mich durch diesen Film führen. Es ist doch erstaunlich, dass es in jüngerer Vergangenheit nicht allzu viele ausführliche europäische Beschreibungen Amerikas gibt.

28-10-08

In sechs Tagen wird gewählt. Obama-Fieber. Obama-money: Er konnte sich 30 Minuten Werbezeit in den großen Sendern kaufen.

Bradley-Effekt befürchtet (Weiße sagen in Umfragen, sie würden einen Schwarzen wählen, allein in der Zelle wählen sie dann doch rassistisch).

In Seattle gibt es ein Klondike-Museum; von dort fuhren die Goldsucher in der Krise von 1897 nach Dawson City an den Klondike River. Dagobert Duck ist eigentlich kein Kapitalist, denn er lagert sein Vermögen in einem Speicher statt es anzulegen. »Ausgeben? Du spinnst wohl! Dann hab' ich es ja nicht mehr.«

31-10-08

Fliege mit Johannes Hammel nach New York. In der Subway von JFK zur 4th Street tauchen die ersten verkleideten Menschen auf. Teufel und Dirndl und Lederhosen und eine dicke Frau mit Babyhaube und Schnuller. Als wir aus der U-Bahn zur 6th Avenue hinaufsteigen, sind wir mitten in der Halloween-Parade. Durch Greenwich Village ziehen die Teufel und Geister und Skelette; zwischendurch einige Obama-Masken. Die Toten treiben ihr schauriges Unwesen, bevor sie sich am Allerheiligentag beruhigen ... Alternativprogramm zu Wall Street – hier sind die Künstler unterwegs ...

1-11-08

Wall Street. Japanische Touristen fotografieren George Washington und die Börse. Erst die Einführung des Telegrafen und wenig später des Telefons machten die Stock Exchange Mitte des 19. Jahrhunderts zu dem, was sie heute ist – ein Ort des schnellen Handelns. Auf allen Seiten Absperrungen und Sicherheitskontrollen – ob es Abbie Hoffman heute noch gelingen würde, wie im August 1967 Dollarnoten von oben auf die Händler zu werfen?

Die Krise macht alle noch nervöser, als sie es seit 9/11 soundso sind.

»Amerika hat die Tollwut«, sagte Sartre zur McCarthy-Zeit.

Brooks Brothers. Hier kleiden sich die Banker ein – von der Stange oder nach Maß. Angeblich wurden heute bereits drei Anzüge bestellt.

2-11-08

Nur die Konjunktive (die Träume!) bleiben gleich, *what's out there is always changing*: Erst als das Taxi vorfährt, erkenne ich das Haus, in welchem ich 1975/76 neun Monate lang gewohnt habe. Zufall? Glück? Die Studios sehen genauso aus wie damals, noch heruntergekommener, nichts renoviert. Ob in der ebenerdigen Wohnung, welche ich damals bewohnte, noch immer die *cockroaches* an den Wänden entlanglaufen? Manchmal begrüßte mich auch ein dicker *waterbug*, wenn ich nachts in der rosafarbenen Badewanne Fotos entwickelte. Glück der Erinnerung; ich hatte die Wanne und die Fotos längst vergessen. Nun kann ich es kaum erwarten, wieder auf das Dach des Hauses zu gehen, wo ich damals eine Serie von Selbstporträts aufgenommen hatte.

Wir gehen mit der Kamera um den Block. Wie wenig sich die Welt verändert hat, stellt man den Sucher auf schwarz-weiß. Was gibt es Neues? Handys und Computer. Ich möchte die Gesichter des Jahres 2009 filmen. Ich möchte die Begegnungen der Menschen an der Ecke 14th Street / 7th Avenue filmen: den Mann, der seinen Hund einem Dog Sitter übergibt, die orthodoxen jüdischen Jünglinge, die einem jungen Mann zeigen, wie man Gebetsriemen anlegt, und die Mädchen, die sich wieder und wieder vor einem Obama-Poster gegenseitig fotografieren. Der Donut-Shop um die Ecke wurde renoviert, doch für europäische Augen sieht er immer noch ganz altmodisch aus.

3-11-08

Wir besuchen das Städtchen Edison und ehren den Erfinder der Glühbirne – und des Films!

Der Blick auf Manhattan von Weehawken! Die Westside zur Magic Hour.

Jemand schrieb, Obama sei der »postmodern race man; he can wear it, he can take it off, he can put it back on. It's just an aspect of his identity.«

5-11-08

Ein Beginn in New York in der Nacht von 4. auf 5. November 2008. Riesengroße Bildwände auf dem Times Square; die Menschen drängen sich auf den Gehsteigen und der Insel in der Mitte der Straße. Obama-Anhänger. Weiße, Asiaten, Schwarze. Jugendliche verkaufen Obama-Kondome. Weiter nach Harlem. Hier sind die Straßen nicht hell erleuchtet. Allein vor einer Kirche auf der 125. Straße eine TV-Wand. Und dort strömen ganz spontan immer mehr Menschen zusammen. Schatten bewegen sich vor der TV-Übertragung auf einer Bildwand. Fernsehanstalten wären nicht glücklich mit meinen Bildern, doch ich denke, dass sie all die TV-Bilder dieser Nacht ergänzen und die Freude der ganzen Welt über diese Wahlnacht ausdrücken. Die Unbestimmtheit der Bilder verstärkt die Tonspur – das Lachen, die Freudenschreie »Yes we can« und »It's history!«

Virginia, der Sklavenstaat, wählt Obama!

Flashbacks: Civil Rights – Martin Luther King – Segregation und Bussing – Black Church – Jesse Jackson – heute Nacht erlebe ich das Ende des Bürgerkriegs.

11-11-08

Erinnerung an das Glück
Bilder machen, welche das Herz höher schlagen lassen!

Es begann Mitte der 70er-Jahre in New York und war schwarz-weiß. Statt für meine Dissertation zu recherchieren, wanderte ich neun Monate lang mit meiner Nikon durch die Stadt und hielt fest, was mich seither auch in meinen Filmen vor allem interessiert: Gesichter von

Menschen, viele alte Männer, Paare und Dreiergruppen, alle mit dem 55er Objektiv fotografiert, d.h. nahe dran (Menschen mit Teleobjektiv ablichten scheint mir immer noch unehrlich). Menschen und Strukturen – Straßenkreuzungen, Spiegelungen – Bilder, die zweideutig oder mehrdeutig sind, die träumen oder assoziieren lassen. Michael Craig-Martin sagt: *An image can picture one thing while representing another.*

Vor mehr als dreißig Jahren entdeckte ich, dass Bilder machen Freiheit bedeuten kann; nicht allein von den Zwängen geregelter Arbeit oder zielgerichteter Aufträge, sondern Befreiung von Gedanken und Formulierungen, d.h. von Vorurteilen und Voreingenommenheiten,

von der bereits konsolidierten Ordnung im Kopf. In spontan aufgenommenen Bildern zeigt sich etwas. Viel später fand ich bei Chris Marker die Formulierung, man solle nur filmen, was das Herz höher schlagen lasse. Um wie viel schwieriger lässt sich dieses Herzklopfen hervorrufen, wenn man nicht stumm und allein unterwegs ist, sondern mit einem Filmteam. Doch auch im Team ist die »zufällige« Auswahl eines Motivs, eines Protagonisten, deren Sinn sich dem Bewusstsein oft erst am Schneidetisch enthüllt, für mich die Suche nach einer inneren dokumentarischen Wahrheit. ... *things are there, anywhere and everywhere – easily found, not easily selected and interpreted.*

Ina Hartwig

Der Ort des Ich

Arbeiten mit Ruth Beckermann

Ganz genau erinnere ich mich an Ruths Blick, der mich traf, als wir uns das erste Mal begegnet sind, an ihre forschenden, skeptischen Augen im Foyer eines verblassten Belle-Epoque-Hotels. Wir waren beide Mitglied der Jury eines Literaturpreises in dem einst von den Größen der Wiener Moderne frequentierten Erholungsort – aber dieser Ort, Reichenau an der Rax, ist ganz bestimmt nicht Ruths Ort, obwohl sie bis vor kurzem dort eine kleine Wohnung für die Sommermonate gemietet hatte. Ruths Ort ist natürlich Wien, das sie hasst, wie alle Wiener, wenn ich das als ferne Norddeutsche überhaupt verstehen kann. Wien oder Paris oder New York: Bald stellte ich fest, dass Ruth von einer rastlosen Sehnsucht nach dem idealen Ort getrieben ist, den es, wie sie selbst weiß, nicht gibt.

Wir saßen tagsüber auf dem Podium, um über literarische Texte zu debattieren, die Autoren und Autorinnen mussten sich das anhören, was gewiss für manch einen und manch eine schmerzhaft war. Abends sagte Ruth zu mir: »Wir können so schön miteinander streiten!« Ihre Sorte von Kompliment.

Streiten – ja, das haben wir noch oft getan seitdem. Aber noch öfter haben wir nicht gestritten, sondern sehr gut zusammen gearbeitet. Das Tempo der Ruth Beckermann ist ganz erstaunlich. Ihr Blick ist nicht nur forschend und suchend (heute würde ich sagen: nach Langsamkeit suchend), sondern zugleich blitzschnell. Auf der Rückfahrt, in ihrem schönen alten Volvo über die Autobahn Richtung Wien rollend, hatten wir im Grunde schon beschlossen, dass wir zusammen etwas machen wollten, die Filmemacherin und die Kritikerin, die sich eben erst kennengelernt hatten.

Dass für uns beide Ingeborg Bachmann und Paul Celan wichtig seien, war bereits geklärt. Ein paar Tage später rief Ruth in Frankfurt an: Ob wir nicht einen Film über deren Briefwechsel *Herzzeit* (erschienen bei Suhrkamp) machen sollten. Der Antrag auf Filmförderung müsste ganz schnell geschrieben werden, ein Konzept müsse her, eine Strichfassung des Textes, eine Storyline, und so weiter. Viel Zeit ließ Ruth mir wirklich nicht.

Ihre Filme schaute ich mir dann auf einem viel zu kleinen altmodischen Fernsehgerät an, staunend. In *Those Who Go Those Who Stay* bewunderte ich die Bilder und passageren Szenen, vor allem Tücher, Tuch, immer wieder Tücher und Stoffe als Leitmotiv der weltweiten Migration; das Ganze ohne Kommentar aus dem Off: eine schweigende Ruth. Ihr Ich ist hier aufgehoben in der reinen Beobachtung, in der Montage, der Haltung. In *Zorros Bar Mizwa* war ich verblüfft über Ruths Fähigkeit, sich Zugang zu verschaffen zu Milieus, die nicht unbedingt die ihren sind, wie die der Orthodoxen oder der ganz Reichen. Neugierig sog ich den Einblick hinter die Kulissen auf. Ihr Ich, so würde ich das sagen, kann Ruth gut verstecken.

Selbst die, die sie hasst und hassen muss, wie die ehemaligen Wehrmachtsoldaten, die sie für ihren Film *Jenseits des Krieges* vor die Kamera holte, fühlen sich von ihr offenbar nicht bedrängt. Diese alten Männer, allesamt Besucher der vieldiskutierten Wanderausstellung über die Verbrechen der Wehrmacht, offenbaren, wer sie sind, indem sie darüber sprechen, wer sie waren. Sie zeigen, wie unreflektiert und unfähig der Empathie sie sind, nach all den Jahren noch, oder wie sie mit der eigenen Rolle ringen. Erschütterte treten auch auf in diesem Film, man hört die erstickende Stimme, sieht Tränen, die eine alte Männerhand zu verbergen sucht. Ruth zwingt uns, das auszuhalten.

Der Film, der mich am meisten berührt hat, ist *Die papierene Brücke*. Da sehe ich eine junge Ruth mit langem Haar, irgendwo taucht am Rande ein junger, wilder Robert Schindel auf, der sie begleitete damals. Die Reise ging zum Herkunftsort des Vaters, nach Czernowitz, wo in besseren Zeiten Menschen und Bücher gelebt hatten. Auch der Vater tritt auf in dem Film, jedoch nicht in Czernowitz, sondern in Wien. Da steht er selbstbewusst hinter dem Verkaufstresen seines Textilwarengeschäfts im Ersten Bezirk, den Kaiser Franz Joseph in Ehren haltend. Dieser Vater – eine Naturmacht; an ihm arbeitet Ruth sich ab, die junge Ruth, die ich nicht gekannt habe. »Dieser Film war meine Psychoanalyse«, vertraute sie mir an.

Auch die Mutter sehen wir in dem Film, hübsch und zart, ganz anders als der kraftvolle dunkle Vater, der sich zu wehren wusste. Der auch mal zuschlug, wenn einer ihm antisemitisch kam. Ruth, die ein Kind war in den Fünfzigerjahren, tritt hier als Fragende auf. Man hört ihre Stimme aus dem Off. An den Ort des Vaters ist sie gereist, auf der Suche nach dem Vater, aber ohne den Vater. Die Aufnahmen halten die alten osteuropäischen Farben fest, die uns heute nostalgisch stimmen, die in Wahrheit aber durchtränkt waren von der bitteren Armut des sowjetischen Sozialismus, von der auszehrenden Bosheit der Unterdrückung. Man sieht sehr traurige Menschen in dem Film.

Ruth, die Vatertochter, will alles wissen, weil der Vater ein Gebirge ist, eine Macht und Kraft, die sie in sich aufnimmt und von der sie sich doch freimachen muss. Ich glaube, den Film *Die Geträumten* über Bachmann und Celan hätte sie nicht drehen können, ohne sich zuvor mit der *Papierenen Brücke* dem Vater und seiner Herkunft aus Czernowitz gestellt zu haben, voller Angst und Liebe, und mit der Wut des begabten Mädchens, das mit Aufmerksamkeit nicht verwöhnt worden war.

Aus Czernowitz war Celan – über Bukarest – nach Wien gekommen, um weiter nach Paris zu reisen. In Österreich blieb er nur ein halbes Jahr. Im Mai 1948 lernte er Ingeborg Bachmann kennen, sie verliebten sich. Ein Paar waren sie für ungefähr zwei Monate. Eine komplizierte Geschichte war das, in die man dank des Briefwechsels einen recht guten Einblick gewinnen kann. Für Ruth und mich war aber klar: Die Geschichte ist alles andere als eindeutig. Wir haben uns die »Story«, die in diesen Briefen steckt, regelrecht erarbeiten müssen. Ruth sympathisierte zunächst mit Paul Celan (die alte Vater-Identifizierung vermutlich), um dann, zu meinem Erstaunen, ziemlich radikal auf Bachmanns Seite zu wechseln. Anfangs fand sie, Bachmann könne sein Trauma als Schoah-Überlebender nicht nachempfinden; später fand sie, Celan würde sie zum Opfer machen wollen, und das widerstrebte Ruth. Sie sah, wie Celan seine Freundin manipulierte, wie er ihr unter dem Vorwand moralischer Gründe die Luft zum Atmen nahm. Eifersüchtig war er zudem: auf ihren sich bald einstellenden Erfolg als Dichterin. Auch das störte Ruth, die Künstlerin.

Bei mir war es umgekehrt. Ich hatte Bachmann für ihre Festigkeit bewundert und für eine Freundschaft, die weit über die eigentliche Liebesgeschichte hinaus hielt, oder besser: die sich dann erst richtig zeigen sollte. Immer wieder hat Bachmann versucht, Celan darin zu ermutigen, sich seines Ruhmes sicher zu sein, anstatt sich den subtilen und weniger subtilen antisemitischen Angriffen einiger Kritiker selbstquälerisch auszusetzen. Sie appellierte – vergeblich – an eine notwendige Abwehrhaltung. In der sogenannten Goll-Affäre (die Witwe Yvan Golls, Claire Goll, hatte Celan vorgeworfen, die Gedichte ihres Ehemanns plagiiert zu haben, was für Celan eine Katastrophe bedeutete) ermahnte sie ihn, dass er keineswegs alleingelassen werde von seinen Freunden, dass diese sich vielmehr sehr um Solidarität mit ihm bemühten. Zugleich merkt man Bachmanns Briefen an, dass Celan in seinen Forderungen nach

Empathie die Grenze zur Maßlosigkeit, zum Wahnhaften überschritt. Das hielt sie, die ebenfalls immer stärker in psychische Schwierigkeiten geriet (Angstzustände, Alkohol- und Tablettensucht), nicht mehr aus. Ruth sah – in der zweiten Phase – den »Macho« Celan hervortreten. Und ich sah immer stärker, dass er, zieht man die paranoiden Energien ab, recht hatte in dem Gefühl, mutterseelenallein zu sein. Bachmann, die zur Nazivergangenheit ihres eigenen Vaters zeitlebens schwieg, wollte unbedingt vor sich selbst so dastehen, als ob sie Celan, der seine Eltern verloren hatte, zutiefst verstünde. Aber das war eine Selbsttäuschung.

Es versteht sich, dass dieser spezifische Konflikt zwischen Bachmann und Celan und die widerstreitenden Lesarten, die Ruth und ich über mehrere Monate austrugen, in den Film eingegangen sind: Der Zuschauer, die Zuschauerin erlebt selbst genau dieses Hin- und Hergerissensein.

Wo ist in den *Geträumten* also der »Ort des Ich« der Filmemacherin Ruth Beckermann?

Bevor ich die Frage zu beantworten versuche, sei ein kleines Abenteuer aus der Zeit der Vorarbeiten vorausgeschickt. Wir waren uns ursprünglich keineswegs sicher, dass der Film ausschließlich im Studio des ORF in Wien spielen würde. Unser Plan war gewesen, die Studio-Aufnahmen zu ergänzen durch Szenen aus jenen Städten und Orten, an denen die Briefe geschrieben worden waren, also – neben Wien – Paris, Rom, Neapel, München, Zürich und einige mehr. Zwei Reisen haben wir gemeinsam unternommen, eine nach Paris, eine nach Rom, um zu dem Ergebnis zu kommen, dass wir keine Außenaufnahmen brauchen.

Rom besuchten wir im Januar 2015, wenige Tage nach den Pariser Anschlägen auf die Redaktion der Satirezeitschrift *Charlie Hebdo* und auf einen jüdischen Supermarkt. Auf der Liste der zu besichtigenden Plätze stand das Ospedale Sant' Eugenio in EUR, einem unter Mussolini erbauten Stadtteil von faschistischer Anmutung. In der Innenstadt von Rom nahmen wir ein Taxi und staunten, wie weit draußen das Krankenhaus liegt. Dieselbe Strecke hatte der Krankenwagen mit Ingeborg Bachmann zurücklegen müssen, nachdem sie in der Nacht vom 25. auf den 26. September 1973 in ihrer Wohnung einen Brandunfall erlitten hatte, an dessen Folgen sie drei Wochen später starb.

Ein grauer Sonntag. Ruth ist mit Stativ und ihrer eleganten kleinen Kamera unterwegs. Wir betreten das Krankenhaus durch den Haupteingang und stellen mit Interesse fest, dass im Erdgeschoss immer noch, wie von einer Bachmann-Freundin beschrieben, Wandtelefone angebracht sind, mit denen die Besucher die Patienten auf ihren Zimmern anrufen können. Wenig los. Ruth stellt das Stativ auf – filmt. Derweil erkunde ich das etwas heruntergekommene Gebäude. Dann passiert, was passieren muss, Ruth wird vom Sicherheitspersonal entdeckt. »Erlaubnis?!« Nein, haben wir nicht. Wir sollen verschwinden, »subito«.

Ruth ist sauer, und sie ist zäh. Wir gehen raus, ein paar Schritte weiter, siehe da, der Seiteneingang, der zu dem neueren Teil der weitläufigen Krankenhausanlage führt. Hier strömen die Besucher herein, tragen Blumen und Kuchen vor sich her. Im ersten Stock eines der Gebäude hat ein Patient es sich im Fensterrahmen bequem gemacht. Er übernimmt die Rolle des Concierge. Manche rufen zu ihm hinauf, wo dies oder jenes Gebäude sei. Er gibt Auskunft, kennt sich aus. Uns hat er fest im Blick; regungslos. Ruth stellt erneut ihr Stativ auf – filmt. Das geht eine Weile gut. Bis plötzlich der korpulente Sicherheitsmann wieder auftaucht, bis aufs Blut gereizt, schimpfend, gestikulierend, »Polizia!« rufend. Im Schlepptau hat er einen sanften Mann, dem die Pose des Kollegen sichtlich peinlich ist. Wir erklären, dass wir einen Film über eine berühmte »poetessa austriaca« drehen, die hier gestorben sei, und nach Motiven suchen, mehr nicht. Das macht dem Dicken keinen Eindruck, er ist schon am Handy. Der sanfte Mann holt Zigaretten raus, raucht, grinst, redet mit uns: Dies sei das beste Krankenhaus in ganz Italien für Brandverletzungen. Er wundert sich überhaupt nicht, dass unsere Dichterin hier behandelt worden sei. Sie müsse drüben im Altbau gelegen haben.

Wir finden das alles albern und sind vom Eindruck unserer Harmlosigkeit, zwei europäische Damen mittleren Alters, überzeugt. Weit gefehlt! Nach einer halben Stunde kommen drei Polizeiwagen vorgefahren. Die Männer machen keinerlei Anzeichen des Einlenkens. Eine Frau ist auch dabei, deren Blick so kalt wie der ihrer Kollegen. Unser Eindruck: mafiös, verschworen, widerlich. Blöd, dass Ruth weder Ausweis noch Pass dabeihat (»liegt im Hotel«), das bringt das Fass zum Überlaufen. Sie soll mitkommen! Sie weigert sich, man drängt sie ins Auto. Jetzt beginnt meine robuste Ruth doch zu zittern.

Vorher hatte sie den Chip aus der Kamera gelöst und in meine Manteltasche gleiten lassen. Ich fange den Blick des sanften Rauchers auf, des Einzigen, der in dieser Bande nicht um seine Ehre besorgt ist. Die Polizisten sind böse, weil die Kamera leer ist. Sie wollen die Aufnahmen. Immer wieder rufen sie »Charlie Hebdo, Charlie Hebdo«, als wäre das schreckliche Pariser Attentat ihnen gerade recht gekommen. Kein Erbarmen, Ruth muss mit! Mir gestattet man, im Taxi hinterherzufahren. Der sanfte Security-Mann hält mir galant die Autotür auf und versichert: »No problemo.«

Das stimmt aber nicht. Die Probleme, die folgen, bestehen darin, dass diese fiesen Kerle Ruth von einer ärmlichen Polzeistation zur nächsten fahren – sie soll fotografiert werden, plus Fingerabdruck hinterlassen. Man will ihr weismachen, »la Merkel« würde genauso handeln. Dass Ruth Österreicherin ist, und das auch betont, ist ihnen egal. Wie eine Schwerverbrecherin – eine Terroristin! – fahren sie Ruth durch die Gegend, um sie irgendwo, irgendwann erkennungsdienstlich erfassen zu lassen. Als wir uns zwischendrin kurz sprechen können, beschließen wir, dass ich besser in die Innenstadt zurückfahre, um die österreichische Botschaft anzurufen (wo am Sonntagabend niemand abnimmt).

Die letzte Polzeistation liegt weit außerhalb der Stadt, wo Ruth schließlich fotografiert wird, während zwei Geflüchtete ihr aus einer vergitterten Zelle zuschauen und zuwinken. Die armen Geflüchteten, die irgendwo aufgelesen worden waren, müssen die Nacht auf dem Boden der Zelle verbringen. Signora Ruth hingegen schmeißen sie raus: ins Dunkel. Aber Ruth besinnt sich eines Tricks. Sie spielt die Hilflose (endlich). Das wirkt. Zwei dieser Sheriffs fahren sie zurück in die Innenstadt, wo wir uns wiedersehen und bei einem guten Essen von dem Schrecken erholen.

Die Aufnahmen waren gerettet, aber verwendet hat Ruth sie nicht. *Die Geträumten* sind ein Film des Binnenraums geworden. Im Studio spiegelt sich die Welt. Das erste Mal hat Ruth mit Schauspielern gearbeitet, und ich würde mich nicht wundern, wenn sie es wieder täte. Während der Dreharbeiten hat Ruth mich total überrascht, weil sie bekommen hat, was sie wollte – indem sie sich zum Verschwinden gebracht hat. Sie wurde während dieser Tage im Juni 2015 zu einer einzigen Frage an sich selbst, glaube ich. Sie schaffte es (über die Methoden wollen wir höflich schweigen), den beiden jungen Talenten etwas zu entlocken, das weit über die Einfühlung in die Rollen hinausgeht. Vielleicht kann man es so sagen: Immer wenn Ruths Ich überging in Anja Plaschg (»Ingeborg Bachmann«) und Laurence Rupp (»Paul Celan«), hielten wir den Atem an.

Dreharbeiten zu
Die Geträumten (2016)

Alice Leroy

Celan, Bachmann, Beckermann

Korrespondenz der Geträumten

*Einiges sprach in die Stille, einiges schwieg,
einiges ging seiner Wege.
Verbannt und Verloren
waren daheim.*

Wien, im Mai 1948. Paul Celan schenkt Ingeborg Bachmann ein Gedicht – »In Ägypten« – und besiegelt damit eine Verbindung, die in einer anderen Welt als jener der Poesie unmöglich ist:

*Du sollst die Fremde neben dir am schönsten
schmücken.
Du sollst sie schmücken mit dem Schmerz um
Ruth, um Miriam und Noëmi.*

Über dieses Gedicht, das zwischen ihnen eine zeitweilige und dennoch beständige Verbindung knüpft, wird Celan knapp zehn Jahre später an Bachmann schreiben, dass sie mehr sei als nur die Inspiration dazu: »[…] weil Du die Rechtfertigung meines Sprechens bist und bleibst. […] Aber das allein, das Sprechen, ists ja gar nicht, ich wollte ja auch stumm sein mit Dir.« Ihre Korrespondenz hat die ganze Zeit hindurch im brieflichen und poetischen Schreiben die möglichen Vorstellungen einer Unmöglichkeit erprobt. Diese Unmöglichkeit

gründet, gemäß dem Wort ihres französischen Übersetzers Bertrand Badiou, in einem »unbeugsamen Unterschied« zwischen den beiden: Er entstammt einer jüdischen Familie aus Czernowitz, die in den Lagern umgekommen ist, während ihr Vater ein NSDAP-Mitglied der ersten Stunde war. Aber dieser Unterschied begründet auch ihr jeweiliges Verhältnis zum Schreiben und zur Kunst, und die Briefe, die die Werke der beiden in einem neuen Licht erscheinen lassen, tragen die Spuren dieser Schwierigkeit des Sagens, des Schmerzes, der oft damit einhergeht, der Stummheit und der Stille, die es manchmal verhindern. Beim Wiederentdecken dieser Korrespondenz der beiden Dichter im Film, den Ruth Beckermann ihnen widmet, stellt man erstaunt fest, wie sehr es ihrer Mise en Scène gelingt, diese utopische Form des Austauschs und diese Qualität der Stille zu bewahren, die unablässig sein Gleichgewicht durcheinanderbringt.

Die Geträumten trägt im Kern seiner Form das Problem der Umsetzung der Sprache der beiden Dichter. Der Film, weder dokumentarische Nachstellung noch fiktionale Adaption, findet seinen Rhythmus in einer bemerkenswerten Sparsamkeit der Einstellungen und darin, dass er auf eine eigenständige Inszenierung setzt: Er bleibt in größter Nähe zu den Briefen von Bachmann und Celan, gelesen und aufgenommen von zwei jungen Leuten im Studio des Radio-Funkhauses in Wien, und gleichzeitig in der Distanz, die diese Anordnung notwendigerweise aufdrängt – weil die Gegenwart der Aussage nicht die Zeit der Niederschrift ist und die Körper, die den Mikros gegenüberstehen, nicht vorgeben, Bachmann und Celan zu sein. In diesem Abstand und in dieser Nähe zu einem diskontinuierlichen literarischen Komposit (196 Dokumente zwischen 1948 und 1967), das zunächst einmal einer Montage unterzogen werden musste, entwirft Beckermann den vorgelesenen Briefwechsel – bis hin zur Entscheidung, in ihre Textauswahl auch nicht abgeschickte Briefe Bachmanns einzubeziehen, als Spuren der Schwierigkeit der Worte, sich ihren Weg zum geliebten und verlorenen Wesen zu bahnen.

Ruth Beckermann dreht einen Film über die Empfindung, dass sich durch das Lesen dieser Briefe eine Welt eröffnet; über die Möglichkeit, diese vor über fünfzig Jahren geschriebenen Worte aus den Mündern zweier junger Leute erklingen zu lassen – Anja Plaschg, die man als Sängerin und Musikerin unter dem Namen *Soap&Skin* kennt, und Burgschauspieler Laurence Rupp. Die Filmemacherin arbeitet zum ersten Mal mit Schauspielern: Sie führt sie nicht

nur in den Studioszenen, sondern auch in den »Auszeiten«, wenn die beiden in den Gängen und Sälen des Funkhauses umherirren und lustvoll rauchen, während sie wahllos über die Schwierigkeit, Künstler zu sein, und das Mäandern des Schaffens, über Tattoos und zeitgenössische Musik reden. Der gesamte Film spielt sich an diesem nackten und geschlossenen Ort ab, wie aus der Zeit gefallen und in Anspielung auf Radio Rot-Weiß-Rot, wo Bachmann Anfang der 1950-Jahre als »script writer editor« beschäftigt war. »Was ich zustandebringe ist nicht immer schlecht«, schrieb sie damals an Celan, »für Österreich ist es sogar ziemlich gewagt, was wir unseren Hörern vorsetzen, von Eliot bis Anouilh«, aber das bleibt »kulturelles Geschäft«, ein Kompromiss im Sinne des Schreibens, ihrer gemeinsamen Obsession. Dasselbe Urteil fällt, als die beiden Darsteller in *Die Geträumten* die Musiker des Radioorchesters beobachten und sich dabei fragen, wo man heute noch günstige Bedingungen zum künstlerischen Schaffen vorfindet. Ursprünglich wollte Beckermann die Tonspur dieser Vorleser mit den von Bachmann und Celan bewohnten Orten montieren. Aber in diesen Bildern wäre die gespenstische Präsenz der Abwesenden zu überwältigend gewesen, sie hätte ihnen eine Grabstätte errichtet. Als der katalanische Filmemacher Pere Portabella in Granada den Aufenthaltsort des Dichters García Lorca filmt (*Mudanza*, 2008), kann kein Wort die lärmende Präsenz der Geister übertönen. Beckermann weckt lieber die Erinnerung an die Verstorbenen in der Möglichkeit, dass ihre Worte die Zeit überdauern und heute, in der Gegenwart zweier junger Leute, lebendig werden. Diese Art der Inszenierung, die die dokumentarische Form ebenso unterminiert wie die Versuchung der Fiktion, entspricht einer doppelten Obsession: Einerseits setzt sie die Sprache der Dichter ins Zentrum, mit deren Ausflüchten, deren Irrungen, manchmal auch deren Stummheit; andererseits bleibt sie in größter Nähe zu den Körpern, so als könnten sich die Worte direkt in die Haut einprägen, wenn die Kamera, vollkommen synchron mit der Stimme, in Nahaufnahme auf das Gesicht fixiert bleibt, das in die Emotion des Textes taucht. Das trifft vor allem auf Anja Plaschg zu, eine Schauspielerin, die mit ihrer Fotogenität als Ikone in einen Film von Chris Marker gepasst hätte; Laurence Rupp dagegen, offenbar weniger empfänglich für die Litanei der Worte, scheint selbst das Gewicht des Gedächtnisses und der Melancholie anzuklagen, von dem Celan in seinen letzten Gedichten niedergedrückt wird. Aus alldem ergibt sich eine Form, die zwischen Kammerspiel und Fuge oszilliert: Die Briefgeschichte zweier durch die Dichtung vereinter junger Leute, wird hier – trotz der ganz großen Geschichte – um die Dichte der Zeit und die Verwirrung ihrer Vorleser erweitert.

Noch erstaunlicher sind die Affinitäten, die das Schreiben Bachmanns und Celans mit dem Werk der – wie Celan jüdischen und wie Bachmann österreichischen – Filmemacherin unterhält. Beckermann gehört einer Generation von Wiener jüdischen Künstlern und Schriftstellern an, die eine Reflexion über ihre Identität in jenem Kontext umsetzt, in dem die Nazivergangenheit Österreichs brutal auf die politische Bühne zurückkehrt.[1] Sie ist die Tochter von Überlebenden der Schoah – ihr Vater ist wie Celan in der Bukowina, in Czernowitz, aufgewachsen –, die nach dem Krieg nach Wien zurückgekehrt sind, in eine Stadt, die ihre Filme und ihr Schreiben durchzieht, Brenn- und Fluchtpunkt ihres Werks, Raum eines den Amnesien der Geschichte ausgesetzten Gedächtnisses, den sie unablässig kartografiert. Diese Familiengenealogie macht sie zur Erbin der Wiener jüdischen Kultur der Jahrhundertwende, jener der Gruppe Junges Wien von Arthur Schnitzler, Theodor Herzl, Karl Kraus und natürlich von Stefan Zweig, der in den Dreißigerjahren die »Welt von Gestern« zusammenbrechen sah, zum Exil gezwungen, aber unfähig, anderswo zu leben, »Zeuge der furchtbarsten Niederlage der Vernunft und des wildesten Triumphes der Brutalität innerhalb der Chronik der Zeiten«.[2] Beckermann teilt dieses ambivalente Gefühl gegenüber Wien mit Hilde Spiel, an die sie vermutlich denkt, als sie gemeinsam mit Josef Aichholzer 1982/83 ein Porträt von Franz Weintraub mit dem Titel

---

1 Vergleiche hierzu Hillary Hope Herzog, »*Vienna is different*«. *Jewish Writers in Austria from the Fin de Siècle to the Present*. New York/Oxford 2011.
2 Stefan Zweig, *Die Welt von Gestern. Erinnerungen eines Europäers*. Frankfurt am Main 2016 [1942], S. 8.

Wien retour dreht. (Spiel hat 1968 einen Essay publiziert, *Rückkehr nach Wien*, zusammengesetzt aus Kolumnen, die sie nach ihrer Rückkehr aus dem Exil für eine britische Zeitung verfasst hatte.) Dass sie sich gleichzeitig im Herzen und am Rand der österreichischen Kultur fühlt, rückt sie auch in gewisser Weise näher zu Bachmann, dieser »Herzens-Jüdin«, die im Juli 1952 an Celan schreibt: »In Wien ists totenstill, das ist noch das Beste hier, aber die Entfremdung zwischen mir und der Stadt lässt sich durch nichts mehr erklären.«[3] Die »Geträumten« sind Fremde in ihrem eigenen Land. »Verbannt und Verloren«, wie Celan sich und Bachmann im 1957 verfassten Gedicht »Am Hof« aus *Sprachgitter* nennt, sind nirgendwo daheim. Die einzige ihnen mögliche Gemeinschaft ist jene des Schreibens, aber diese existiert nur in der Trennung und im Exil, in diesem Zustand, der Welt fremd zu sein. Im Essay *Unzugehörig*[4], den sie den österreichischen Juden nach 1945 gewidmet hat, nennt Beckermann dieses Gefühl der Auswärtigkeit »unheimlich heimisch«: das fremdartige Bewusstsein, einem wohlvertrauten Ort nicht zugehörig zu sein. Diese Spannung ist konstitutiv für die Identität Beckermanns, die ihre eigene Straße abschreitet (*homemad(e)*, 2001) oder die historischen Viertel der jüdischen Gemeinde in Wien wie eine unbe-

Anja Plaschg und Laurence Rupp: *Die Geträumten*

wegte Reisende durchstreift, ein »être-en-chemin«, nach dem schönen Bild Christa Blümlingers.[5]

Die Motive der Reise und des Herumirrens bilden für Beckermanns Werk eine besonders aufschlussreiche Matrix, verstanden als *déplacement* (also als Gefühl, nie dem Ort anzugehören, an dem man lebt) und als Suche nach ihrer Identität und ihrer Erinnerung. Die Frage der Zugehörigkeit hat sich auf verschiedene Weise in ihren Filmen gestellt, zunächst durch eine Familiengeschichte, die sie von Osteuropa bis nach Jerusalem geführt hat, dann in einer Form der Befragung ihrer wienerischen Wurzeln und des Schicksals der jüdischen Gemeinde in

3 Ingeborg Bachmann, Paul Celan, *Herzzeit. Briefwechsel.* Frankfurt am Main 2009 [2008], S. 52.
4 Ruth Beckermann, *Unzugehörig. Österreicher und Juden nach 1945*. Wien 1989.
5 Christa Blümlinger, »Les divagations d'une voyageuse autrichienne«, in: *Trafic*, Nr. 49, März 2004, S. 100. Die Formulierung »être-en-chemin« changiert zwischen »Auf-dem-Weg-Sein« und »Dasein-in-Bewegung«.

einem erneut in den Klauen politischer Extremismen befindlichen Österreich. Zwei Orte, real und symbolisch, begrenzen vielleicht die mentale Topografie dieses Nomadenlebens: der Wald und das Café. Im Wald kann man sich verirren und wiederfinden, wie in dieser Geschichte, wo ein im Wald herumirrender Jude auf einen anderen Juden trifft, der sich ebenfalls verlaufen hat; oder wie Oma Rosa, die Großmutter der Filmemacherin, die sich als stumme Bäuerin ausgibt, um während des Krieges der Deportation zu entkommen, und in den Wienerwald flüchtet, um mit sich selbst zu sprechen und sich an ihre eigene Stimme zu erinnern. Was das Café anbelangt, diese vertraute kleine Insel, die nicht mehr ganz das Zuhause, aber auch noch nicht das Draußen ist, so markiert es eine Schwelle, eine Zwischenwelt: »Von der Reise zurück, aber noch nicht angekommen«, kommentiert die Filmemacherin mittels Off-Stimme in *Die papierene Brücke*. »Ich würde gerne durch die Zeiten reisen und filme doch immer nur die eine, die meine. Kann nicht in die Vergangenheit, nur in die Ferne fahren, in die Fremde. Doch vielleicht ist die Vergangenheit ein fernes Ausland«, formuliert Beckermanns Off-Stimme zu den ersten Bildern aus *Ein flüchtiger Zug nach dem Orient* (1999).

»Zwischen unserem Heute, unserem Gestern und Vorgestern sind alle Brücken abgebrochen«, schrieb Zweig am Beginn der *Welt von Gestern*.[6] Jedes Werk Beckermanns besteht aus einem Versuch, diese Brücken zu rekonstruieren: Diese Restauration des Gedächtnisses, wie Blümlinger so gut beobachtet hat, kommt nicht einer Form des Gedenkens gleich,

sondern einer Arbeit des Wiedererinnerns an die jüdische Kultur und Identität, in einer biografischen und kollektiven Untersuchung quer durch die Schichten der Geschichte. *Die papierene Brücke* erscheint in dieser Weise wie eine zeitversetzte Antwort auf die Verzweiflung Zweigs und als Herzstück einer Trilogie des Erinnerns, mit *Wien retour* (1983) einerseits und *Nach Jerusalem* (1991) andererseits. Dieser genealogische Parcours auf den Spuren des Vaters der Filmemacherin führt zu anderen Überlebenden, erschreckend verkleidet und eingesetzt als Komparsen einer plumpen Nachstellung des Lagers von Theresienstadt, noch unschlüssig über die möglichen Wege einer Zeugenschaft ihrer Erfahrung. Aber diese Spuren- und Geschichtensammlung zeigt vor allem, in Beckermanns Worten aus dem Off, »wie sehr die Angst vor dem Tod der Eltern mit der Angst vor dem Vergessen zusammenhängt, und umgekehrt die Angst vor dem Vergessen mit dem Tod dieser Generation«.

Gegenschussartig zu ihrer Trilogie des Erinnerns dreht die Filmemacherin 1996 anlässlich einer Ausstellung zu den Verbrechen der Wehrmacht einen Film über das Vergessen: *Jenseits des Krieges*. Die ausgestellten Fotografien kommen nicht ins Bild, sie befragt die Besucher, mehrheitlich ehemalige Soldaten, zu ihren Kriegserinnerungen. Man muss sich bewusst machen, dass dieses Spiel des Erinnerns und des Vergessens, das in Beckermanns Filmen am Werk ist, von einer permanenten Spannung zwischen Geschichte und Gegenwart begleitet

6 Stefan Zweig, a.a.O., S. 9.

wird: Im Hintergrund der *Papierenen Brücke* läuft die Kampagne für die Präsidentschaftswahl, mit dem aufbrechenden Skandal um den – letztendlich gewählten – Kandidaten Kurt Waldheim, dessen einstige Zusammenarbeit mit dem Naziregime wieder an die Oberfläche kommt. Die Waldheim-Affäre bringt den brutalen Antisemitismus eines Teils der Bevölkerung an den Tag und überbrückt schmerzlich die Distanz der Vergangenheit zur Gegenwart. Als sie fünf Jahre später in der Marc-Aurel-Straße, in der sie in Wien wohnt, den Film *homemad(e)* dreht, wirft der Einzug Jörg Haiders und der Freiheitlichen Partei Österreichs in die Bundesregierung einen an die Atmosphäre der Dreißigerjahre erinnernden Schatten auf das Viertel. Dieses Wiederaufleben der Vergangenheit in der Gegenwart des Films trägt nicht etwa zu einem Fatalismus bei, der darin eine Tragödie der unweigerlichen Wiederholung der Geschichte sehen würde, sondern es beleuchtet im Gegenteil die komplexe Grundlage des Gedächtnisses und seiner Einschreibung in die Gegenwart.

Unter dem Prisma eines ähnlichen Spiels brieflicher und mnemonischer Korrespondenzen entlehnt *Die Geträumten* seinen Titel einem der Briefe Bachmanns und eröffnet für den Film die Möglichkeit, den greifbaren Raum einer Begegnung zu schaffen, zwischen den getrennten Liebenden ebenso wie zwischen ihnen und uns. Aber er richtet vor allem eine Gemeinschaft der Geträumten und der »Unzugehörigen« ein, der auch Beckermann angehört, so wie einige Schriftsteller und Filmemacher, die dieses Gefühl des »unheimlich Heimischen« teilen. Man könnte hier mit Nurith Aviv anknüpfen, die sich in ihrem gesamten Werk so kraftvoll mit der Frage der Sprache und des Gedächtnisses befasst und die Kamerafrau bei vier Filmen von Ruth Beckermann war. Oder auch mit der Essayistin und Dramatikerin Hélène Cixous, die in Beckermanns Filmschaffen sehr früh eine affektive und intellektuelle Nähe zu ihrem eigenen Schreiben erkannt und mit *Osnabrück* eine ähnliche Geschichte ihres Familienschicksals verfasst hat.[7] Man könnte hierin auch dem Schriftsteller und Filmemacher Robert Bober begegnen, der im Juli 2016 beim Internationalen Dokumentarfilmfestival in Marseille *Wien vor der Nacht* gezeigt hat – eine autobiografische Chronik seiner Rückkehr in eine Stadt, in der sein Urgroßvater, Zeitgenosse von Freud und Zweig, begraben ist.[8] Und dann könnte man auch diejenige treffen, die dieser Gemeinschaft wahrscheinlich am direktesten und schmerzlichsten verbunden ist: Chantal Akerman. Das Festival Cinéma du Réel in Paris, bei dem *Die Geträumten* ausgezeichnet wurde, präsentierte auch den letzten Film der einige Monate zuvor verstorbenen belgischen Filmemacherin, *No Home Movie* (2015). Die Nähe der beiden Werke eröffnet eine ganze Reihe von Überschneidungen im Blick auf die Filmografien der beiden Filmemacherinnen. *No Home Movie* inszeniert

7 Hélène Cixous, *Osnabrück*. Paris 1999. Siehe auch Hélène Cixous, Cécile Wajsbrot, *Une autobiographie allemande*, Paris 2016.
8 Wobei Robert Bober diese Familiengenealogie von 1975 an unternommen hatte, indem er sich mit seinem ersten Langspielfilm *Réfugié provenant d'Allemagne, apatride d'origine polonaise* nach Polen auf die Spuren seines Vaters begab.

ebenfalls eine Korrespondenz, auch wenn sich diese über die zeitgenössischen Kanäle der virtuellen und der Instant-Kommunikation und nicht in Form jenes Briefwechsels abspielt, der vor knapp vierzig Jahren *News From Home* (1977) auszeichnete. Durch dieses Porträt ihrer Mutter zeichnet sich zwischen den Zeilen auch ein Selbstporträt der Filmemacherin ab – im Spiel der Identitäten und Diskrepanzen, denen der Film zwischen der Mutterfigur in der Brüsseler Wohnung und ihrer reisenden Tochter nachspürt. Das Kino Akermans durchläuft so wie jenes von Beckermann, wenn auch in verborgenerer Weise, eine durch die Erfahrung der Katastrophe und durch das Erinnern daran geprägte Familiengenealogie. Die Geschichten der Überlebenden, Eltern oder Nachbarn, bestimmen für die eine die in einer Brüsseler Wohnung geteilten mütterlichen Erinnerungen, für die andere die Ankerpunkte dieses Erinnerns, und beide haben daraus die Matrix einer intimen und historischen Suche gemacht. Die Frage des Judentums wird bei Akerman weniger direkt erörtert als bei Beckermann, sie überlagert sich mit den Themen der Entfremdung und der Einsamkeit, die die Frauenschicksale in *Je, tu, il, elle* (1974), *Jeanne Dielman* (1975), *Les Rendez-vous d'Anna* (1978) oder auch *La Captive* (2000) umtreiben. In *Histoires d'Amérique* (1989) oder *Là-bas* (2006) ist sie gleichwohl zentral. Und sie wird vielfach gebrochen durch die Porträts von Anonymen, Unterdrückten und Migranten in jener Trilogie, die aus *D'Est* (1993), *Sud* (1999) und *De l'autre côté* (2002) besteht. Sieben Jahre nach der *Papierenen Brücke* gedreht, bildet *D'Est* ein faszinierendes Diptychon mit Beckermanns Film; sein Titel erforscht darüber hinaus die Ambivalenz dieser Reise in Richtung Osten, die zugleich eine Rückkehr zu den Wurzeln ist, obwohl in keinem einzigen Moment ein Bild oder eine Stimme Zeugnis von einer biografischen Dimension ablegen. Die Kamera gleitet durch ländliche und städtische Gegenden, vorbei an öffentlichen und häuslichen Orten, ohne dem Zuseher jemals einen Raum oder einen Protagonisten zu zeigen. Die Handschrift des »Ich« ist nicht auf einen Sprechakt der Filmemacherin zugeschnitten[9]; sie ist allerdings durch die Kraft der gefilmten Porträts nicht minder leibhaftig. *D'Est*, wie es Alisa Lebow so gut beschreibt, ist ein »jüdisches Roadmovie, das auf der Suche nach seinem autobiografischen Sujet umherirrt«.[10]

Akerman hat diese familiäre Autobiografie anderswo gemacht, in Geschichten, in denen sie ihre Stimme und jene ihrer Mutter verbindet (*Une famille à Bruxelles*[11]), und in Filmen wie dem 2004 in der Galerie Marian Goodman gezeigten *Marcher à côté de ses lacets dans un frigidaire vide*, in dem sie ein von ihrer polnischen Großmutter im Lager verfasstes Tagebuch durchblättert, gemeinsam mit ihrer Mutter, die ihr deren Erinnerungen übersetzt, indem sie diese mit den eigenen durchmischt. Dieses Fa-

---

9 Das gilt zumindest für die Kinoversion. In der Installation *D'Est, au bord de la fiction* wird der Langfilm von zwei anderen Ausstellungsstücken begleitet: Eines davon besteht aus einem Monitor, in dem man Akermans Stimme hören kann, die in einem Monolog einige einführende Stichworte zu den Bildern gibt.
10 Alisa S. Lebow, *First Person Jewish*. Minneapolis, London 2008, S. 4.
11 Chantal Akerman, *Une famille à Bruxelles*. Paris 1998.

milienschicksal aber war immer da, in Form eines Gefühls der Entfremdung und der Auswärtigkeit oder auch in den Sackgassen der Erinnerung. Diese Geschichten und dieses familiäre Schweigen, geprägt durch das Trauma der Deportation ihrer Mutter und ihrer Großmutter, bilden bei Akerman eine vom Verfall und Vergessen beherrschte Genealogie. In einem 2004 erschienenen Buch[12], einer Art Selbstporträt, zitierte die Filmemacherin die *Todesfuge* von Celan, jene Verse, die der Dichter als Kenotaph für seine in einem Lager ermordete Mutter geschrieben hatte. Ein Schreiben, dessen Schmerz sie teilte, bevor sie dem Schicksal dieses Autors folgte, und jenem einer anderen Dichterin, Sylvia Plath, deren Briefe an ihre Mutter sie in *Letters Home* (1986) inszenierte. Beckermann und Akerman sind »êtres-en-chemin«, die unablässig die Auflösung der Identitäten befragen. Dennoch gibt es eine Differenz, die die beiden völlig voneinander unterscheidet: ausgerechnet jene der Familienerinnerung und der Erfahrung der Schoah, die die Filme und das Schreiben Akermans die ganze Zeit hindurch als »Todesfuge« heimsuchen,

während Beckermann aus dieser einsamen Suche nach der jüdischen Geschichte und Identität einen Akt des Überlebens gemacht hat. So trifft die Korrespondenz von Akerman und Beckermann vielleicht wieder jene von Celan und Bachmann: Zwischen den beiden Filmemacherinnen besteht – so wie zwischen den beiden Dichtern – ein »unbeugsamer Unterschied« fort, bezogen auf das Gewicht des Traumas in ihrem Familienerbe. Wenn Bachmanns Briefe in Beckermanns Film eine solche Resonanz finden, dann zweifelsohne deswegen, weil sie – vergeblich – versuchten, Celan vor dem Schaden der Erinnerung an die Katastrophe zu retten. So schrieb Bachmann in einem Brief vom 24. November 1949 an Celan[13]:

Ich sehe mit viel Angst, wie Du in ein grosses Meer hinaustreibst, aber ich will mir ein Schiff bauen und Dich heimholen aus der Verlorenheit. [...] Die Zeit und vieles ist gegen uns, aber sie soll nicht zerstören dürfen, was wir aus ihr herausretten wollen.

Aus dem Französischen von Katharina Müller

---

12 Chantal Akerman, *Autoportrait en cinéaste*. Paris 2004.
13 Ingeborg Bachmann, Paul Celan, a.a.O., S. 14.

Olga Neuwirth

Gegen die Verstaubung

Ruth Beckermann trat zunächst über ein Buch in mein Leben. *Die Mazzesinsel* wurde von Ruth 1984 herausgegeben und beginnt mit einem von ihr verfassten Essay, soweit ich mich erinnern kann. Das Buch fiel mir 1985 in die Hände, als ich intensiv auf der Suche nach meiner Identität war. Nicht nur ist das Buch für mich persönlich wichtig, sondern erweist sich als ein besonderes Dokument aus einer Zeit in Österreich – Mitte der 1980er-Jahre –, in der über die Vernichtung einer gesamten Kultur in diesem Land bzw. in Wien noch nicht wirklich gesprochen wurde. Alles war grau und verstaubt. Ruths Buch eröffnete mir einen tieferen Zugang zur Fragilität der Existenz und besonders zu dieser jüdischen Lebenswelt in Wien, die ein jähes, brutales Ende fand und über deren Zerstörung öffentlich weiterhin geschwiegen werden sollte, da im »Schlaghauberl-Land« alles scheinbar so wunderbar funktionierte. Viele sträubten sich damals in den 1980er-Jahren, und heute wieder, sich die krankhafte und entartete Geisteshaltung vorzustellen, die der pathologische österreichische Antisemitismus bildet. Bis in die Erinnerungen hinein aber wurde eine Kultur vernichtet und von der Bilderflut der Nazis überschwemmt.

Ich begann mir Ruths Filme anzusehen, wo immer ich nur konnte. Ihr Filmen erschien mir, da ich in der Abstraktion der Noten verhaftet war und bin, als eine notwendige Möglichkeit, eigene bzw. filmische Bilder zu schaffen, um die eingebrannten Bilder der unzähligen Nazi-Filme aus dem Hirn zu bekommen. Für mich erlangten ihre Filme damals eine große Bedeutung, nicht nur, da sie Beweismaterial des Verlustes sind, sondern auch, weil sie stets über das private Erkennen hinausgehen: filmen als bitter benötigtes Zufluchtsland.

Persönlich kennengelernt habe ich Ruth im Herbst 2006. Wo, wissen wir beide nicht mehr. Kurz danach hat sie mich bei sich zu Hause zu einem Feiertagsessen mit ihrer Mutter eingeladen, was ich als Zeichen großen Vertrauens ansah und von ihrer Großzügigkeit zeugt, die mich immer wieder berührt. Im Buch *Die Mazzesinsel* geht es natürlich auch um den März 1938, als mit

Kübel, Zahnbürste und hämischem Lachen das erste Kapitel der absoluten Vernichtung begann. Wiener jüdische Bürger wurden gemeinsten Beleidigungen und Erniedrigungen ausgesetzt, die sich nur perverse Hirne ausdenken können, welche stolz darauf sind, eine gewisse Überlegenheit zu demonstrieren und diese auszuleben. Ja, Kübel, Zahnbürsten und lachende Gesichter beendeten die Lokalgeschichte der Mazzesinsel ein für alle Mal. Ruths temporäre Installation *The Missing Image* von 2015, die diese »Reibpartien« thematisiert und zu der ich die Klänge geschaffen habe, bildet für mich daher einen besonderen Bogen meiner »Geschichte mit Ruth«, die mit dem Lesen ihres Buches *Die Mazzesinsel* 1985 begann.

Mir drehte sich jedes Mal der Magen um, wenn ich das kurze Filmdokument während des Erarbeitens der Tonspur ansah: Diese drängelnde, stichelnde, grinsende bis hämisch lachende Menge, mit dem ach so süßen »Wiener Herzen«, umstellt starr vor sich hin blickende Gepeinigte, die, auf allen vieren kriechend, die Gehsteige stundenlang mit Bürsten schrubben mussten! Großaufnahmen von Einzelpersonen mit riesigen Mündern, wiehernd vor derbem Lachen bis speicheltriefend vor Freude den Gedemütigten gegenüber. Unfassbar diese Infamie einer Volkswut, die sich vergnügt Luft verschaffte und sich doch nicht wieder besänftigte. Und nur konsequent, dass Ruth aus dem Wissen um die Folgen der Ereignisse nach dem 11. März 1938 ihre Installation zu *Déjà-vu* adaptierte, zu dem Bild von »drei heutigen Flüchtlingen, denen sogenannte Einheimische ihren Trotz und ihre Ablehnung ins Gesicht schleudern. *Déjà-vu* spiegelt jenes Wien wider, das ein aufs andere Mal zur Hatz ruft. Damals wie heute.«[1] Nach dem März 1938 wurde eine jüdische Familie nach der anderen aus dem eigenen Heim und aus der Heimat getrieben, die Menschen wurden zu Tausenden verhaftet, in dem Wissen, dass verfolgte Juden kein Land so schnell aufnehmen würde, und sie mussten mit ansehen, dass die

1 Homepage Ruth Beckermann, »Projekte«: *Déjà-vu* – Intervention am Albertinaplatz, Wien 2015.

meisten Länder der Welt vor ihnen selbstsüchtig ihre Grenzen schlossen, nachdem sie alles verloren hatten, ihnen alles genommen wurde. Und wenn sie sich in Sicherheit bringen konnten, wurden sie oft wie Vieh auf Schiffen, in Scheunen zusammengepfercht – ohne jede Hoffnung, je wieder ins Leben zurückzufinden. Wenn Rettung gelang, wurde ihnen nicht selten das Asylrecht verweigert. Ruth schreibt auf ihrer Homepage eindrücklich: »Wahre Erinnerung ergeht sich nicht in bloßen Gedenkritualen, sondern schärft die Geistesgegenwart und den Blick für das Weiterwirken des Unrechts.«[2] Dem ist nichts hinzuzufügen.

In ihren Filmen spielen Interdependenzen aller Art eine große Rolle, werden bedauerlicherweise oft als »autobiografisch« abgetan. Aber nein, dabei geht es ihr übergeordnet und intensiv um die Angst vor dem Schweigen in der Welt. Das immer wiederkehrende oder sogar noch nie wirklich gebrochene Schweigen. Wirbelschleppen mit ihren gegenläufigen Verwirbelungen der Luft von unterschiedlicher Intensität, das sind Ruths Filme! Die Lebensdauer ihrer Filmwirbel möge für immer andauern, denn nur im Zentrum des Wirbels, wo Ruth mit ihrer Kamera steht, ist der Luftdruck vermindert. Von einem Film zum nächsten, sodass die zopfartigen Wirbelschleppen des einen Films den neuen noch gefährden, der nächste Start auf der Startbahn der Filmproduktion wird nämlich nicht abgewartet. Es gibt keine Wartezeit, es darf keine geben. Es muss doch gelingen, die Menschen zusammenzubringen! Sich ständig bewegen, um die Angst zu verlieren, sodass die Welt endlich ihre Lektion lernt. Aber wird die Welt je lernen? Ruth hört dem Anderen, so anders er auch sein mag, wirklich zu, nicht nur den interviewten Menschen in ihren Filmen. Als Zeichen von Respekt in einer Zeit, wo alle hetzen und aneinander vorbeihasten. Sie mischt sich auch immer wieder von hinter der Kamera ein, auf ihre unprätentiöse wie eindringliche Art. Ihre Filme sind Objekte der Dekonstruktion, der Neubefragung und womöglich auch der persönlichen Identitätserörterung, zweifellos aber: zeitlos. Weil ihr zurück und gleichzeitig nach vorne gerichteter Blick Erlittenes nicht im Vorübergehen wegtherapieren will. Intensive Wahrnehmungsinhalte werden immer wieder herangezoomt und Vergangenheit und Jetztzeit behutsam kartografiert. Wo Monstrosität und Unmenschlichkeit erneut aufflackern, dort lenkt Ruth ihren Blick, ihren Geist hin. Sie fragt sich nicht, ob sie vor die Wahl gestellt wird, hinzu-

2 Ebenda.

sehen, es ist ihre bewusste Wahl, hinzusehen und hinzuhören, und zwar ganz genau. Von ihren ersten Filmen an: zu mahnen und zu kämpfen. Getragen von ihrem ständigen Begehren, zu lernen, zu verstehen und das Leben des Geistes, des Textes zu respektieren. So sind auch Bücher oft der Ausgangspunkt, Auslöser für filmische Ideen. Ihre Filme als ein großer Roman, ein in Kadern eingefangenes »lebendes Buch« über den Verlauf der Zeit und der Geschichte. Ihre Filme lassen beim Betrachten das Unvorstellbare mitdenken, doch der Kern bleibt immer: das *Skandalon* mit Klarsicht aufzeigen als ein Akt gegen die Schamlosigkeit und Unverfrorenheit, gegen die mit Halbwahrheiten und Unwahrheiten gespickten Denunziationsgelüste von Politikern und Menschen, denen der gesunde Menschenverstand und die Mitmenschlichkeit abhandengekommen sind. Überall schwellen diese Wellen wieder an. Sie aber schreibt, spricht und filmt unermüdlich an gegen diejenigen, die sich wie das »Maß« aller Dinge fühlen und ihr sagen wollen: »Hör auf, du gehst mir auf die Nerven.« Sie schreit weiter auf, laut und leise, in der großen Tradition der moralischen Unnachgiebigkeit des Judentums: »Wacht auf, schlaft nicht!« Ruth hat aber auch einen Pakt geschlossen, einen unauslöschlichen Pakt mit der Vitalität. Filmen als Tanz, als Weigerung, zu verschwinden. Das erbittert andere, denn ihr Kassandra-Sein entsetzt die Umgebung.

Ihr Warnen vor der Zunahme populistischer Strömungen, nicht nur in Österreich, ist eindringlich, vielleicht sogar unerbittlich und fordernd, aber es geht ihr nie darum, nur die eigenen Kenntnisse und persönlichen Motivationen herauszustellen. Sie ist stets an einer Antwort, einer Lösung interessiert, nie, um abschließend etwas zu behaupten, sondern um durch das Fragen Hoffnung aufblitzen zu lassen. Sie möchte handeln und schont daher weder sich noch die anderen.

Man hört öfter, sie sei kein einfacher Mensch. Was auch immer das zu bedeuten hat. Ich höre das über mich auch immer wieder. Noch dazu ist der Kunst- und Kulturbetrieb von einer Gleichberechtigung der Frauen Lichtjahre entfernt, auch wenn das Gegenteil noch so oft behauptet wird. Ruths Blick ist ein dezidiert analytischer, der einer kritisch denkenden Frau. Ich kann nur sagen: Gott sei Dank ist sie kein einfacher Mensch! Wenn sie spricht, bezieht sie Stellung. Immer. Ihr Denken und daher auch ihr Filmemachen sind stets auf Abenteuer aus. Sie ist auf der Jagd, sie sammelt. Genau diese sammelnde Begeisterungsfähigkeit bewundere ich sehr, auch dass es ihr nichts ausmacht, ihre Ansichten nach – auch immer wieder heftigen – Diskussionen zu revidieren. Weil sie in dem Überdenken von Gesagtem und Getanem nichts Widersprüchliches sieht. Deswegen erfreuen mich auch die »Küchengespräche« am runden Tisch in ihrer Wohnung. Ruth als Artus, um (auch zu Hause) Streitigkeiten um die besten Plätze zu vermeiden? Man setzt sich also zu zweit oder zu mehrt an den großen, runden Küchentisch, und sofort beginnt ein Gespräch über Utopisches, Ironisches, Sinnloses, Betrübliches, Banales, Herzzerreißendes oder Weltbewegendes. Sie erzählt stets tiefgründig und fein von Dingen, die sie gesehen, beobachtet und analysiert hat und die daher ihr Inneres bewegen. Das kann von der Art, wie man Karotten für eine Bolognese raspelt, bis zu Aktionen gegen Ungerechtigkeiten gehen. Ohne dabei ihr Ego herauszuheben. Etwas sehr Seltenes heutzutage. Nichts wird ausgegrenzt. Alles ist Teil des Lebens. Es geht ihr nie darum, die Differenz durch Generalisierung zu eliminieren. Sie öffnet stets einen magischen Raum fürs Denken und Fühlen. Aber: Es darf keinen Staub geben. Denn Staub ist ein Stoff von hoher Wirkungskraft. Feine Staubpartikel aus den Wüsten beeinflussen das Wetter weltweit. Die Verstaubung der Welt nimmt zu, und das wird zum Problem. Staub lässt Wolken quellen und Regen fallen, er verändert die Natur, das Klima – und bedroht die Menschen. Deshalb interessieren sich zunehmend Wissenschaftler für die winzigen Partikel, und so eben auch Ruth: in der Wohnung, am Arbeitsplatz, und besonders, was die innerliche Verstaubung der Menschen betrifft.

Sie verabscheut Staub. Insbesondere den seelischen Staub, den Staub der Verdrängung, der absichtlich den Blick verstellt. Einer Wissenschaftlerin gleich versucht Ruth den Staub der Welt zu enträtseln. Mithilfe von sogenannten Lidargeräten kann man herausfinden, wie viele Staubkörner sich in der Atmosphäre befinden, in welcher Höhe sie schweben. Ruth nimmt solche Messungen in ihren Filmen vor und will damit unangenehme Überraschungen verhindern, solche, die für viel Leid sorgen. Wie aus dem Nichts können sich Staubstürme zusammenbrauen. Sie kämpft gegen diese aufkeimenden Staubnebel an, die die Sicht auf wenige Meter senken und Atemnot bereiten. Der feine aufgewirbelte National-Sand, den menschliche Hass-Winde immer tiefer in die Seelen wehen und der den Boden menschlicher Empathie verödet, den will sie verhindern, weil aus diesen feinen Winden Katastrophen werden. Wenn man die Ursachen finden will, dann muss man dort hinblicken, wo es beginnt, bevor es zu spät ist und der Boden der Menschlichkeit eingetrocknet ist und sich eine feste Kruste bildet. Dagegen kämpft

Ruth an. Staub verstellt die Sicht. Wenn man dem Staub rechtzeitig Einhalt gebietet – so vielleicht ihre Hoffnung –, könnte man Extremereignisse vorhersehen, eindämmen und den Menschen vor dem Menschen schützen. So wie die Forscher in einem überdimensionalen Reagenzglas, je nach Experiment, die Luftzusammensetzung und Temperatur verändern können, um zu erforschen, wie die Wüsten der Welt anderswo den Regen bringen, möchte, aus meiner Sicht, Ruth das Phänomen Verstaubung in Leben und Arbeit erforschen. Am »schönen Lack« kratzt sie dort unermüdlich, wo die Rechtschaffenen ihren Alltagsrassismus und Antisemitismus in schamloser Deutlichkeit hinauskotzen. Sie fragt beharrlich, um zu erfahren, was los ist. Um zu versuchen zu verstehen, warum der Mensch so weit gehen konnte und immer wieder gehen will, und um sich selbst vielleicht klarzumachen, dass wir alle nur Gäste sind auf einer so unendlich reichen Welt. All das ständige Fragen und Nachfragen auf die Gefahr hin, dass sie falsch verstanden, falsch interpretiert werden könnte.

Ruths Seele ist aufbewahrt in flackernden »geistigen (Bild-)Gefäßen« ihrer inneren Gesetze, die keinen steinernen Rahmen brauchen, denn sie sind da, um Diskussionen auszulösen, und um zu leben.

Genau deswegen schüttelt Ruth, wenn sie am Schnittplatz vor ihrem Filmmaterial sitzt, wohl den »Lulav« in gleichmäßigem Rhythmus und denkt sich dazu individuelle, sprühende Tänze voller Leben aus. Für uns alle.

Umbertide, 1.10.2016

Ruth Beckermann

Waldheim – Ein Postproduktionsfilm

Notizen aus dem Schneideraum

In a global marketplace we need to recombine the culture, to neutralize the dominant meaning, to pervert, to parody, to rescue the lost. (Mission Statement des *Found Footage Magazine*)

Ich sichte Waldheim-*Footage* bei BBC World Wide in London, White City. Ich kann mich nicht konzentrieren, muss erst den Zukunftsschock verdauen, der mich hier überfällt: Auf drei Stockwerken in einem architektonisch bemerkenswerten Rundbau sitzen Menschen mit Kopfhörern an langen Tischen nebeneinander, jeder vor seinem Bildschirm. Kein Buch, kein Papier weit und breit. Es hat den Anschein, als gäbe es nur mehr das Wissen der Welt, das im digitalen Archiv gespeichert ist. Ich kam, um Bilder aus längst vergangenen Zeiten zu sehen. Die freundlichen Mitarbeiter der BBC, die von einer bei Getty Images in einem anderen Teil Londons sitzenden Archivarin von meinen Wünschen informiert wurden und die Bänder aus einem weit entfernten Depot für mich heranschaffen ließen, wussten nicht so recht, wohin mit mir und der *hardware* in Form eines Abspielgeräts und eines kleinen dicken Fernsehers. Nun sitze ich in einem winzigen Kammerl, dem einzigen Ort mit verschließbarer Tür, wo ein Mensch ohne Kopfhörer tönende Bilder ansehen kann, die noch dazu auf großen Kassetten gespeichert sind, welche bei jedem Einlegen und Auswerfen ein lautes »Tatam« von sich geben. Was ich auswähle, wird digitalisiert und somit Teil des globalen digitalen Archivs. Auch so funktioniert Erinnerung.

Schon dreißig Jahre ist es her. Erst dreißig Jahre. 1986 war ich mit einem der ersten tragbaren Videogeräte bei Waldheim-Wahlveranstaltungen unterwegs gewesen, einen Rekorder umgehängt, in dem sich Magnetspulen drehten und der durch ein Kabel mit der Kamera verbunden war. Bei der Abschlussveranstaltung am Stephansplatz kam es zu Handgreiflichkeiten zwischen den Anhängern des Kandidaten und einer kleinen Gruppe von Anti-Waldheim-Aktivisten, wobei ein älterer Mann meinem Rekorder einen wütenden Boxschlag versetzte. Die Bänder überlebten, bis ein Produzent sie entsorgte und allein meine VHS-Überspielungen übrig blieben. Fast dreißig Jahre später fand ich sie wieder. So bahnt sich Erinnerung ihren Weg. Das dreistündige Material schockierte mich, obwohl ich es selbst gedreht hatte. Es zeigt die Wut, den Hass und das Elend in den Gesichtern der Menschen, die mehrheitlich der »Kriegsgeneration« angehörten. Es zeigt, wie leicht Emotionen gegen andere geschürt werden können und sich in aufgeheizter Stimmung Luft machen.

Ruth Beckermann und Dieter Pichler im Schneideraum

Die Aufnahmen sind der Ausgangspunkt für einen Kompilationsfilm über Waldheim und die Kunst des Verleugnens. Für einen Film, den ich eigentlich nicht machen wollte, weil ich ja selbst mittendrin war und Veteranen-Erzählungen nicht mag. Doch die Jungen verlangen nach den Geschichten, die man selbst erlebt hat. Nach Geschichte. Nun gut, das wird also mein erster Auftragsfilm, dachte ich. Doch wie lautet der Auftrag, was interessiert heute an der Affäre um einen verstockten ehemaligen Wehrmachtsoldaten, der in der zweiten Hälfte des 20. Jahrhunderts in Österreich und international eine Bilderbuchkarriere durchlief, bis hinauf zum Generalsekretär der UNO, ins 38. Stockwerk des Glaspalasts mit Blick auf den East River.

Was bedeutete die Waldheim-Geschichte damals für mich selbst? Zum ersten Mal erlebte ich offenen Antisemitismus. Das war beängstigend und befreiend zugleich, weil der Judenhass endlich offensichtlich wurde und ich darauf reagieren konnte. Allzu lange, allzu oft hatte ich die Gemeinheiten von Jung und Alt runtergeschluckt, um mich in der Illusion zu wiegen, dazuzugehören. Vielleicht soll es in dem Film ein persönliches Kapitel darüber geben, wie man sich als exotisches Objekt fühlte, das 1986 als Hochverräterin beschimpft wird und 1988 im »Bedenkjahr« als Beweisstück für die Toleranz der anderen auf einem Podium sitzt.

~

1986 brach das Tabu endlich auf, als der Präsidentschaftskandidat Kurt Waldheim ganz unschuldig meinte, er habe im Krieg nur seine Pflicht getan – und damit einen Sturm im ös-

terreichischen Lügenkonsens entfachte. Denn, wenn er seine Soldatenpflicht in der Wehrmacht getan hatte und nicht als überfallener Österreicher in diese hineingezwungen worden war, dann konnte mit der Opferstory der Zweiten Republik irgendwas nicht stimmen. Dank Waldheim riss der Heimatfilm. Eine aufregende Phase begann: Zuerst gab es fast täglich neue Meldungen und Enthüllungen über die Vergangenheit des Kandidaten. Die Welt blickte auf Österreich und fragte sich zunehmend, warum sie sich so lange täuschen ließ. Wien wurde plötzlich wieder Weltstadt des Antisemitismus. Denn die mehrheitliche Reaktion der Wähler hieß »Jetzt erst recht« und »Wir wählen, wen wir wollen«. Die »Ostküste« wurde beschimpft. Waldheim wurde gewählt.

Zum Teil setzten Zündler vom Schlage der ÖVP-Politiker Alois Mock und Michael Graff Antisemitismus bewusst als Wahlhelfer ein, zum Teil hatten sie nichts gegen diesen Nebeneffekt einzuwenden. Womit keiner von ihnen gerechnet hatte, war, dass der Präsident wegen seiner Zugehörigkeit zur Heeresgruppe E vom US-Justizministerium auf die *watchlist* gesetzt wurde und nicht in die USA einreisen durfte, was dazu führte, dass er von keinem Staat der westlichen Welt eingeladen wurde und Österreich überhaupt fünf Jahre lang ziemlich isoliert dastand. Waldheim, der während des Wahlkampfs und danach auf neue Fakten und Vorhaltungen, er habe zwei wesentliche Jahre seines Wehrdienstes auf dem Balkan und in

Griechenland verschwiegen, immer nur scheibchenweise reagierte, ist sozusagen der passive Held des Films. Eine individuelle Gestalt in ihrer Zeit und doch ein typisch österreichischer Mann ohne Eigenschaften.

Dreißig Jahre später stellten sich viele Fragen: Wie kam es, dass der Wahlkampf Kurt Waldheims zu einem internationalen Skandal wurde? Wie wirkt dieser historische Moment weiter, als die Lüge von »Österreich als erstem Opfer« in sich zusammenfiel, was einerseits zu befreiender Klarheit führte, andererseits der Instrumentalisierung der NS-Vergangenheit eine neue Wende gab. Wieso wurde ein Nixon zum Rücktritt gezwungen, während in Österreich so gut wie nie jemand abtritt? Warum regte den Jüdischen Weltkongress just die Person Waldheim so auf? Und wie manifestiert sich der österreichische, von Neid und Ressentiment geprägte Antisemitismus, der bereits 1938 die deutschen Nazis in Erstaunen versetzte und der nach wie vor abrufbar scheint bzw. sich in Form von Rassismus Luft verschafft.

Als ich im Frühjahr 2016 mit der Materialsuche begann, verwirrte mich sehr schnell die für mich neue Arbeit mit bereits existierendem Material, das noch dazu aus TV-Anstalten stammt.

Bei selbst gedrehtem Material ist es schwierig, sich von der Drehsituation und den eigenen Erinnerungen zu lösen, um eine distanzierte Haltung zu finden. (Auch deshalb benötigt man einen Cutter, der nicht dabei war!) Archivmaterial und besonders TV-Material lässt vorerst mal kalt. Kalte Erinnerungsschnipsel, die seit der digitalen Revolution immer kürzer werden: Text-Messages statt Briefen, Clips statt Filmstreifen. Ich benötige Gespräche mit Archivaren und den Geruch der realen Orte, wo das Material zu sichten ist, um eine Beziehung dazu herzustellen. Und ich muss mich davor schützen, nicht in der Fülle von Banalitäten unterzugehen, mit denen das Fernsehen seine Sendezeit füllt, d. h. rasch entscheiden, was in den Kübel des Vergessens fallen soll, wie zum Beispiel das heute nur beschränkt interessante Hickhack zwischen ÖVP und SPÖ zur Frage, wann und durch wen die Mitgliedschaft Waldheims bei der SA an die Öffentlichkeit drang. Dreht man selbst, dann macht man sich sein eigenes Bild von der Welt. Das gefundene Material zeigt ein Bild, das jemand anderer gemacht hat und wieder jemand anderer aufbewahrt hat, indem er es in eine Reportage oder einen Nachrichten-Beitrag einfügte. Wäre es

eine bestimmte Person, also das Material eines bestimmten Filmers, ob Profi oder Amateur, so könnte ich seinen subjektiven Blick suchen und interpretieren. Hier jedoch handelt es sich um viele, zum Teil unmotivierte, gelangweilte, zum Teil suchende, ernsthafte Kameraleute und Journalisten, die den verschiedenen TV-Cuttern ihr Material lieferten. Und schließlich musste der gestaltete Beitrag in die Linie des Senders passen, in Österreich also in diejenige des staatlichen ORF. Was mir begegnet, ist der Standpunkt und Blick des Mediums TV in seiner nationalen Ausprägung.

Thomas Elsaesser spricht in seinem Text zu »Recycled Cinema« über die Ethik der Aneignung. Es sei notwendig, dass wir uns die Bilder, die anderen gehörten, in einem Prozess der Postproduktion aneignen, die Frage sei allerdings, wie das geschieht. *Waldheim* ist ein reiner Postproduktionsfilm. Ich montiere einen Film aus TV-Material, aber gegen die nivellierende, zensurierende, oberflächlich illustrierende Weltsicht des TV. Wie ist das möglich? Wie verhalte ich mich zu den Auslassungen? Es gibt archivtechnisch begründete Lücken. Rohmaterial wird bei keinem Sender aufbewahrt. Beim ORF werden lediglich die zugespielten Sendebänder

archiviert, nicht jedoch die Ansagen der Spre-cher im Nachrichtenstudio. Zum Glück schlei-chen sich auch in die Regeln der digitalen Welt Fehler ein, sodass dann und wann ein Modera-tor bei der Arbeit zu sehen ist – als plastische Quelle zu Geschlechterpräsenz, Mode, Sprech-weise und Grafik der Zeit. Und es gibt inhaltli-che Lücken. So wurde der Widerstand von Tei-len einer sich gerade bildenden Zivilgesellschaft gegen Waldheim kaum im ORF reflektiert. Die Gründung des »Republikanischen Clubs – Neues Österreich« wurde verschwiegen, pro-minent besetzte Demonstrationen in Beglei-tung des von Alfred Hrdlicka nach einer Idee von Kuno Knöbl geschaffenen Holzpferdes nur in Sekundenlänge gesendet. Elfriede Jelinek als Rednerin bei Kundgebungen ist kein einziges Mal zu sehen. Lediglich in den *Club 2* wurde dann und wann eine Alibifigur aus der Riege kritischer Zeitgenossen eingeladen, wie zum Beispiel Erwin Ringel, Doron Rabinovici, Peter Turrini und Daniel Charim. Erst 1988 wurde ausführlich über die Mahnwache am Stephans-platz berichtet. Inzwischen hatte ein deutlich sichtbarer Lernprozess unter den Journalisten stattgefunden, die sich einerseits über Wald-heims Verstocktheit ärgerten, andererseits aber auch begannen, die westlichen Medien nicht al-lein als Feinde zu begreifen, sondern ihre Argu-mente nachzuvollziehen. Besonders gut sicht-bar ist die Veränderung Peter Rabls von seiner Einleitung eines *Inlandsreports*, in der er den Jü-dischen Weltkongress herablassend als »kleine

Privatorganisation mit hochtrabendem Namen« bezeichnet, bis zu einem sehr kritischen Inter-view mit Waldheim zwei Jahre später. Die auf-gebrachte Volksgemeinschaft mit ihren Leit-medien *Kronen-Zeitung* und *Presse* hatte sich weder beruhigt noch geändert, wie sich unter anderem 1988 bei der Premiere von Thomas Bernhards *Heldenplatz* zeigte, wo Wutbürger eine Fuhre Mist vor dem Burgtheater abluden.

Während ich im ORF-Archiv vergraben bin, wird in Österreich wieder mal ein Präsident ge-wählt. Der Kandidat der FPÖ, Norbert Hofer, bekommt am 24. April 2016 35,1 % der Stimmen. Der Grüne Alexander van der Bellen erreicht Platz zwei. Die Kandidaten der ehemaligen Großparteien fallen aus dem Rennen. Das Zweiparteiensystem der Zweiten Republik zerbröselt zugunsten der Rechten. Verändert Hofers Erfolg die Perspektive auf die Wald-heim-Affäre? Bei Waldheim ging es um die Aus-einandersetzung mit der Vergangenheit, um einen schon längst notwendigen Perspektiven-wechsel, der schließlich zu dem offiziellen Be-kenntnis Österreichs zur Mitverantwortung am Nationalsozialismus führte. Die Ideologie Ho-fers ist die Kehrseite der Medaille. Er nimmt

Elemente aus der NS-Vergangenheit, um die Zukunft zu gestalten. 1986 begann die Erosion der Parteigebundenheit, die sich jetzt deutlich zeigt. Aus Solidarität mit dem ehemaligen Soldaten wählte die Kriegsgeneration quer durch die Parteien Waldheim. Und die sich unverstanden und benachteiligt fühlenden Nachgeborenen ebenso. Nicht zufällig begann der Aufstieg der FPÖ mit Haider in eben jenem Frühjahr 1986 und hält bis heute an. Nicht weil er die blaue Kornblume der illegalen Nazis ansteckt, wird ein Hofer gewählt, sondern weil es viele nicht stört, dass er es tut.

Angeblich dauert es hundert Jahre, bis die Ereignisse Geschichte werden. Ich jedenfalls kann in Österreich anscheinend keinen Film machen, ohne von Nazirülpsern eingeholt zu werden. Das erste Mal, 1986, arbeitete ich an einem Film über jüdische Identität. Die Waldheim-Affäre brach aus und die Vergangenheit herein, als *Die papierene Brücke* fast fertig geschnitten war. Einige Szenen aus meinem selbst gedrehten Material fanden noch Platz im Film. Das zweite Mal – 1999 – filmte ich meine Straße. Da brach die schwarz-blaue Regierung herein, wieder wurde die NS-Vergangenheit aufgewühlt und in die Diskussionen im Kaffeehaus in meiner Straße und somit in meinen Film *homemad(e)* gespült. Jetzt mache ich einen Film über die versuchte Bewältigung jener Vergangenheit, aber nein, Hofer droht, gefolgt von Strache. Wie damals geht es um einen Kampf zwischen Rationalem und Irrationalem. Damals kursierten Verschwörungstheorien über den Einfluss der »jüdischen Lobby«, heute über die Verschwörung des globalen »Systems« gegen ihr Opfer, die in der Heimaterde verwurzelte FPÖ, die bereitstünde, die Volksgemeinschaft gegen die »barbarischen Ausländerhorden« zu verteidigen.

Befragt man das Material lange genug, dann beginnt es zu antworten. Nachdem Dieter Pichler und ich ca. 150 Stunden österreichische und internationale *Footage* gesichtet und auf sechs Stunden reduziert hatten, verschob sich der Fokus meiner Interessen auf Themen, die aus dem historischen Material selbst herauszulesen sind. Die Magie des Schneideraums tut auch diesmal ihre Wirkung und überrumpelt alle Papierkonzepte und Hypothesen mit überraschenden Erkenntnissen. Das »optische Unbewusste« kommt zum Vorschein. Es kann letztendlich weder dem Macher noch dem Betrachter zugeschrieben werden, sondern es gehört zum Medium selbst. Wiederholen und durcharbeiten – so definierte Freud den Weg der Analyse. Auf der Couch mag sie Jahre dauern, im Schneideraum tun Abgeschlossenheit und Dunkelheit ihre Wirkung in intensiven Monaten. Auch bei der Montage geht es jedoch ums Loslassen, das heißt einerseits um den Abschied vom ursprünglichen Konzept, und mehr noch darum, Intuition und Instinkt zuzulassen, um diese danach intellektuell zu analysieren. Schließlich liegt eine Hauptattraktion der audiovisuellen Medien in der Oberfläche der Gestik und Mimik, der Stofflichkeit der Dekors und Moden. Aus der wiederholten Betrachtung der Oberfläche können neue Erkenntnisse entstehen oder alte ins Blickfeld rücken. Zum Beispiel: It's a man's world. Alle wesentlichen Protagonisten der Waldheim-Affäre waren Männer. Väter und Söhne. Da ist der biologische Sohn Waldheims, Gerhard, der sich von seiner Arbeit karenzieren lässt, um den Vater bei einem Hearing vor dem US-Kongress und in den amerikanischen Medien zu verteidigen. In der Waldheimat spalten sich die großen Söhne in zwei Gruppen, die erstmals ihre Haltung zu den Vätern laut kundtun: da Jörg Haider, der »die Kriegsgeneration« verteidigt, dort Peter Kreisky, der sie anklagt, die Zweite Republik auf einer Lüge aufgebaut zu haben. Auch die Ankläger in New York sind Söhne. Söhne der verfolgten Juden. Sie verteidigen die Erinnerung an ihre Väter und kritisieren gleichzeitig die amerikanischen Juden der Kriegsgeneration, die zu wenig für die verfolgten euro-

päischen Juden getan hätten. Aus heutiger Sicht stellt sich die Waldheim-Affäre als Krieg um die Erinnerung dar.

Der Film wird die Jahre 1986–1988 umspannen, vom Beginn der Affäre bis zum Bericht der Historikerkommission, die Waldheim zwar von persönlicher, nicht jedoch von moralischer Schuld freisprach, indem sie ihm »konsultative Unterstützung von Unterdrückungsmaßnahmen« nachwies. Er soll das individuelle und kollektive Bewusstsein zusammenführen, um zu zeigen, wie sich tiefer liegende Bewusstseinsschichten ihren Weg bahnen. Dies geschah durch regelmäßige Ausbrüche eklatanter NS-Kontinuitäten wie die Affären Borodajkewycz (1965), Kreisky-Peter-Wiesenthal (1975) oder Frischenschlager-Reder (1985): Skandale ohne längerfristige Folgen, weil die Zeit noch nicht reif für einen Paradigmenwechsel war.

Fernsehsender werfen einen nationalen Blick auf die Ereignisse. 2016 gestaltete der ORF eine Sendung zu der Affäre, welche aus rein österreichischer Sicht zurückblickt. Kein Protagonist der damaligen internationalen Gegenseite kam zu Wort, wohl aber, dem Zeitgeist geschuldet, einige einheimische Waldheim-Kritiker von damals. Britische, US-amerikanische, französische und andere Beiträge zum Thema unterscheiden sich naturgemäß stark von den österreichischen, aber auch voneinander. Nicht allein in den moralischen Standards, sondern auch in der Präsentation durch Korrespondenten und Moderatoren. Auch wenn alle sich über die 122 Blaskapellen amüsieren, die in Waldheims Wahlkampf eingesetzt waren, sind die Unterschiede in den jeweiligen Referenzen bezeichnend: Die Briten zitieren gerne Graham Greenes und Carol Reeds Film *Der dritte Mann*, die Franzosen mögen Freud, und die Amerikaner haben keine Zeit für Zitate.

Im September 2016 schreibt der *Economist* unter dem Titel »Art of the Lie«: »Post-truth politics is more than just an invention of whingeing elites who have been outflanked. The term picks out the heart of what is new: that truth is not falsified, or contested, but of secondary importance. Once, the purpose of political lying was to create a false view of the world. The lies of men like Mr. Trump do not work like that. They are not intended to convince the elites, whom their target voters neither trust nor like, but to reinforce prejudices.«

Ist »post-truth« oder postfaktische Politik wirklich neu? Bedienten nicht Waldheim, Mock et al. auf ihre Weise die unterdrückte, diffuse Wut der Wähler – mit der sturen Weigerung, Dokumente als solche zu akzeptieren, mit der permanenten Wiederholung, wie »anständig« sich der Kandidat im Krieg verhalten hätte, mit dem Wecken von Ressentiments gegen die angebliche Macht der Juden und dem Spiel mit dem Antiamerikanismus? Es ging nicht um die Wahrheit, d. h. um die Erörterung der Kriegszeit des Oberleutnants Waldheim, sondern um die gefühlte Wahrheit, von den ehemaligen Siegern gedemütigt worden zu sein. Bei einer Straßenbefragung sagt ein junger Mann: »Unser Pech war, dass wir den Krieg verloren haben.« Voller Genugtuung, im Recht zu sein, da ja diesmal in der verqueren Logik dieser Menschen die Gegenseite den Krieg begonnen hätte, indem sie vierzig Jahre alte Doku-

mente ausgrub, suhlte sich die Mehrheit der Bevölkerung in einem wohligen Gemeinschaftsbad und zeigte mit Fingern auf die Verräter. Dünn ist die Schicht, die sich Zivilisation nennt. Auch das zeigte sich damals. Ganz plötzlich, von heute auf morgen, war sie weg. Und nackt starrten die Fratzen der Boshaften, der Wütenden uns an. Vielleicht war der Waldheim-Wahlkampf postfaktische Avantgarde.

Was sich damals lokal begrenzt im ach so rückschrittlichen Österreich zutrug, hat seinen Globalisierungsschub erlebt. Die damals zumindest diffus definierte Wut auf »die Ostküste«, die Amerikaner und den Westen richtet sich jetzt gegen den Großteil der Erdbewohner: gegen die Reichen und (daher) den Fremden gegenüber Wohlgesinnten ebenso wie gegen alle, die nicht so leben und so sind wie »wir«. Dazwischen zerrieben werden die Armen und die Verfolgten. Und die Sonntagsreden sind ebenso schal wie damals, als diejenigen, die sich mit dem Antisemitismus ins Bett legten, um die Wahl zu gewinnen, nicht aufhörten, eben davor zu warnen und zu betonen, wie sehr doch »unsere jüdischen Mitbürger« zu »uns Österreichern« gehörten. Waldheim – Ahnherr der Trump, Le Pen, Wilders und Hofer. Ob *Politik der Gefühle,* wie Josef Haslinger damals seine Analyse der österreichischen Zustände nannte, oder *Post-Truth* – die Lüge hat Hochkonjunktur.

Geschrieben am 17.10.2016, nach wenigen Monaten Recherche- und Montagearbeit. Der Film wird frühestens im Herbst 2017 fertiggestellt sein.

Ruth
Beckermann
1986 und 2007

Alexander Horwath & Michael Omasta

»Wir reden von einem Kino, das es fast schon nicht mehr gibt«

Ruth Beckermann im Gespräch

ALEXANDER HORWATH/MICHAEL OMASTA: *Beginnen wir damit, was man zeigt und was man nicht zeigt. Besonders dringlich wird diese Frage im Film über die Wehrmachtsausstellung,* Jenseits des Krieges, *wo die ausgestellten Fotos selbst nicht gezeigt werden. Oder etwa, in* Those Who Go Those Who Stay, *eine Kundgebung der Wiener FPÖ am Stephansplatz, wo man nur das Publikum sieht, nicht aber – wie im Fernsehen üblich – die Sprecher am Podium. Und das wieder fügt sich mit dem Gedanken des »missing image« und dem am Albertinaplatz monumentalisierten Geschehen, dem das Gegenüber fehlt, nämlich die Betrachter.*

RUTH BECKERMANN: Da steuert ihr gleich einen Kernpunkt an. Bis zu *Ein flüchtiger Zug* wollte ich eigentlich immer Filme gegen das Bild machen. Erst später ist mir klar geworden, dass ich von dem ausgehe, was zwischen den Bildern ist. Ich glaube, es hat sogar mit dem Bildverbot zu tun. Ich bin nicht religiös, aber diese ganze Tradition der Schriftkultur ist sehr tief bei mir verankert. Ich komme ja ursprünglich auch vom Schreiben – da kann man sich als Leser selber was dazu denken.

Wenn jemand etwas erzählt so wie Franz West in *Wien retour*, dann geht es mir darum, dass der Zuschauer sich das vorstellen kann und ich es nicht auch noch zeige. Also um eine ganz starke Reduktion: Was ist das Minimum,

das ich dir geben kann, das ich dir zeigen kann und das einen Raum eröffnet, den du selber ergänzen kannst? Das ist mir erst bei *Ein flüchtiger Zug* bewusst geworden, als ich es ganz radikal durchbrochen und fast das Gegenteil gemacht habe. Das heißt, ich bin – für mich nicht zufällig – nach Ägypten gegangen, in das Land der heidnischen Götter, aus dem man ausziehen musste, um zum Monotheismus zu gelangen. Das war der Schritt, sich in die Bilderlust hineinzuwerfen und wirklich Bilder zu machen. Genau das hab ich mir davor eigentlich versagt. Ich hab immer lang überlegt, was kann ich noch weglassen, wie kann ich es auf etwas ganz Stringentes reduzieren.

Für mich war völlig klar, dass ich die Fotos in der Wehrmachtsausstellung nicht filme, weil das meinen Fokus auf die Erinnerung ja zerstört hätte. Es wäre eine Gegenüberstellung geworden zwischen historischen Fakten und Erinnerung, eine Gegenposition, wo du dich dann fragst: Okay, der sagt das, doch auf dem Foto seh' ich das Gegenteil. Ich wollte stattdessen, dass die Zuschauer beim Thema Erinnerung bleiben und die Nuancen, die Abstufungen der Lügen und der Wahrheit und des Nicht-Gesagten und des Verschwiegenen in den Vordergrund treten. Das Blinzeln, wo man sich denkt, jetzt lügt er … Ich hab immer versucht, etwas zu fokussieren, indem ich möglichst wenige Bilder zeige. *Die papierene Brücke* hat ja nicht mehr als achtzig Einstellungen. Und als ich mich an den *Flüchtigen Zug* herangemacht habe, ist mir bewusst geworden, dass das jetzt eigentlich das Gegenteil und natürlich sehr lustvoll ist. Inzwischen hat es sich so eingependelt.

Wieso überhaupt der Schritt zum Medium Film, wenn du dich so sehr der Schriftkultur verpflichtet gefühlt hast? Wo kommen der Impetus und die Gelüste her, dieses Medium überhaupt zu betreten?

RB: Das kam zufällig, weil ich zum Syndikat der Filmschaffenden gestoßen bin; weil mich der Journalismus nicht mehr gefreut hat; weil ich im Jahr 1975/76 in New York Kurse an der School of Visual Arts genommen und fotografiert habe. Ich hab geschrieben und fotografiert, und das Fotografieren war unglaublich befriedigend, weil es ein Medium ist, wo du dein Gefühl oder deine Gedanken vorher nicht so weit intellektualisieren musst, dass du einen Satz formulieren kannst. Fotografieren ist viel direkter. Du bist allein mit dem Apparat und kannst losgehen und plötzlich siehst du etwas, das dich fasziniert – das ist mir oft so gegangen. Bei *Those Who Go Those Who Stay* hab ich genau das wiederentdeckt. Du fängst irgendwo an und das führt dich weiter, ohne dass du einen genauen Plan hast. Du hast einen inneren Plan, aber kein Team, dem du etwas erklären musst. Wenn du allein bist mit einem Apparat, dann passiert etwas, das beim Schreiben unmöglich ist. Schon allein die Grammatik spricht dagegen. Deswegen war ich immer so fasziniert vom Automatischen Schreiben – was ich ja immer noch manchmal versuche und toll finde:

Wenn du wo sitzt und so dahinschreibst, da kommst du vom Hundertsten ins Tausendste.

Warum überhaupt Film? Das hat damit zu tun, dass ich nach meiner Rückkehr aus New York zu diesen Filmleuten kam und mit Franz Grafl und Josef Aichholzer den Verleih Filmladen gegründet habe. Um politische Filmarbeit zu machen. Bald wurde uns klar, dass es über die politische Situation in Österreich keine Filme gab. Also mussten wir sie selbst machen. Die Idee war, ganz klassisch, mit dem avanciertesten Medium der Zeit – damals noch Film, 16mm-Film – zu drehen und über den Streik bei Semperit einen Film zu machen. Weil Film mehr Menschen erreichen kann als ein Text.

Also Film als wirksameres Werkzeug im Vergleich zum essayistischen, journalistischen oder literarischen Schreiben?

RB: Ja, das war mein Weg zum Film. Erst bei *Wien retour* hab ich angefangen, mich mit dem Medium selbst auseinanderzusetzen. Film ist nicht mein Ursprungsmedium, bis heute nicht. Ich kann ohne Kino leben, aber sicher nicht ohne Bücher.

Ich will nicht von dem Weg abweichen, trotzdem die Frage: Was hast du in New York fotografiert?

RB: Ich war eine dieser Personen, die's in New York zuhauf gegeben hat, die stundenlang mit dem Fotoapparat durch die Straßen gelaufen sind. Ich hab sehr viele Gesichter fotografiert – in bewusster Interaktion, nicht mit versteckter Kamera. Analog, schwarz-weiß, in der Nacht hab ich entwickelt. Es haben sich so Serien ergeben. Einmal sind am Washington Square zwei interessante alte Männer gesessen, dann hab ich die nächsten paar Stunden und Tage überall interessante alte Männer gesehen. Und ich erinnere mich, am 1. Jänner 1976 bin ich in der Früh rausgegangen, New York war leer und in Schnee versunken und ich hab lauter Stillleben fotografiert. Eins hat das andere ergeben, Mini-Themen – Kanaldeckel im Schnee zum Beispiel –, die sich dann weitergesponnen haben zu kleinen, ungeplanten Narrationen.

Bilder, die auch nicht auf ein künstlerisches Projekt oder auf Veröffentlichung abzielten …

RB: Nein, es war intuitiv. Ich hab damals nie ans Veröffentlichen gedacht. Ich wollte einmal das Medium lernen, nahm auch Kurse in Aktfotografie, alles Mögliche. Und hab es später nicht weiterverfolgt, weil ich zum Film gekommen bin. Ich kannte, als ich wieder in Wien war, keine Leute, die mir die Möglichkeit gegeben hätten, zu veröffentlichen. Ich hab sie auch nicht gesucht. Fotojournalismus hat mich nicht interessiert. Fotografieren war eher so wie Essay-Schreiben.

Hast du in Wien noch weiterfotografiert?

RB: Solang's analog war, hab ich schon immer wieder fotografiert, aber nicht konsequent. Seit es digital ist, interessiert es mich gar nicht mehr. Das Selber-Entwickeln, die verschiedenen Papiere, die man dabei ausprobiert, das hat schon dazugehört.

Hat dich die Frage, was man fotografieren »darf« und was nicht, damals schon beschäftigt – die Spannung zwischen dem nicht-gemachten Bild und dem gemachten Bild?

RB: Das war mir immer klar. Ich erinnere mich, ich hab auch einmal in Venedig fotografiert und dort waren Zigeunerkinder. Dieses sensationslüsterne Draufschauen auf etwas, mit dem man sich näher beschäftigen muss, um es ernsthaft zu fotografieren – das war mir immer unheimlich, das konnte ich nicht. Bei Diane Arbus, einer Heldin von mir, ist das wieder etwas anderes. Die hat das ja zu ihrem Thema gemacht.

In der Zeit, als ich fotografierte, hatte ich nie das Gefühl, ich will jetzt keine Bilder machen – ich *hab* ja Bilder gemacht. Das Problem kam erst mit dem Film, der ein Kompilationsmedium ist. Da ist alles drin: das Bild, der Ton, der Text, die Musik etc. – und da habe ich bis heute den Eindruck, es werden viel zu viele Bilder gemacht.

Dieses bewusste Absetzen von bestimmten anderen Arten, Film zu sehen, Film zu machen, war das schon bei deinen ersten Filmarbeiten so?

RB: Die erste Abgrenzung war natürlich gegenüber dem Fernsehen. In den Anfängen wollten wir eine Gegenöffentlichkeit herstellen, das war der politische Ansatz. Dann kam *Die papierene Brücke* – der erste Film, den ich mit Nurith Aviv gedreht habe. Sie kam nach Wien, weil wir über den Film reden wollten – und daraus wurde ein Über-alles-Mögliche-Reden. Im Völkerkundemuseum gab es eine Ausstellung chinesischer Bildrollen, die haben wir uns angeschaut und ich hab zu ihr gesagt: So möchte ich Filme machen. Eine dieser Bildrollen, die sicher drei Meter lang war, hat den Zug eines Kaisers und seiner Sänfte gezeigt, und mich hat beeindruckt, dass es in dieser Kultur keinen Höhepunkt gibt: keine *Action* in unserem Sinn. In diesem Zug sind alle als gleich gezeigt, die Lakaien, der Hofstaat, die gehen hintereinander – und irgendwann kommt halt die Sänfte mit dem Kaiser. In der westlichen Malerei wäre das im Zentrum, alles würde dorthin schauen. Und dort war alles gleichwertig. Ich wollte, dass der Film genauso ist.

Also ohne »zentralperspektivische« Dramaturgie?
RB: Ja, es sollte auch um das Davor, das Danach, das Rundherum gehen. Deswegen haben wir die Kamera auch nie gleich abgeschaltet, weil das Interessante ja oft das ist, was nach dem – oberflächlich betrachtet – »Wichtigsten« passiert.

Das wurde dein grundsätzlicher Arbeitsmodus: den Film möglichst nicht völlig durchgeplant und ausrecherchiert zu beginnen, wie es heute bei Themendokus als State of the Art gilt.
RB: Weil mich die Überraschung so interessiert. Bei *Die papierene Brücke* hatte ich ganze Listen mit Wünschen, was passieren wird und welche Leute ich treffen will und welche Landschaften ich sehen werde. Und dann gehen diese Wünsche in Erfüllung! Das Team ist mit einem Ford Transit und dem riesigen Equipment über Ungarn nach Rumänien gefahren, und die erste Einstellung, die wir dort gedreht haben, ist dieser Pferdewagen im Nebel. Das war ein Wunschbild von mir zu diesen Geschichten – und dann taucht es plötzlich auf der Straße vor dir auf: Stopp, stopp, stopp, Kamera herrichten! Wir haben das Stativ auf den Wagen getan, ich weiß nicht mehr, wie – aber wenn das Wunschbild kommt, dann darfst du nicht zögern, du musst es nehmen. Was ich aber nicht mache: Ich schicke keine Aufnahmeleiter voraus, die mir einen Pferdewagen organisieren, und dann warten wir und hoffen auf Nebel – das wär mir fad, das ist für mich nicht das Abenteuer des Dokumentarfilms.

Woher kam dieses Wunschbild überhaupt? Es könnte aus einem Roman von Joseph Roth stammen, mit dem du dich ja intensiv beschäftigt hast.
RB: Ich lese immer unglaublich viel in der Vorbereitung zu einem Film, Romane, Philosophie, alles, was mir frei flottierend einfällt. Daraus ergeben sich dann diese Bilder und Vorstellungen, auch die Farbe eines Films, sein Geschmack. Ich finde es wichtig, dass man möglichst lang in dieser assoziativen Phase bleibt, denn wenn du gleich zum Konkreten kommst, schließt du alles andere ja sofort aus. Bei vielen Filmen ist es aber auch so, dass sich erst vor Ort klar zeigt, worum es eigentlich geht.

Chris Marker bemerkte sinngemäß einmal: Man weiß nicht, was man filmt, während man es tut, sondern erst, wenn man es Wochen oder Monate später betrachtet.
RB: Ja, man weiß aber im Moment, ob es stark ist. Dieser Moment des Herzklopfens, der ist ganz eindeutig. Nur wo er hinführen wird, weiß man nicht. Manchmal fällt er auch raus, weil er nirgends hineinpasst.

Ist dir das oft passiert?
RB: Nein, die Herzklopfmomente sind meistens drin. Aber manchmal glaubt man auch, etwas war nicht interessant, und dann ist es doch interessant …

Bei Wien retour *war noch alles geplant – bis auf den Schluss!*
RB: Stimmt, die Szene haben wir nachgedreht. Denn die Tonaufnahme, wo Franz West das Schicksal seiner Familie erzählt, hat er vorgespielt, als wir ohne Kamera bei ihm waren. Sonst hatte ich bei *Wien retour* noch Karteikarten mit Fragen, das war alles ganz ordentlich

vorbereitet. Ich hab mich da noch nicht getraut, so spontan mit den Leuten zu reden. Franz West hab ich noch als Spezialisten gesehen, als Erzähler seiner eigenen Geschichte und der Geschichte der Zwischenkriegszeit. In den Filmen seither hat mich bei den Menschen mehr interessiert, was im Moment rauskommt, selbst wenn es gar nicht zum Thema gehört – nicht ihre Expertise, sondern ihre Persönlichkeit.

Trotz deiner Bilderskepsis und obwohl West so ein grandioser Erzähler war, ist Wien retour *auch stark von historischem Filmmaterial geprägt. Welche Überlegungen haben dazu geführt, sich nicht nur dieser Person zu widmen und die Geschichte aus ihrem Erzählen auferstehen zu lassen?*

RB: Dieses ganze Material war damals unbekannt. Wir haben Filme wie *Das Notizbuch des Mr. Pim* zum Beispiel in der sozialistischen Parteizentrale entdeckt. Das war sehr spannend, aber ich würde den Film sicher nicht noch einmal so machen. *Die papierene Brücke* würde ich auch heute so machen.

Dazwischen liegt ja auch ein entscheidender Faktor in deiner Entwicklung: Du hast als Kollektivfilmmacherin angefangen und trittst zehn Jahre später als Einzelautorin hervor. Du warst Teil der Videogruppe Arena, die Aufnahmen unterschiedlichsten Charakters, gedreht von verschiedenen Menschen während der Arena-Besetzung 1976, kompiliert und montiert hat. Die beiden mittellangen Filme danach sowie Wien retour *sind Arbeiten zu zweit und zu dritt. Kannst du den Prozess beschreiben – von der Arbeit in einer Gruppe, die sich als Teil einer Bewegung versteht, zum Moment, wo sich dieses Modell erschöpft hat und die Einzelkünstlerin hervortritt?*

RB: Wien retour war eindeutig der – gelungene – Versuch, Gegenöffentlichkeit herzustellen. Diese Thematik hat man so in den Medien ja nirgends gesehen; ich glaub, im ORF ist der Film bis heute nicht gelaufen. Der nächste Schritt hat sehr stark mit meiner persönlichen Geschichte zu tun, ich bin hier in gewisser Weise exterritorial aufgewachsen. Meine Eltern haben es quasi als provisorisches Stadium betrachtet, dass sie hier sind, und haben uns Kindern mitgegeben: So schnell wie möglich weg von hier! Für mich war der Filmladen und das Eintreten in die politische Linke ein Versuch, diese Gesellschaft hier überhaupt kennenzulernen – ich hab davor, überspitzt gesagt, nicht einmal gewusst, was eine Gewerkschaft ist – und mir auch eine gewisse Zugehörigkeit zu schaffen. Mitte der Achtzigerjahre hat sich das für mich als Illusion herausgestellt.

Weil du dich weder dem althergebrachten Wien noch dem hiesigen linken Spektrum zugehörig fühlen konntest?

RB: Das Wien, das ich mir geschaffen habe, existierte in der Literatur. Schnitzler, Roth, das Haus Österreich. Das war der erste Schritt, und es war meine persönliche Angelegenheit, weil meine Eltern kaum Bücher gelesen haben. In der Mittelschule waren wir eine Gruppe von Mädchen, wir haben Camus gelesen, Sartre – Existenzialismus plus Habsburg war quasi mein Weg zur eigenen Bildung. Und dann gab's diesen Bruch mit der Linken. Ganz stark war das 1982, während des Libanon-Kriegs, als bei einer linken Demo in Wien geschrien wurde: Nazis raus aus dem Libanon! Diese Gleichsetzungen und auch die Haltung einiger Leute, die in diesem Umkreis waren, zum Antisemitismus – all das hat mir gezeigt, dass es doch nicht so einfach ist für mich. Das war für mich der Beginn: mir anzuschauen, woher ich komm' und wer ich eigentlich bin.

Die künstlerische Auseinandersetzung mit dem Jüdischsein fällt mit dem Bruch mit der Linken zusammen?

RB: Ja. Das hat bei Franz West begonnen, der – nachdem er sich sein ganzes Leben lang nie als jüdisch sondern als politisch Verfolgter gesehen hat – durch unsere Gespräche zu dem Schluss kam, der auch den Filmschluss bildet. Das war für mich ein Auslöser: Wie geht's eigentlich *meiner* Generation hier? Viele jüdische Linke, auch in Deutschland, haben zu der Zeit begonnen, sich zu fragen: Gehören wir da wirklich dazu? Ist unsere Geschichte akzeptiert in dieser linken Geschichte? In den Faschismustheorien war von Kapitalismus die Rede, von Arbeitslosigkeit, aber das Motiv des Antisemitismus und des Holocaust war kein Thema. Es war aber ein Thema bei allen Freunden meiner Eltern. Das war nicht so einfach zusammenzubringen.

Das erklärt deine Entwicklung, aber nicht, warum du mit dem kollektiven Arbeiten aufgehört hast – ist für dich der Übergang zum eher caméra-stylo-artigen Filmemachen ganz selbstverständlich verlaufen?

RB: Es hatte schon mit dem Thema zu tun: *Die papierene Brücke* war meine persönliche Angelegenheit. Sepp Aichholzer hätte nicht viel dazu beitragen können. Er hat mir eh sehr geholfen, aber als unterstützender Produzent. Es war wirklich ein langer Prozess, mich zu trauen, so einen Film zu machen. Das war damals ja kein

Thema, das wurde es erst, als der Film fertig war – durch die Waldheim-Affäre. Ich hab mich gefürchtet, mit so einer Geschichte an die Öffentlichkeit zu gehen, und da waren Sepp und andere Freunde sehr hilfreich. Aber es war ganz klar, dass ich diese Geschichte allein machen musste. Und es war schon bei *Wien retour* so, dass die formalen Überlegungen eher von mir kamen.

Gab es bei den drei Filmen nach der Arena eine gewisse Aufteilung der Aufgaben?

RB: Der Streik-Film war wirklich vom Sepp und mir; der Film ist auch intelligent, finde ich, so wie er die Sache analysiert. Der VEW-Film ist nicht so wahnsinnig gelungen. Wir haben das wirklich gemeinsam gemacht, aber bei diesen Filmen ging's überhaupt nicht um künstlerische Fragen.

Bei Wien retour *schon mehr. Man merkt das ganz deutlich, die Interviewpassagen mit West sind in sich alle ungeschnitten – das macht heute kaum mehr jemand!*

RB: Auch das war aber schon eine Reduktion. Und ich versuche bis heute, ungeschnittene Interviewpassagen zu montieren. Der eigentliche Ausgangspunkt war, einen Film über die Arbeiterbewegung in der Leopoldstadt zu machen. Wir hatten noch zwei andere Protagonisten, mit denen wir auch gedreht haben, Pepi Meisel und Jenny Strasser. Dann erst kam die Entscheidung, sich auf Franz West zu konzentrieren, weil er so ein großartiger Erzähler war – und weil mich seine Geschichte am meisten beeindruckt hat.

Hätte sich nicht gerade die Waldheim-Affäre einige Jahre später angeboten, im Kollektiv darauf zu

reagieren? Umso mehr, als du im Republikanischen Club aktiv warst …

RB: Ja, aber da waren sonst keine Filmschaffenden dabei. In der Nach-Arena-Zeit hat sich die Szene permanent getroffen: bei Demos, bei der Hermi – das war ein Lokal in der Kumpfgasse – und später im Phönixhof. Dort hast du in der Nacht alle getroffen, von den Maoisten über die Trotzkisten bis zu den Jungsozialisten, und da waren natürlich Filmschaffende dabei, Bernd Neuburger, Lucky Stepanik, Maggie Heinrich zum Beispiel, die dann auch die Extrafilm gegründet haben. Meine Affiliation waren aber eher die Trotzkisten. Ich bin nie Mitglied geworden, aber auf Schulungen hab ich Rainer Bauböck, Raimund Löw und den Hasi (Georg Hoffmann-Ostenhof) kennengelernt – das waren alles interessante Leute für mich, aber keine Filmschaffenden. Ähnlich später beim Republikanischen Club, da gab's den Peter Kreisky, die Charims, aber keine Leute, die mit Film zu tun hatten. Ich erinnere mich auch an niemanden, der 1986 beim Präsidentschaftswahlkampf Waldheims mit einer Kamera unterwegs gewesen wäre.

Es scheint, als hätte Mitte der 1980er-Jahre eine klimatische Verschiebung stattgefunden. Mit Kieselsteine von Stepanik und Nadja Seelich gab es ja noch einen weiteren Autorenfilm über das Jüdischsein in Wien – so als rückte in einer bestimmten Generation politisch aktiver Künstlerinnen und Künstler plötzlich eine andere oder zusätzliche Frage in den Vordergrund.

RB: Das war eine wichtige Verschiebung hin zur Frage der Identität. Davor herrschte die Illusion: Wir sind alle gleich und es ist egal, wer wir sind und woher wir kommen – wir wollen die Welt zum Besseren verändern. Das war eine faszinierende Zeit, denn solange du das glaubst, bist du voller Hoffnung.

War es »nur« der Antisemitismus, den du damals erlebt hast, oder auch Enttäuschung über die mangelhaften Wirkungen dessen, was man als Bewegung versucht hat – und der Glaube daran, mit individuelleren Formen des Filmemachens auch eine differenzierte Form des öffentlichen Gesprächs zu gewinnen?

RB: Es war einfach notwendig, das, was man selber ist, auch darzustellen und die anderen damit zu konfrontieren. Dieser Schritt, die eigene Befindlichkeit, die eigenen Bilder, die eigenen Geschichten in die Öffentlichkeit zu stellen, war mir ganz wichtig, um zu sehen, wie die anderen darauf reagieren – wo gibt's Gemeinsamkeiten? Das war ein wichtiger Moment – und es war nicht nur eine jüdische Geschichte, es haben sich alle möglichen Identitäten in unterschiedlichen Formen in die Kultur eingebracht. Bedauerlicherweise ist die Linke insgesamt immer schwächer geworden. Ich war schon immer gegen diese Identitätspolitik, in der wir heute drinstecken, wo es keine Gemeinsamkeit, keine gesellschaftliche Utopie mehr gibt.

Schon für den Folgefilm, 1990, fährst du nach Jerusalem, an die Quelle gewissermaßen, und sehr schnell, vorerst über das Radio kommen die Palästinenser herein. Da ist auch schon etwas Anti-Identitäres zu spüren, ein Stachel, der es notwendig macht, dass nicht nur Israel, sondern auch die andere Seite mitredet – nach dem Entdecken der Identitätsfrage gibt's also sofort bewusste Brüche.

RB: Auch das war Teil meiner Identität … Ich bin mit der Vorstellung meiner Eltern aufgewachsen, dass wir, meine Generation, die hier noch die Schule besucht, dann nach Israel gehen. 1967, im Sechstagekrieg, war ich noch glühende Zionistin. Gut, da war ich fünfzehn! (*Lacht*) Aber nach der Matura lebte ich ein Jahr in Israel. Dann bin ich immer kritischer geworden und hab mich in diversen Nahost-Aktivitäten engagiert.

1982 war nicht nur das Jahr, als bei dieser Demo die israelischen Libanon-Besatzer als »Nazis« bezeichnet wurden, sondern auch das Jahr, als sich eine Gruppe von hier lebenden Juden in einem offenen Brief – den unter anderen die *Arbeiter-Zeitung* abgedruckt hat – zum ersten Mal kritisch über den Libanon-Krieg äußerte – und dann in der jüdischen Gasse geächtet wurde.

Die Entfernung aus diesem Ghetto-Milieu, überspitzt gesagt, war ganz wichtig für mich. Der erste Schritt war, Teil der österreichischen Gesellschaft zu werden, was mir nur über die Linke möglich schien. Deswegen war *Die papierene Brücke* auch ein Mittel, um mir darüber klar zu werden: Israel ist ein wesentlicher Teil meines Daseins, aber ich möchte dort nicht leben und mir auch herausnehmen dürfen, zu kritisieren, was dort passiert. Das war damals in der Jüdischen Gemeinde überhaupt nicht angesagt.

In deinem Buch Unzugehörig *beschreibst du, dass die Jüdische Gemeinde damals so wenig Selbstbewusstsein hatte, dass sie alles für gut befand, was hier in Wien vor sich ging.*

RB: Sie hat sich nicht getraut, irgendwas zu sagen. Bis Waldheim. In dieser Blase zu leben war für mich unerträglich. Angefangen beim Journalismus über das Fotografieren in New York bis zum Filmemachen war das eine einzige lange Ausbruchsgeschichte aus dem Milieu hier. Bewegung!

Ein Aspekt, den du nicht erwähnt hast punkto Ablösung von Gruppierungen, ist die Frage des Geschlechts. Hast du als Frau, die Filme machen will, nie Erfahrungen mit Sexismus gemacht oder besondere Hindernisse verspürt?

RB: Komischerweise nicht. Ich glaube, dass es immer eine Priorität des Leidens gibt. Das war bei mir das Jüdischsein, sodass sich mir die Frage nach dem Patriarchat nicht so drängend gestellt hat. Natürlich hat man Bornemanns Buch *Das Patriarchat* gelesen, aber die Frage nach meiner Rolle als Frau hab ich mir nicht gestellt. Ich war sowieso immer ein wildes Mädchen.

Du hattest das Gefühl, du tust, was du willst, und kein Mann kann dich ernsthaft dabei behindern?

RB: Genau. Mich hat behindert, dass diese jüdische Gasse und meine Eltern sich vorgestellt haben, ich würde meinen ersten Freund – der natürlich Arzt war – heiraten. Diese Vorstellungen musste man schon hinter sich bringen. Die gläserne Decke habe ich aber erst viel später bemerkt. Soweit es die privaten oder beruflichen Zusammenhänge mit Aichholzer, Grafl, Stejskal usw. betrifft, hatte ich nicht das Gefühl, dass ich unterlegen bin – obwohl es lange Diskussionen gab, wer im Filmladen das Häusl putzt … Erst später, als es dann eine wirkliche Filmszene und eine stärkere Filmförderung gab, wurde mir plötzlich klar: Das sind lauter Männer. Da hatte ich nicht mehr nur das Gefühl, ich bin als Jüdin draußen, sondern die eigentlichen Netzwerke existieren zwischen den Herren Produzenten. Irgendwann kommst du nicht weiter und kriegst eben doch etwas weniger Budget als die Männer.

Gab es keine Frauen in der Szene, mit denen du in Wien näher zu tun hattest? Du hast bisher nur die Kamerafrau Nurith Aviv erwähnt, die aber von ganz woanders kam – wie hast du sie kennengelernt?

RB: Ich wollte nie speziell mit Frauen arbeiten. Nurith hab ich kennengelernt, weil ich die Filme von Amos Gitai gut fand, *Wadi* und *Das Haus*, und sie mit ihm gearbeitet hatte. Er hat sie mir in Israel bei einem Essen mit Freunden vorgestellt. Mir hat ihre Arbeit gefallen; außerdem sprach sie perfekt Deutsch, weil ihre Eltern aus Berlin kamen. Sie hatte auch schon mit Agnès Varda und René Allio gedreht und war Teil dieser französischen Filmkultur, die mir sofort sehr nah war. Ich mochte die Art, wie man dort über Film redet … besonders nach der Erfahrung von *Wien retour,* wo mir der Kameramann, Tamas Ujlaki, das Gefühl gab, dass ich von nix eine Ahnung hab – was ja gestimmt hat! – und besser er den Film machen sollte und nicht so eine blöde Göre. Was mich da so geärgert hat, war, dass immer nur über Technisches, über das Licht oder den Drehplan geredet wurde. Und dank Nurith hatte ich dann, als ich öfter in Paris war, das Erlebnis, dass man auch ganz groß und weit über das Thema reden kann, selbst wenn noch gar nicht feststeht, was genau man drehen wird. Das entspricht mir viel mehr. Dass jeder, der mitmacht, selbst der Kameraassistent, versucht, den Film als Gesamtes zu sehen und nicht nur seine Aufgabe.

War das deine erste Begegnung mit dem französischen Filmmilieu?

RB: Davor war New York für mich der Ort, wo ich leben wollte. Das kann man sich heute nicht mehr vorstellen, aber dort habe ich das Kino der Nachkriegszeit überhaupt erst entdeckt. Es gab Double Features, da hab ich die Fellini- und Antonioni-Filme und das Kino der Nouvelle Vague gesehen.

Aufgewachsen bin ich vor allem mit dem deutschsprachigen Kino. Das kriegst du nimmer aus dem Hirn: Liselotte Pulver, Gunther Philipp usw. Als Kinder sind wir nur in solche Filme gegangen. In Reichenau, wenn wir im Sommer am Bauernhof waren, gab's ein Kino – das heute ein Theater ist –, da wurden nur solche Filme gespielt. Und meine Eltern sind in die Operette gegangen, zur Marika Rökk. Dann, in New York, hab ich nicht nur diese modernen Filme gesehen, sondern überhaupt Moderne Kunst. Wichtiger als alle Filme war wahrscheinlich Giacometti: die Reduktion, die Einsamkeit des Menschen auf einem Platz – das ist für mich eine Filmszene.

Hast du auch Punk rezipiert in diesem für die Musik entscheidenden Jahr 1976?

RB: An der Popkultur hab ich nicht viel teilgenommen. New York war Kunst und Kino für mich. Das hab ich exzessiv betrieben, statt meine Dissertation zu schreiben.

Zurück zum französischen Kino und seinem Einfluss auf dein Werk. Hattest du zu Beginn deiner Filmarbeit ein Bewusstsein vom dokumentarischen und aktivistischen Filmschaffen in Frankreich, von Chris Marker zum Beispiel?

RB: Ich kannte nur die Godard-Flugblattfilme.

In unserer militanten Phase war Joris Ivens sehr wichtig. Sepp und ich sind damals per Autostopp nach München gefahren, wo seine China-Filme gezeigt wurden. »Gebrauchsfilm statt Traumkino«, lautete das Motto des Filmladens. Was Chris Marker betrifft, weiß ich genau, dass *Sans soleil* der erste Film war, den ich von ihm gesehen hab – 1984 beim Filmfestival in Florenz, wo auch *Wien retour* gezeigt wurde. Das war extrem beeindruckend: dass es möglich ist, *intellektuell* Filme zu machen. Dass man keine Abstriche von der Komplexität des Lebens und des Denkens machen muss, um einer Aussage oder einer Form willen. Dass man das so zusammenfügen kann, wie Marker es in diesem Film meisterhaft gemacht hat, und dass man es dann zehnmal sehen kann und immer noch nicht alles kapiert hat. So etwas mit den Mitteln dieses Mediums zu schaffen, das fasziniert mich sehr. Und es hatte sicher großen Einfluss auf *Die papierene Brücke*.

Ich war auch von den Arbeiten von Straub-Huillet begeistert, schon vor der *Sans-soleil*-Erfahrung. Der Film *Geschichtsunterricht* war für mich total wichtig: dass du die Vergangenheit in der Gegenwart zeigen kannst und die Gegenwart ein Spiegel der Vergangenheit ist. Wobei mir die Arbeitsweise von Straub immer unheimlich war, diese Art von Genauigkeit und Pitzelei. Ein Freund von uns, der schöne Benedikt Zulauf, in den alle verliebt waren, saß damals oft bei uns in der WG und hat erzählt, dass er bei der Arbeit an diesem Film nix aus dem Kühlschrank nehmen durfte, weil jeder nur eine halbe Gurke haben durfte … *Moses und Aron* hat mich auch sehr beeindruckt. Ich fand

das immer faszinierend als Gegenpol zu diesen journalistischen Dokumentarfilmen, die wir im Filmladen gezeigt haben und die sich in keiner Weise mit Fragen der künstlerischen Genauigkeit befassten.

Gibt es seit Sans soleil *Filme, die zu derselben Linie gehören und dich in ähnlicher Weise beeindruckt haben?*

RB: Da müsste ich nachdenken … Mir fällt zum Beispiel *Gambling, Gods and LSD* von Peter Mettler ein. Der bringt auch so vieles zusammen, und man glaubt nicht, dass das funktionieren kann. Mich beeindrucken strenge Formen verschiedenster Art, wo man aber gleichzeitig die Fülle und die Widersprüche des Lebens spürt. Das ist das Spannendste im Leben überhaupt: dass jemand *so* und auch *so* ist, dass jeder so schillert. Und es ist für mich auch das Spannendste beim Dokumentarfilm – und beim Spielfilm, wie ich jetzt gemerkt habe. Das suche ich. Und deswegen bin ich auch immer bereit, in einer Drehsituation, in der scheinbar schon alles besprochen ist, alles wieder zu ändern.

Kannst du ein Beispiel dafür nennen?

RB: In *American Passages*, der Sheriff in Arizona. Der war schon in den Schlagzeilen, weil er Zelte aufgestellt hatte, in denen die Gefangenen in der Hitze brüten. Den wollte ich unbedingt interviewen. Wir waren in Phoenix, haben öfter angerufen und nie eine Antwort bekommen, bis wir ihn schließlich erreichten und er sagt: Kommt's am nächsten Tag, da bin ich im Gefängnis und überreiche Urkunden an Frauen, die beim Anti-Drogen-Programm mitgemacht haben – dort könnt ihr mich interviewen. Alles war also auf ein Interview mit dem Sheriff ausgerichtet, doch vor Ort war alles andere viel interessanter – auch die Widersprüchlichkeit: dass so ein Redneck ein derartiges Programm macht, das von den Teilnehmerinnen als sehr sinnvoll bezeichnet wurde … Oft braucht man einfach ein Ziel, und wenn man dann dort ist, stellt sich etwas anderes als besser heraus.

Kommt das bei jedem Film vor?

RB: Bei *Jenseits des Krieges* war es oft so, dass ich durch die Begegnung mit jemandem total überrascht war. Vermeintliche Nazis stellten sich als Widerständler raus und umgekehrt. Man ist voller positiver und negativer Vorurteile, wenn man an einen Menschen herantritt. Ich will die aber nicht bestätigt wissen, sondern überrascht werden. Wenn ich jemanden nur »abfrage« und der mir die Antworten gibt, die ich eh schon vorher kannte, ist es platt. Für mich ist ein Gespräch eine erotische Geschichte, wo sich manchmal in wenigen Minuten etwas ergibt zwischen dir und dieser Person. Manchmal wundere ich mich schon, was mir die Leute alles erzählen. Ich glaube, das hat auch damit zu tun, dass ich ehrlich an sie herangehe, dass sie nicht das Gefühl haben, da möchte sie jemand übers Ohr hauen. Das ist wie ein Schalter, den ich umlegen kann beim Drehen. Ich konzentriere mich ganz stark auf diesen Menschen und dann fallen mir Fragen ein, die ich mir nie vorher überlegt hätte: Ah, da ist vielleicht eine Unsicherheit – also fragst du jetzt *das*. Das ist total aufregend!

Dieses Talent hast du erst beim Filmemachen entdeckt?

RB: Ja. Ich war früher sehr schüchtern. Der Dreh mit Herbert Gropper am Friedhof von Sereth für *Die papierene Brücke* war ein Schlüsselerlebnis. Ich hab kaum ein Wort gesagt, umso besser hat das Spiel zwischen ihm und der Kamera funktioniert. Ich sag immer weniger, manchmal lache ich nur oder verzieh' das Gesicht. Damals hab ich verstanden: Es geht nicht um meine Karteikarten mit Fragen, sondern darum, ein Kurzporträt zu machen.

Welche Konstellation braucht es, damit du eine Person interessant findest – und wie weit versuchst du dir selber überhaupt Aufschluss darüber zu geben?

RB: Das ist eine sehr schwierige Frage. Anziehung spielt sich auf so vielen Ebenen ab. Ich glaube, es ist sehr wichtig, dass man nicht alles rational begründet für sich selber.

Du meinst, wenn du diese Erotik spürst, dann wird sich das im Film auch in der Begegnung mit einem Publikum übertragen?

RB: Davon bin ich überzeugt. Abgesehen davon war mir Publikum immer völlig wurscht. Besser gesagt: Ich denke nur an bestimmte Menschen, die mir wichtig sind, und wo ich mir wünsche, dass der Film bei denen ankommt. Manchmal passiert etwas Schönes. 2006, bei der Retrospektive in Créteil, hat man Hélène Cixous *Die papierene Brücke* gezeigt und sie hat einen fantastischen Text darüber geschrieben: Das war so, als hätte ich einen Brief aufgegeben, der fast zwanzig Jahre später bei jemandem angekommen ist. Das war eine schöne Erfahrung. Aber es passiert selten, dass ein Film ganz und gar bei jemandem ankommt.

Das verschafft dir nach vierzig Jahren Film-

schaffen größere Befriedigung als abstraktere Formen der Würdigung wie Retrospektiven oder Preise?

RB: Das sind die Highlights. Das Wunderschöne bei Retrospektiven ist die Kontinuität. In Buenos Aires habe ich mir alle Filme wieder angeschaut und gesehen, wie sehr sich ein Film aus dem anderen entwickelt hat. Dass ich das gemacht habe und dann das und das – das ist schon die größte Befriedigung. Wobei ich nicht viel in meine eigene Vergangenheit schau, mich interessiert das Nächste immer am meisten.

Weil du Buenos Aires sagst: War auch Edgardo Cozarinsky jemand, der durch die Begegnung mit den Filmen plötzlich ein Adressat wurde?

RB: Ja, absolut. Obwohl er einen Film von mir schon kannte, denn sein Jünger-Film (*La guerre d'un seul homme*) war seinerzeit gleichzeitig mit *Wien retour* in Berlin. Getroffen habe ich ihn erst später und er ist ein wichtiger Freund geworden. Er ist mir sehr nah. Über das Filmemachen lernt man natürlich Menschen kennen, denen man sonst nicht begegnet wäre. Das ist ein schöner Aspekt der Arbeit. Chantal Akerman hab ich nicht gut gekannt, aber trotzdem war immer ein Gefühl von Nähe da. *News from Home* ist ein Film, der für mich in seiner Einfachheit und Reduziertheit genauso wichtig war wie *Sans soleil,* obwohl er etwas vollkommen anderes ist.

Was diese zwei Filme gemeinsam haben, ist die starke textliche Ebene, die – in unterschiedlicher Gewichtung – auch bei dir meist eine Rolle spielt.

RB: Das hat mich in Österreich immer angezipft – diese Sprachlosigkeit, die so lange herrschte. Ich hab spöttisch gesagt: Am besten stellt man

eine Kuh auf eine Alm und filmt sie zwei Stunden lang – dann hat man einen künstlerischen österreichischen Film gemacht. Der Mensch ist doch mehr als Schauen! Außerdem finde ich, dass Bilder auch gefährlich sind, wenn man sie nicht kontextualisiert.

Hat sich das in den Jahren seit Die papierene Brücke *nicht auch verändert? Zuletzt hast du bei* Those Who Go *ja ganz auf Text verzichtet.*

RB: Das war in jeder Hinsicht ein Befreiungsschlag – so wie *Der flüchtige Zug* einer war, was die Bilderfülle betrifft. Ich habe lange gebraucht, den Abschiedsschmerz von Nurith Aviv rund um *American Passages* zu verkraften und gedacht, dass ich niemals mit anderen Kameraleuten arbeiten können werde. Bei *Those Who Go* selber zu drehen war schwierig, aber auch wie eine Rückkehr zu diesem Gefühl der Fotografie. Man überlegt sich nicht, warum man jetzt das Fenster im Regen dreht, und *muss* es auch niemandem erklären. Beispielsweise habe ich in Prato bei dem historischen Umzug diese Trommler gesehen und ganz lange in Großaufnahme gefilmt – wenn ich selber filme und in so eine Situation komme, weiß ich sofort, was ich drehe. Als der Film geschnitten war, hab ich gezweifelt, ob der Film ohne Text funktionieren kann – und dann hab ich ihn einfach weggelassen, obwohl ich ihn schon geschrieben hatte.

Wenn Nurith Aviv mit der Kamera daneben stand, hat das dieses intuitive Wissen schon gesprengt?

RB: Da wurde immer endlos geredet. Du kannst zu einer Kameraperson nicht sagen: Jetzt drehst du das in Großaufnahme, nur das! Du brauchst eine gewisse Logik. Kameraleute, die ja mit vielen Regisseuren arbeiten, tendieren immer dazu, verschiedene Einstellungen zu machen. Die sagen dann völlig zu Recht: Willst du nicht doch eine Totale? Soll ich nicht das und das machen? Wenn ich allein bin, diskutier ich nicht viel mit mir selber, sondern bleib einfach dabei. Natürlich beschränkt das auch meine Möglichkeiten. Aber die Erfahrung, selbst wieder Kamera gemacht zu haben, hat mir jetzt bei der Arbeit an *Die Geträumten* mit Johannes Hammel auch sehr geholfen.

Du hast erwähnt, wie wichtig dir das kollaborative Element ist. Kannst du sagen, was du bei den Mitarbeiterinnen und Mitarbeitern suchst, die du als deine engsten Komplizen auswählst?

RB: Das Prozesshafte. Dass man von etwas ausgeht und das gut findet und dann drei Wochen später nicht mehr gut findet oder weiterentwickelt oder wieder verwirft. Johannes und ich haben ein dreiviertel Jahr lang immer wieder über die Auflösungen für diesen Film gesprochen. Johannes ist allerdings jemand, der sehr genau ist, aber vor Ort auch alles anders machen kann. Wir haben uns sehr gut vorbereitet, aber natürlich haben wir's nicht so gedreht, wie's im Skript stand. Die Vorbereitung ist trotzdem bei jedem Film enorm wichtig. Ich geh nicht naiv in eine Geschichte hinein, sondern brauche eine Grundlage, um dann die Freiheit zu haben, etwas anderes zu machen. Und ich mag Leute, die selber diese Fähigkeit haben, weiter zu gehen.

Lösen sich auch in der Montage noch bestimmte Pläne auf und führen in ganz neue Richtungen?

RB: Die Montage beim Dokumentarfilm ist ja eine wirkliche *troisième écriture*. Du schreibst den Film, dann drehst du ihn und dann machst du ihn völlig neu am Schneidetisch. Deswegen dauert es meistens so lang. Das war die ungewöhnliche Erfahrung bei *Die Geträumten*, dass wir in einer Woche den Rohschnitt hatten. Beim Dokumentarfilm hingegen schreibt man den Film neu. Es ist auch wichtig, alles beiseitezulassen, was man sich vielleicht gewünscht hat – dass man *wirklich* sieht, was in dem Material steckt. So kann man völlig Neues entdecken, denn es zählt nur mehr das Material. Deshalb mag ich auch erst schneiden, wenn alles gedreht ist. Ich finde das sehr schön, wenn ich mit Dieter Pichler in seiner Rauchhöhle sitze, wir schauen uns das Material an und es beginnt quasi ein neuer Film.

Ich hab mein Kanzleipapier und schreib mir jede Einstellung auf … Mit der eigentlichen Montage fange ich erst an, wenn ich einen Plan habe. Dann schiebt man zwar noch herum, aber dass ich später noch einmal bei null beginne und einen ganz anderen Film schneide, diese Erfahrung hab ich noch nicht gemacht.

Jenseits des Krieges war ein Extremfall. Gedreht haben wir im November, dann habe ich das Material liegen lassen. Ich wollte das nicht sehen. Erst im Frühjahr habe ich es wieder angefasst. Mit Gertraud Luschützky, der wunderbaren Cutterin aus einer anderen Zeit! Mit ihr habe ich von der *Papierenen Brücke* bis zu *homemad(e)* gearbeitet. Bei *homemad(e)* kam Dieter dazu, weil Gertraud sagte, sie werde niemals Videoknöpfe drücken. Ich habe viel von ihr gelernt und bis heute ist die strenge Lü für Dieter

Familie (von links oben im Uhrzeigersinn):
die Eltern Bety und Salo Beckermann, mit Ruth und Evelyn;
Ruth 1955; Eric, Bety, Lenny

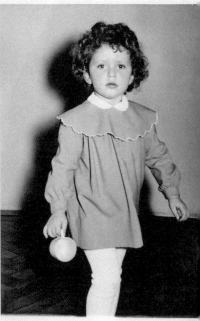

FreundInnen und KollaborateurInnen
(von links oben im Uhrzeigersinn):
Nurith Aviv (mit Kamera) und Claire Bailly du Bois;
Georg Stefan Troller; Hélène Cixous; Gertraud Luschützky;
Atanas Tcholakov (mit Kopfhörer) und Johannes Hammel

und mich bei jedem Film die wichtigste Kritikerin. Das Drehmaterial bei *Jenseits* war auf High-8 und wurde für den Schnitt auf U-Matic überspielt. U-Matic war ja noch analog, das heißt, wenn du etwas falsch gemacht hast, musstest du immer wieder von vorn beginnen. Ein Horror! Aber es ging dann relativ flott, weil Film auch etwas Pragmatisches hat. Irgendwann sagten wir: Jetzt brauchen wir jemanden, der sitzt. Jetzt brauchen wir jemanden, der steht. Es geht dann um diese ganz banalen körperlichen Bilder und Kontraste. Jetzt haben wir schon zwei, die sitzen, jetzt muss einer stehen. Das liebe ich beim Schneiden.

Diese trockene Pragmatik würde man bei deinem Werk gar nicht vermuten.

RB: Im Schneideraum muss man das haben. Du brauchst Kontraste, der Film muss in sich funktionieren. Ich bin sehr pragmatisch, sehr ökonomisch. Ein Sparefroh. Auch beim Drehen bin ich sehr ökonomisch. Der Schnitt dauert maximal drei Monate. Was endlos lang dauert, ist natürlich das Sichten des ganzen Materials. Man dreht heute schon viel mehr als früher. Bei *Die papierene Brücke* waren es dreizehn Stunden, das hast du schnell gesichtet.

Sichtet auch die Schnittmeisterin, der Schnittmeister alles?

RB: Ja, komplett. Ich schau's mir allein gar nicht an. Wir sichten gemeinsam, dann fängt man an und irgendwann gibt es diesen Glücksmoment, das Gefühl: Das Ding steht. Die Statik stimmt. Film kann man sehr gut mit Architektur vergleichen, auch er braucht eine Statik: Die wichtigen Momente müssen an den richtigen Stellen stehen.

Gleich nach dem Sichten, bevor die effektive Schnittarbeit begonnen hat?

RB: Nein, so genial bin ich nicht. Auf meinem Kanzleipapier werden die Interviews alle rot umrandet, Fahrten kriegen ein grünes Kastel und so weiter, dann weiß ich: Hier hab ich eins, hier und hier, und dann verteile ich die verschiedenen szenischen Möglichkeiten. Die Statik ist eigentlich die Dramaturgie.

Was dich auch fürs fiktionale Kino prädestinieren würde – ist das jetzt, nach der Erfahrung mit Die Geträumten, *eine reale Option für dich?*

RB: Ich überlege mir das jetzt manchmal. Aber selbst ein Drehbuch zu schreiben und es dann zu verfilmen interessiert mich derzeit nicht. Bei den *Geträumten* war der Text ja von anderen geschrieben. Das hat mich gereizt. Außerdem war die Zusammenarbeit sehr schön, mit Ina Hartwig. Wir haben so im Pingpong sicher 25 Fassungen zusammengesetzt.

Welchen Stellenwert hat für dich die rein handwerkliche Ebene, wie sie in Seminaren und Dramaturgieratgebern vermittelt wird?

RB: So etwas hab ich nie gelesen. Ich war nur einmal auf einem Seminar in Emmersdorf, da hat uns Syd Field erklärt, dass man unbedingt einen aktiven Helden braucht. Daraufhin hab ich, schon aus Protest, über die Beziehung zwischen Olga Waissnix und Arthur Schnitzler geschrieben – wo die Olga in der Geschichte völlig passiv ist. Michael Haneke war auch bei diesem Seminar, der hatte da noch keinen Kinofilm gemacht. Es war ganz lustig dort, hat aber überhaupt keine Auswirkungen auf mich gehabt. Es war mehr wie ein Ferienausflug. Plot Point eins, zwei und drei.

Gab es mitten in einer Filmarbeit schon einmal den Moment, wo du das Gefühl hattest: Eigentlich sollte ich etwas anderes machen?

RB: Bei jedem. Es gibt immer so eine Phase, wo ich zweifle, dass das jemals etwas werden wird. Früher war das extrem. Bei *Die papierene Brücke* habe ich drei Jahre gebraucht, um diese Zweifel zu überwinden. Ich bin schon eine Selbstgeißlerin. Ich weiß inzwischen, dass der Zweifel notwendig ist, aber früher hatte ich noch nicht die Erfahrung. Noch beim *Flüchtigen Zug* war da dieses Gefühl – es wird einfach kein Film werden, ich werde das Geld zurückgeben …

Hast du bei deinem aktuellen Projekt auch Selbstzweifel?

RB: Waldheim? Das ist ein Masochismusprojekt! Allein die 150 Stunden Archivmaterial anzuschauen, die wir jetzt schon haben – so etwas hatte ich noch nie. Wobei es mir ja nicht darum geht, den Österreichern zu vermitteln, was vor dreißig Jahren passiert ist …

Sondern was 2016 der Fall ist, mithilfe des Materials von 1986?

RB: Genau, und das ist wahnsinnig schwer. Jedenfalls holt mich die Gegenwart schon wieder ein. Im Moment habe ich das Gefühl, dass diese Kompilationsebene – Waldheim-Affäre und das Zerplatzen der Opferlüge in Österreich – *ein* Strang ist, und dass vielleicht noch ein, zwei andere dazukommen. Kann auch sein, dass wir aus dem Material wirklich etwas für heute Relevantes herausbringen. Es ist schon etwas absurd, und auch langweilig. 1986 und 2000 und 2016, das ist nicht das Gleiche, und doch kommen die Dinge immer aus dem gleichen Sumpf hervor.

Wenn man an bestimmte Kipp-Punkte in Österreich denkt, die du teilweise wie ein Echolot aufgenommen hast – 1976 die Arena, zehn Jahre später Waldheim, aber auch die Erfahrungen mit der schwarz-blauen Regierung –, erinnert man sich an konkrete, zumindest teilweise produktive »Gegen-Energien«, sei es durch politische, intellektuell-künstlerische oder einfach Jugendbewegungen. Heute dagegen herrscht zumindest unter den etwas älteren Intellektuellen das deprimierende Grundgefühl, dass die Strukturen der Öffentlichkeit so verändert sind, dass man kaum mehr Werkzeuge gegen die Dummheit hat.

RB: Ja. Man denkt, man hat doch schon so viel hinter sich gebracht – und was hat's genutzt? Jetzt sind wir wieder dort! Nur viel schlimmer, weil bei Waldheim ging's ja um den Blick zurück, um endlich mit dieser Vergangenheit ins Reine zu kommen – jetzt geht's um die Zukunft. Neu und schrecklich daran ist, dass du das Irrationale überall siehst, von Donald Trump bis Boris Johnson. Es ist wirklich eine Situation, wie sie in der Literatur der Dreißigerjahre von Hans Fallada und anderen beschrieben worden ist. Meiner Meinung nach hat das auch damit zu tun, dass den Leuten fad ist. So wie Stefan Zweig über die Begeisterung angesichts des beginnenden Ersten Weltkriegs schreibt: Nach siebzig Jahren Frieden war jeder froh, dass sich irgendwas tut.

Es ist eine furchtbare Stimmung. Ich wollte das Waldheim-Projekt ja schon vor *Die Geträumten* machen und hab es dann aufgeschoben. Und jetzt hab ich wieder so eine Situation geerbt! Es hat damit begonnen, dass viele junge Menschen gesagt haben: Du musst das machen, das ist so spannend, die Achtzigerjahre. Ich hab das Gefühl, ich schreib jetzt meine Memoiren. Das hab ich gar nicht gern, aber ich bin dabei, mir neue Aspekte zu überlegen.

Vielleicht ist Norbert Hofer deine Rettung vor Waldheim!

RB: (*Lacht*) Ja, aber nicht, indem man das filmt. Daran glaub ich eigentlich nicht. Oder wenn, müssten das junge militante Filmemacher sein, die sich an die Fersen von (Johann) Gudenus und Konsorten heften. Und die vielen ganz normalen Menschen, die Hofer wählen – da hat jeder einen anderen Grund. Einer am Viktor-Adler-Markt hat gesagt: Der wird sich jetzt drum kümmern, dass meine Miete nicht höher wird. Jeder hat irgendeinen Privatgrund – willst du dir das im Kino anschauen? Nein, das hast du eh täglich, denn das Fernsehen heute ist nicht mehr das zensierende Fernsehen der Waldheim-Zeit, wo fast nichts vorkam von unseren Anti-Waldheim-Aktionen. Die Frage, was heute eine Gegenöffentlichkeit sein könnte, stellt sich im Film nicht mehr – die stellt sich nur im Internet. Unser Film *Auf amol a Streik*, der damals in vielen Gemeindeämtern und Kirchsälen gezeigt wurde, wäre heute wahrscheinlich nur im Netz.

Aber es könnte darum gehen, einen Film zu machen, der in ein paar Jahrzehnten noch darüber Auskunft gibt, wie eine österreichische Filmemacherin im Jahr 2016 sich, dreißig Jahre zurückzuschauend, ihrem aktuellen historischen Moment gegenüber würdig verhalten hat.

RB: Ich fürchte nur, wir wissen nicht wirklich, in welchem historischen Moment wir sind. Und wir reden von einem Kino, das es fast schon nicht mehr gibt. Das europäische Kino, der französische Arthouse-Film ist im Großen und Ganzen ja schrecklich.

Unsere Filme hatten auch früher kein Mainstream-Publikum, dennoch hat so etwas wie *Wien retour* oder der Arena-Film eine Öffentlichkeit gehabt. Das war Talk of the Town. Diese erweiterte Form der medialen Öffentlichkeit hast du jetzt nicht mehr. Ich hab früher öfter einen »Kommentar der anderen« geschrieben – es hat überhaupt keinen Sinn mehr, dort zu schreiben. Die Leute, die den *Standard* lesen, wissen's eh schon. Drüber diskutiert wird auch nicht. Dieter Haspel sagt in *homemad(e)*: Das Jahr 2000 ändert alles. Er hat das über die schwarz-blaue Regierung hinaus gesehen – die Arbeitswelt, die Öffentlichkeit, alles verändert sich.

Reizt es dich nicht, diese Transformationen, was Öffentlichkeit und politisches Bewusstsein betrifft, filmisch zu thematisieren und irgendwie zu erhaschen?

RB: Darauf kann ich dir keine Antwort geben. Ich bin zu ratlos, was das Heutige betrifft. Das geht jetzt Schlag auf Schlag, die letzten zwei Monate – Erdoğan, Amok, Nizza –, das kann man ja überhaupt nicht mehr packen. Da ad hoc ein Bild zu machen, ist unmöglich. Was nicht heißt, dass man aufhören muss, Filme zu machen. Im Gegenteil, das trägt ja auch zur Psychohygiene bei. Zum Glück gibt's ein Projekt, egal, ob Waldheim oder sonst eines.

Es gibt eine schöne Szene in Those Who Go, *wo Elfriede Gerstl auftaucht und sagt, es ist ganz wichtig zu reduzieren, dass sie von ihren 2000 Sachen immer nur dieselben zwanzig an hat. Und dann zur*

Verabschiedung, bevor sie den Kaffee runterleert, sagt sie: »Ich bin schon wieder weg.« Ist das eine Essenz des dokumentarischen Filmemachens für dich, das Schon-wieder-Weg noch festzuhalten?

RB: Das stimmt schon. Es ist auch schmerzhaft, wenn man später die Menschen in den Filmen sieht und gar nimmer weiß, ob sie noch leben oder nicht. Wenn ich mir meine Filme anschaue, dann sehe ich lauter Tote – von meinem Vater bis zum Herrn Doft und der Gerstl. Das ist seltsam. Schön und schmerzlich. Film hält ja das Leben so fest, im Unterschied zum Foto. Das ist ein Erinnerungsmedium. Im Film ist der Mensch jung und schön und lebendig – und gleich ist er nicht mehr da.

Irgendwie gefällt mir das auch, dieser kurze intensive Kontakt bei Interviewsituationen – das ist wie ein One-Night-Stand, und dann ist man weg. Es muss nicht immer eine lange Beziehung draus werden. Manchmal ist es schade, meistens aber ganz gut, wenn man weg ist. Redneck-Sheriffs zum Beispiel braucht man ja nicht im Leben. Das sind ganz spezielle Beziehungen, die nichts mit dem normalen Leben zu tun haben – die Elfriede hat das professionalisiert, mit ihrem Rumhüpfen von Kaffeehaus zu Kaffeehaus.

Heiner Müller sagte sinngemäß: Es ist ein Irrtum, dass die Toten tot sind. Das Kino, speziell der Dokumentarfilm, ist vielleicht das Instrument, mit dem man an diese alternative Lesart glauben kann.

RB: Ja, wobei das auch für Spielfilme gilt. Marlene Dietrich ist für mich auch nicht tot, wenn ich sie seh. Man weiß ja, dass jeder Spielfilm auch ein Dokumentarfilm ist.

Du hast den Modus des Langzeitdokumentari-schen nie ausprobiert. Kannst du als Zuschauerin diesen Filmen von Junge und Koepp bis Geyrhalter etwas abgewinnen?

RB: *Über die Jahre* von Nikolaus Geyrhalter finde ich toll. Ich bin aber so ein ungeduldiger Mensch. Ich versuch ja immer etwas anderes zu machen, und irgendwann denkst du: Straßen hab ich schon gemacht, das hab ich schon und das – was wäre eine Form, die ich noch nicht gemacht hab?

Welche Projekte hättest du gerne gemacht, dann aber doch nicht realisiert?

RB: 1994 wollte ich einen Film machen über das weibliche Flanieren, *Die Flaneurin*. Ich hatte relativ viel recherchiert, hatte Interviews mit Richard Sennett und anderen gemacht. Und dann war ich bei einem Hearing beim Filmbeirat und wurde gefragt: Na, würdest du auch im Gemeindebau drehen? Das Projekt war ihnen zu bourgeois … In den frühen 1990ern war ein großes Loch. Ich bin wegen eines großen Ausstellungsprojekts von Frankreich wieder nach Wien gezogen, und dann ist beides nichts geworden. Das hat zu meiner Depression beigetragen.

Fällt dir außer der Flaneurin *noch ein Filmprojekt ein, das sich in Luft aufgelöst hat?*

RB: Ungefähr zu dieser Zeit habe ich, wahrscheinlich aus Geldmangel, ein langes Drehbuch namens *Sommerfrische* geschrieben, über das Frühlingserwachen zwischen zwei Mädchen in den Ferien nach Abschluss der Volksschule. Und später, schon in den 2000er-Jahren, hab ich länger für das Projekt *Terra sancta* recherchiert. Ich wollte einen Film in Israel über die verschiedenen religiösen Sekten dort machen, über das Heilige Land des Monotheismus, aber nicht nur über Juden, sondern auch Christen, Muslime – was es dort alles an heiligen Stätten gibt und so weiter. Ich hab ein ausführliches Exposé dazu geschrieben, aber dann nicht wirklich den Biss oder die Form gefunden.

Kannst du deine Erfahrungen mit der Filmförderung, der Finanzierung im Allgemeinen, rückblickend einordnen? War es im Großen und Ganzen akzeptabel, wie man dir begegnet ist, oder war das ein ewiger Überzeugungsarbeitskampf?

RB: Zu Beginn gab's noch gar keine organisierte Filmförderung. Als wir *Arena besetzt* gemacht haben, war da ein Sektionschef im Ministerium, sonst nix. Wir haben erreicht, dass er uns 30.000 Schilling gegeben hat, und waren glücklich. Aichholzer und ich waren bei ihm, anschließend sind wir in eine Konditorei gegangen und haben Torten gegessen. Wir haben damals gar nicht erwartet, Geld zu bekommen – weil wir ja eine Gegenöffentlichkeit herstellen wollten. Als wir den Filmladen gegründet haben, soll in der Arbeiterkammer ein Flugblatt von uns kursiert sein mit dem Vermerk: »Achtung, ganz links!« Das hat uns aber nur bestärkt in der Wichtigkeit unserer Aufgabe. Bei den kürzeren Filmen haben wir nicht einmal angesucht, sondern uns das Material geschnorrt und uns eine Kamera ausgeborgt – kein Mensch hat irgendetwas verdient.

In den Achtzigerjahren und später wurden die Ansuchen dann oft beim ersten Mal abgelehnt, und man hat es einfach wieder versucht. Das Mühsame daran ist, dass so viel Zeit vergeht. Man kann nicht wirklich weiterarbeiten,

weil das ja wieder Geld kosten würde. Außerdem musst du auch von etwas leben. Mit dem Österreichischen Filminstitut ist es natürlich viel besser geworden. Ich hab mich damit aber nicht sehr beschäftigt. Wenn ein Projekt abgelehnt wurde, hab ich es entweder fallenlassen, weil mir die Recherche eh schon genügt hat, oder ich hab's mit Zähnen und Klauen verteidigt und bin zum Hearing aufmarschiert. Das kann ich, glaub ich, ganz gut. Meistens war es möglich, die Leute zu überzeugen. Ab einem gewissen Zeitpunkt waren sie nicht mehr feindlich gesinnt.

Waren sie das vorher?

RB: Na ja, wenn du Sachen gesagt bekommst wie: »Das könn' ma im Fernsehen billiger machen«, mit so einem Ton, und du stehst dort allein vor dieser Jury – manchmal herrschte eine gehässige Stimmung, das war schon unangenehm. Es kommt auf die Leute an, die grad in so einer Jury sitzen.

Those Who Go hab ich übrigens gleich nur beim Filmbeirat, im Ministerium, eingereicht, weil ich einen budgetär kleineren Film machen wollte. Zum Glück hat nie jemand das Exposé mit dem fertigen Film verglichen.

Welchen Stellenwert hat für dich ein Exposé?

RB: Ich seh das nicht als Filmstory, sondern als Layout eines Wegs – es ist ein Text, der die Atmosphäre beschreibt und Fantasien auslösen soll bei den Leuten, die ihn lesen. Bei *Jenseits des Krieges* gab es nichts Geschriebenes vorher, aber das ist die Ausnahme. Wenn ich ein Buch schreibe, mach ich mir ja auch ein Konzept und Inhaltsverzeichnis. Und trotzdem ist da noch alles offen. Bei *Zorros Bar Mizwa* war der Ausgangspunkt mein Interesse an der bucharischen und georgischen jüdischen Gemeinde in Wien – über die wollte ich einen Film machen. Dann erst bin ich zur Bar Mizwa gekommen. Manchmal geht man von einem zu großen Thema aus, das eigentlich noch kein Film ist. Und dass die Fördergremien dafür Verständnis haben, finde ich sehr großzügig. Sie sind nicht kleinlich.

Vielleicht sollten wir an die Bar Mizwa gleich ein paar Glaubensfragen anknüpfen. In Nach Jerusalem *gibt es diesen Lautsprecherwagen, der an die Tankstelle kommt und auffordert, ab 17.28 Uhr bitte nicht mehr zu filmen …*

RB: Das war ein Glücksmoment. Wir haben an dieser Tankstelle am Weg nach Jerusalem fünf Stunden verbracht und es ist nichts passiert. Der israelische Tonmann wurde schon ungeduldig: Können wir jetzt endlich gehen, es ist schon bald Schabbat, ich will zu meiner Familie. Ich hab gesagt, warten wir noch, drehen wir jetzt diesen Tankwart – und in diese Einstellung fahren die Frommen mit ihrem »Schabbatmobil« hinein und rufen in ihr Megafon, dass wir jetzt nicht mehr drehen sollen, weil in fünf Minuten der Schabbat beginnt! Das ist natürlich wunderbar, wenn etwas mitten in die Einstellung hinein passiert, wodurch sie erst zu dem wird, was sie dann ist. Manchmal muss man halt lang warten.

Also bist du schon so weit vom Glauben abgefallen, dass du weiterdrehst und diese Ruhezeiten nicht einhältst!

RB: Die wurden in meiner Familie nie eingehalten. Die großen Feiertage und Pessach, wo man die Mazzes isst, das haben meine Eltern eingehalten, aber das war's. Und am Schabbat hat meine Mutter die Kerzen angezündet und wir haben am Abend meistens warm gegessen. Oft waren noch andere Leute da.

War das auch im Umfeld deiner Eltern und deiner Schulkolleginnen so?

RB: Jüdische Schulkolleginnen gab's keine, außer in der Volksschule in der Börsegasse, da waren noch zwei Jüdinnen. Aber ja, diese Stadttempeljuden – heute sind sie alle viel religiöser. Auch die, die man damals schon die Frommen genannt hat, waren viel weniger fromm als die heutigen.

Woran liegt das?

RB: Es gibt ein allgemeines Zurückkehren zu gewissen Werten, so wie es bei den Christen mehr Leute gibt, die jetzt heiraten. Die, die nicht nach Israel gegangen sind, haben vielleicht ein Bedürfnis, ihr Judentum mehr zu leben. Bei unseren Kinderjausen gab es nie etwas Koscheres, aber es gab damals ja auch keine jüdischen Schulen und Kindergärten in Wien. Wenn du heute eine Kinderjause machst, kannst du keinen Schinken auflegen oder eine Salami!

Du sprichst nicht viel davon, falls es so gewesen ist, aber hast du manifeste Antisemitismuserfahrungen als Kind und Jugendliche gemacht?

RB: Extrem. Das kommt auch in *Die papierene Brücke* vor. In der Volksschule sagte eine, sie darf nicht zu mir kommen, weil sie nicht zu Juden in die Wohnung gehen darf. Arg war es aber erst in der Mittelschule, in der Rahlgasse, eine Mädchenschule damals. Am ersten Schultag haben mir meine Eltern – ich hab so einen Lockenkopf gehabt – ein schönes Kleidchen mit

151

weißem Kragerl angezogen, und jede durfte sich hinsetzen, wo sie wollte. Niemand in der Klasse wollte sich mit mir hinsetzen oder auch nur mit mir reden, das war schon schrecklich. Dann hab ich mich gerettet, im wahrsten Sinne des Wortes, weil ich schön vorlesen konnte. Ich hab damals *Sadako will leben* gelesen, über dieses Mädchen in Hiroshima, das Kraniche faltet. Und weil sich der Klassenvorstand darüber aufgeregt hat, dass immer so ein Lärm war zwischen Läuten und dem Erscheinen der Professoren, bin ich auf die Idee gekommen, zu fragen, ob ich da vorlesen darf. Dann hab ich aus diesem Buch vorgelesen, das hat in der Klasse ziemlich Eindruck gemacht. Ein paar Jahre später hat sich diese existenzialistische Mädchengruppe herausgebildet, Juliette Gréco war unser Star, und Simone de Beauvoir war überhaupt mein Vorbild. Wir sind alle mit hellrosa Labisan auf den Lippen herumgerannt und mit schwarzen Pullovern. Und meine Eltern haben sich wahnsinnig darüber aufgeregt, dass ich schwarze Strümpfe anziehen wollte.

Gab es sonst keine jüdischen Mädchen in der Schule?

RB: Nicht in meiner Klasse. Außerdem hat man solche Sachen den Eltern gar nicht erzählt. Die waren genug damit beschäftigt, ihr Leben hier aufzubauen. Ich war in der Ersten Mittelschule auch irrsinnig schlecht, hab ein paar Vierer gehabt, weil ich so unglücklich war. Der Wechsel von der Volksschule war schrecklich für mich. Dort hatten wir eine sehr nette Lehrerin gehabt. Es wurde täglich das Morgengebet abgehalten, ich bin halt dagestanden und hab auf das Kreuz geschaut – das war schon absurd, hat

mich aber nicht gestört. Zudem war das ein spannendes Milieu, viele Wohnungen standen leer, rund um den Salzgries haben ganz arme Leute gewohnt. Wenn einer zwei Tage nicht zum Unterricht erschienen ist, hat die Lehrerin meine Freundin und mich zu denen nach Hause geschickt: »Geht's einmal hin und schaut's, was los ist.« Da bin ich in Souterrain-Wohnungen gekommen, wo der Vater im Unterleiberl mit seinem Bier gesessen ist; ich hab ganz verschiedene Milieus gesehen. Das war toll.

Und vom Religionsunterricht warst du abgemeldet?

RB: Mit vierzehn hab ich mich abgemeldet. Das war das Erste, was man selber tun durfte.

Das führt über Umwege vielleicht zu deinem Amerikafilm. Fragst du dich manchmal nach Heimat? Oder ist das ganz durchgearbeitet, hast du diesbezüglich keine Bedürfnisse mehr, hier in Österreich oder anderswo?

RB: Ich hab mich lange Zeit an diesem Österreich abgearbeitet. An diesem Hier-Jüdisch-Sein, an diesem Gegensatz, dieser Ablehnung. Aber auch an Israel natürlich, am Zionismus, am Dort-Leben oder Nicht-dort-Leben. Das erste Mal bin ich gleich nach der Matura weggegangen, nach Israel, dann nach Zürich. Damals war es unglaublich leicht, Arbeit zu finden. Ich wollte weg und hab zwei Briefe geschrieben, einen an die *Süddeutsche* und einen an die *Weltwoche*. Die *Weltwoche* hat mich zu einem Gespräch eingeladen, schon war ich dort und hab Reportagen über verschiedene Themen gemacht. Allerdings fand ich diesen Kamelhaarmanteljournalismus dort unerträglich

– ich war die einzige Frau und noch dazu die Jüngste, 21 oder 22 – und bin dann, obwohl ich wirklich gut verdient hab, nach einem Jahr wieder weggegangen, um mich ein bisschen dem Hippiedasein hinzugeben (*lacht*).

Es war also weder Israel noch Zürich eine Heimat – und Wien?

RB: Ich bin immer wieder nach Wien, wie ein Jo-Jo. Von *Wien retour* bis zum Buch *Unzugehörig*, also den größten Teil der Achtzigerjahre, hab ich mich mit diesen Themen beschäftigt. Aber Wien hat sich nach der Waldheim-Affäre sehr verändert, und mit der Zeit lernt man natürlich einen Kreis kennen, in dem man sich doch wohlfühlen kann. Heute ist es mir nicht mehr so wichtig, wo ich lebe. Heute finde ich Wien sehr angenehm. Es stimmt schon, wie mein Sohn sagt: Du musst von da weg – sonst verblödet man, Wien ist einfach so bequem. Aber das Weggehen ist bei unserem Beruf zum Glück möglich. Ich glaube, man hat schon eine innere Landkarte von Orten, die einem wichtig sind: Meine sind Wien, Reichenau, die Semmering-Gegend, und dann Italien, Israel, Paris und in gewisser Weise New York – wobei das für mich heute kein Ort mehr ist, wo ich gerne leben würde.

Hättest du Amercian Passages *auch gemacht, wenn Obama nicht gewählt worden wäre im Herbst 2008?*

RB: Ja, denn eigentlich ging es um die Finanzkrise – die Kombination von diesem Crash und der Möglichkeit, dass Obama gewählt wird. Was mich an Amerika wirklich interessiert hat, immer schon, war weniger die Kultur, sondern dieses utopische Konzept, die Constitution, die-

ser Gründungsmythos. In Europa ist das ein negativer – Krieg, Holocaust. Dort ist es ein Freiheitsgedanke. Im Herbst 2008 hab ich mir gedacht: Wenn ich einen Amerikafilm machen will, muss es jetzt sein. Die Momente, in denen etwas aufbricht, sind immer die spannendsten. Ich hab einfach angefangen – und hab zu Johannes Hammel gesagt: Nimm deine Kamera, wir fahren auf jeden Fall hin, in dieser Woche der Wahl. Und darüber bin ich wirklich froh, denn das war ein unglaublicher Moment, in Harlem zu stehen und das mitzuerleben. Erst danach hab ich mit der Finanzierung angefangen und ein Jahr gebraucht, mir zu überlegen, wie ich den Film mache.

Wie lang hat es dann bis zum Hauptdreh gedauert?

RB: Es gab drei weitere Drehblöcke. Der Hauptdreh waren drei Wochen mit dem Kameramann Antoine Parouty, 2009 und Anfang 2010. Dann war ich mit Lisa Rinzler extra eine Woche in Las Vegas. Das hat mich fasziniert, weil sich die Gesellschaft dort quasi ohne Fleisch zeigt: alles ein Wahnsinn. Ich hätte den ganzen Film über Las Vegas machen können. Und dann hab ich noch eine längere Reise durch den Süden gemacht, eine Mischung aus Recherche und Selber-Drehen. Davon sind auch ein paar Szenen drin geblieben, zum Beispiel das Museum der Sklaverei in Atlanta oder die alte Frau in Tennessee, die erzählt, ihr Haus sei von Sklaven erbaut worden. Und in Oxford, Mississippi, hab ich diese Professorin gedreht, die über den American Dream spricht.

Am Anfang wollte ich mich auf die Finanzkrise konzentrieren. Als ich im November mit

Johannes dort war, haben wir dauernd in der Wall Street gedreht … aber das Perfide ist, dass du nur die Auswirkungen filmen kannst, wie diese Frau, die ausziehen muss, und natürlich die obdachlosen Typen in Las Vegas. Während der Recherche war ich auch in Detroit. Und auch das wäre ein eigener Film – diese Stadt, deren Zentrum aus Ruinen besteht, so etwas hab ich im Leben nicht gesehen. Gerade bei diesem Film hab ich, nach dem ersten Spontandreh, sehr lang überlegt: Wie kann man überhaupt Bilder in Amerika drehen? Wo doch alles schon gefilmt ist! Da kam ich auf die, aus heutiger Sicht absurde, Idee, dass ich immer das Haus von außen und dann nur zwei Einstellungen drinnen drehe: eine Totale des Raumes mit der Person und eine Großaufnahme. Ich hab gedacht, das ist ein geniales Konzept, um die Finanzkrise zu zeigen. Zwei Tage hab ich durchgehalten, dann war mir das so fad – und scheiß drauf!

Du folgst lieber der Abenteuerlust als dem Konzept?

RB: Solang's nur Konzept ist, glaube ich dran. Wenn die Realität zeigt, dass es nicht haltbar ist, geb ich es auf. Ich glaub' eigentlich mehr und mehr an die Intuition.

Die Frage, wie man Bilder von Amerika macht, ohne Dinge nur zu verdoppeln – ist das auch die Frage nach der Legitimität dieses europäischen Blicks auf die USA, der ja eine gewisse Kinotradition hat?

RB: Mein eigentliches Interesse war ja ein absolut europäisches: Wir bauen uns jetzt ein Europa – und es gibt die United States of America. Ich wollte mir anschauen, wie das bei denen

geht. Nicht nur haben sie einen schwarzen Präsidenten gewählt, sondern trotz aller Verrücktheiten und Widersprüche haben sie sich ein zivilisiertes Zusammenleben geschaffen.

Haben manche Amerikaner den Film nicht als zu negativ empfunden? – Es gibt darin ja eher wenig Success Stories!

RB: Sicher, man sieht viele Arme, eben kein Disneyland-Amerika. Mich hat aber nicht das Negative interessiert, sondern wo dieses Utopische durchscheint! Das hat mich auch früher an Israel interessiert und an Franz West: Was schaffen Menschen gesellschaftlich Neues? Wo gelingt's und wo nicht? Es gibt ja dieses Vorurteil, die Amerikaner seien blöd – so wie es unter meinen linken Freunden auch einen unglaublichen Anti-Amerikanismus gibt, der grässlich ist und für mich nah am Antisemitismus. Aber so viele klare Analysen der gesellschaftlichen und ihrer eigenen Situation, wie ich sie in allen Milieus in Amerika gehört habe, das kannst du hier lange suchen.

Das hat vielleicht damit zu tun, dass es noch ein jüngeres Gemeinwesen ist, das sich immer wieder definieren muss. Dieses »Go West!« hat ja noch immer eine Bedeutung, auch wenn es natürlich auf Genozid und Rassismus basiert. Dazu kommt die Größe. Du gehst, wenn du bankrott bist, woanders hin, in einen anderen Staat, und deine Schulden verfolgen dich nicht. Deswegen ist es auch nicht schlimm, wenn du scheiterst. Wenn du in Konkurs gehst oder dein Projekt nichts wird, machst du halt ein neues.

Aus dem Amerika-Material wurde später noch ein Kurzfilm ausgekoppelt, aber insgesamt hast du nur wenige solcher Miniaturen veröffentlicht. Denkst du über das kurze Format manchmal nach?

RB: Im Fernsehen wollte ich immer wieder solch ganz kurze Sachen machen. Agnès Varda hat einmal im französischen Fernsehen etwas über Fotos gemacht – immer nur ein, zwei Minuten. Und ich wollte etwas machen mit einer Filmszene, einer einzigen Einstellung, und etwas dazu erzählen oder auch nur Musik dazu. Ich hab dafür leider nie einen Auftrag bekommen.

Dachtest du dabei an bestehende Filme oder eigens gedrehte?

RB: Beides. Entweder neu gedreht oder eben von anderen, bisher ungenutztes Material – aber immer nur eine Einstellung. Das wäre so ein Slot von drei Minuten gewesen, als Serie. Ich hab das später in Installationen wie *europa-Memoria* gemacht. Das waren kurze Videos, in denen Menschen eine Geschichte erzählen; Menschen, die irgendwo in Europa leben, aber nicht an dem Ort, wo sie geboren wurden. Eine Einstellung, eine Großaufnahme, immer gleich kadriert.

Das war in gewisser Weise auch schon die Vorarbeit für den Amerikafilm – die Auseinandersetzung mit diesem Europa, das da entsteht, und diese Vielfalt von Menschen. In Amerika ist es selbstverständlich, dass dort Leute aus allen Gegenden der Welt leben – hier muss man sich das so mühsam erarbeiten.

In Amerika redet auch niemand von Integration: Du bist, wer du bist, und ansonsten bist du Amerikaner – man muss sich keine Integrationskurse ausdenken!

RB: Man muss, um Amerikaner zu werden, alles Mögliche wissen, aber es stimmt: Vielfalt ist Normalität. Ein Thema des Amerikafilms war ja der American Dream – was ist das? Man kann das nicht definieren, sondern wie Baudrillard schreibt: Amerika – wenn du das Wort aussprichst, ist der Traum schon da.

Deine Installationen sind kein Versuch, im Kunstbetrieb Fuß zu fassen, sondern haben eher den Charakter von Interventionen – verstehen wir das richtig?

RB: Nicht ganz. Ich liebe Installationen, ich liebe es, im Raum zu arbeiten, und würde sehr gern mehr in dieser Richtung machen. Ich hab bis jetzt nur drei Installationen gemacht, die hatten immer viel mit den konkreten Orten zu tun. Bei *The Missing Image* und dem Albertinaplatz – ganz klar. Bei *europaMemoria* hat mich Wolfgang Lorenz gefragt, ob ich etwas machen würde für den Dom im Berg, im Kulturhauptstadtjahr Graz 2003. Und *Leben!* war eine Ausstellung im Jüdischen Museum, die sehr installativ war – ausgehend von einem Korpus von 150.000 Fotos, die Margit Dobronyi über das jüdische Leben in Wien gemacht hat. Ich habe daraus rund 1.200 Fotos ausgewählt und in einem Stockwerk des Museums installiert. Die Fotos waren auf dünnen Metallstängeln befestigt, die sich bewegt haben. Sie waren wie Blumenbeete angelegt. In dem Raum gab's auch noch eine Sitzecke mit dickeren Stängeln, darauf waren Monitore, wo Leute, die ich gefilmt hatte, etwas erzählt haben. Es war also eine Mischung aus Ausstellung und Installation. Ich sehe mich aber sicher nicht als bildende Künstlerin.

Ist das nur eine Zeitfrage, dass du neben der Film-arbeit nicht öfter solche Projekte entwickelst?

RB: Ich komm da schwer rein. *europaMemoria* war eine sehr aufwendige Ausstellung, die später auch noch im Museum moderner Kunst in Wien gezeigt wurde, und in Paris. Dann habe ich sie fünf Jahre gelagert und wollte sie der Stadt Wien verkaufen. Niemand hat sie gekauft, und jetzt mit *Missing Image* ist es auch so. Ich müsste mich dahinterklemmen … Bei dem Aufwand, das Geld zusammenzukratzen, muss mich ein Projekt aber schon sehr reizen.

Die Installation am Albertinaplatz, mitten im Alltag, war sehr aufregend. Vor allem war ich erstaunt, dass es wirklich gelingt. Ich hab schon meine Zweifel bekommen, ob wir das wirklich dürfen, ob da nicht ein Nein kommt im letzten Moment. Ich glaube, zehn Jahre früher wäre das nicht so einfach gewesen. Das hat mich bestärkt, dass sich doch etwas verändert hat, zu-mindest in dieser Frage. Nach zehn Monaten mussten wir *The Missing Image* trotz großen Zuspruchs im In- und Ausland abbauen. Die Kulturpolitik hierzulande ist schlicht feig und verschlafen.

Welche Idee des »Produzierens« würdest du für dich in Anspruch nehmen? Suchst du eine separate Instanz neben oder hinter dir, die die klassischen Aufgaben eines Filmproduzenten übernimmt? Anders gefragt: Weshalb hast du eine Produktionsfirma gegründet?

RB: Das ist eine schmerzvolle Sache. Ich bin dazu gezwungen gewesen. Die gemeinsame Arbeit mit Josef Aichholzer war ja ein gemeinsames Produzieren, das war kein getrennter Bereich. Der Wechsel zum Selber-Produzieren war während *homemad(e)*, als ich dieses Projekt übernommen hab, weil es Streit gab zwischen Aichholzer und mir – und da war ich eben plötzlich Produzentin. Zum Glück war es so, dass ich danach auch von der Förderung sehr schnell als Produzentin akzeptiert wurde. Wenn ich einen historischen Spielfilm für drei oder vier Millionen gedreht hätte, wär's vielleicht anders gewesen.

Ich hab immer wieder versucht, einen Produzenten zu finden, der in seiner oder ihrer Arbeit wirklich kreativ ist und nicht nur die üblichen Stellen abklappert. Das ist eine weiter gehende Vorstellung vom Produzieren, als ich es bei den meisten österreichischen Produzenten erlebt habe. Vielleicht hab ich den richtigen einfach nicht kennengelernt, aber zu oft hab ich nach einer Besprechung festgestellt: Das kann ich auch. Es müsste mehr als eine verwaltende Funktion sein. Ein gewisses Gegenüber ist natürlich die Produktionsleitung. Bei *Die Geträumten* war das Hanne Lassl, also jemand, der sich wirklich um den ganzen Ablauf, das Verwalten des Budgets und den Zeitplan und all das kümmert. Das finde ich sehr wichtig. Aber ein Produzent ist interessant, wenn er ein Projekt kreativ – mit einem anderen Blick als meinem – betrachtet und begleitet.

Es ist also nicht sonderlich befriedigend, dass es so gekommen ist und du auch im materiellen Sinn die Eigentümerin deiner Filme bist?

RB: Das ist schon gut, aber wenn's ein guter Produzent wäre, wär's mir auch recht. Ich hab ja keine großen Einnahmen. Und ich möchte eigentlich, je älter ich werde, das nicht mehr alles machen. Ich wollte einige Male mit Serge Lalou von Les Films d'Ici arbeiten, wir haben das auch versucht und bei *American Passages* hat er für mich in Frankreich eingereicht … Ein Produzent ist der Einzige, der auf Augenhöhe mit der

Regie ist. Und mit Lalou über ein Projekt zu reden ist ein Gewinn.

Ich produziere nur meine eigenen Filme, weil es mich nicht interessiert, einen Riesenbetrieb zu erhalten. Ich hab ein Miminum an ständigen Ausgaben für mein winziges Büro und die eine Person, die halbtags für mich arbeitet, weil ich das meiste Geld in die Projekte stecken will. Und die Leute, die mit mir arbeiten, sollen auch gut essen beim Dreh.

Ein ganz anderes Thema: In der Diskussion zum dokumentarischen Film bzw. zu Online-Bewegtbildern kommt immer wieder, in unterschiedlicher Weise, das Ziel des »überrumpelten Lebens« ins Spiel, wie es Vertov formuliert hat. Denkst du manchmal daran, Filmbilder von Menschen zu machen, die nicht wissen, dass sie aufgenommen werden?

RB: Nein. Mich hat immer die Interaktion mit der Kamera interessiert. Ich glaube nicht, dass es eine Wahrheit gibt, die man aus dem Versteck heraus enthüllen kann – sondern das ist eben der Moment, in dem Menschen mit mir und der Kamera interagieren. Die verschiedenen Wahrheiten kommen dann schon, indem etwas Unvorhergesehenes passiert. So wie in *Jenseits des Krieges*, wo wir mit dem einen reden und der Nächste kommt herein – und es entsteht etwas.

Ganz stark ist das in homemad(e)*; in dem Film gibt es etliche Situation, wo die Leute vor der Kamera miteinander ins Gespräch kommen.*

RB: Ja, klar, dass Kurti Kalb diesen Witz erzählt – vielleicht hat er ihn für die Kamera erzählt, aber er hätte ihn auch so erzählen können. Das war gar nicht leicht, einen Film vor der eigenen

Haustür zu machen, weil der Adrenalinschub des Drehens in gewisser Weise weggefallen ist. Ich bin oft runtergegangen, hab selber da und dort etwas gedreht, das war nicht so aufregend wie einen Dreh zu organisieren – diese schlaflose Nacht vor dem ersten Drehtag …

Die gibt's?

RB: Ja, absolut. Das ist jedes Mal unglaublich aufregend. Weil du ja erst, wenn du mit dem Team arbeitest, weißt, ob's miteinander funktioniert. Grad jetzt bei *Die Geträumten* war das unglaublich aufregend, auch noch Schauspieler zu haben. Das war nicht nur *eine* schlaflose Nacht.

Ich hab mit vielen Leuten darüber geredet, wie das ist, mit Schauspielern. Ich hab zum Beispiel bei einer Hörspielproduktion zuhören dürfen. Da bin ich drei Tage im Regieraum gesessen und hab beobachtet, wie die Regisseurin mit den Schauspielern agiert. Was sie ihnen sagt. Welche Möglichkeiten gibt es, wenn einem etwas nicht gefällt, das auch zu formulieren. Ich hab immer Angst vor Schauspielern gehabt und geglaubt, dass das alles unglaublich eitle Menschen sind.

Hast du je Zeit auf Spielfilmsets oder Theaterproben verbracht?

RB: Ich war nur Requisitenassistentin bei einem Film über die Schmetterlinge. Das war ein Fernsehfilm über einen Teil der *Proletenpassion*, die Kommune. Ich wollte immer wieder einmal beim Spielfilm zuschauen, aber das ist schwierig – das will ja niemand. Ich würde es auch nicht wollen.

Die Vorbereitung war also sehr wichtig bei diesem letzten Film. Ich war froh, dass ich mit

Johannes (Hammel) einen Kameramann hatte, der vom Licht bis zur Auflösung so fein gearbeitet hat; ich konnte mich wirklich auf die Schauspieler konzentrieren. Auch alles andere – von der Maske über die Produktionsleitung bis zum Runner – war gut abgedeckt. Da hat mir Hanne Lassl wirklich geholfen. Ich hab gedacht: Catering brauchen wir doch nicht, die Brötchen hol ich in der Früh g'schwind selber – und sie hat gesagt: »Nein, darum willst du dich nicht kümmern. Da nehmen wir jemanden dafür!«

Und wie beurteilst du dich selber nach dieser Erfahrung, was die Arbeit mit Schauspielern betrifft?

RB: Ich glaube, ich hab beim Dokumentarfilm viel gelernt, das ich hier anwenden konnte. Es ist schon sehr wichtig, mit wem du arbeitest: dass Anja (Plaschg) und Laurence (Rupp) zwei Personen waren, die sich vollständig auf das Projekt eingelassen haben. Ich hab ihnen gesagt, dass sehr viel offenbleiben wird, dass wir dazwischen einfach reden werden – und dass ich das auch filmen werde. Ich hab ihnen gerade diesen dokumentarischen Ansatz sehr klar gemacht. Und das war eine Supererfahrung. Vorher hab ich gedacht, ich werde ihnen *so viel* sagen müssen, bis ich bemerkt habe: Nein, ich muss ihnen die Möglichkeit geben, ihr Eigenes zu bringen – die müssen die Texte einmal für sich erarbeiten!

Und damit auch die Personen. Ist es zu Situationen gekommen, in denen du sie abhalten musstest, Bachmann und Celan zu evozieren – oder im Gegenteil, dass sie sich zu sehr als Sprechmaschinen empfunden hätten?

RB: Ich wollte auf keinen Fall, dass sie in die Personen hineinschlüpfen. Und dennoch passiert es, und genau das ist perfekt. Durch den Text passiert das. Ich hab immer gesagt: Cool, cool, cool – ihr seid Sprecher. Und dann ist es natürlich schön, wenn es doch passiert. Das ist genauso, wie wenn plötzlich der Lautsprecherwagen ins Bild fährt. Du musst dir eine Regel geben, damit sie durchbrochen werden kann. Das Konzept war: Ihr seid Sprecher im Tonstudio, heute. Und dann kippen sie natürlich rein – und wieder raus. Deshalb wollte ich unbedingt die Pausen drehen, weil ich dieses »Raus« wollte.

Hast du diesen Ort eher als Filmset gesehen oder als ein reales, alltägliches Tonstudio, das in diesem Funkhaus eben existiert, eine Dokumentarfilm-Location wie alle anderen in deinen dokumentarischen Filmen?

RB: Ganz stark als Set. Ich hatte keinen Production Designer, weil ich selber gern einen Ort gestalte. Ich hab mir mehrere Tonstudios angeschaut – zuerst dachte ich an Radio Bremen, weil Bachmann dort auch gearbeitet hat –, bis ich dieses gefunden hatte. Das Problem an diesem Ort war, dass er bis zu einer gewissen Höhe holzgetäfelt ist und darüber sind Wandbilder. Wir wollten, dass die Wandbilder stärker präsent sind, und hatten zunächst die Idee, in den ganzen Raum ein Podium reinzubauen, um alles zu erhöhen. Irgendwann haben Johannes und ich gesagt: Nein, das ist so künstlich, es verändert den ganzen Raum, also haben wir das wieder weggelassen. Dann bin ich überall im Haus hineingegangen und hab geschaut, was da so herumsteht. Und irgendwo stand diese absurde Lippe von einer Couch. Es wär

mir pathetisch vorgekommen, die in einem Requisitenstudio zu holen und dort hinzustellen – aber da sie schon im Haus stand, war's gut.

Und die Garderobe?

RB: Ich hab zuerst an drei verschiedene Kostüme gedacht, denn auch das Drehbuch war in drei große Teile unterteilt. Aber eigentlich ist es überhaupt nicht wichtig, die Aufmerksamkeit darauf zu lenken. Oft hat man so Vorstellungen, und wenn man die hinterfragt, merkt man, dass sie nur eine oberflächliche, formale Bedeutung haben, die sich eher negativ auswirken kann. Als mir dann klar war, es wird ein einziges Kostüm, war ich bei Anja und wir haben uns ihre Garderobe angeschaut; dann hab ich diese Söckchen gesehen. Und für ihn hab ich halt zwei Hemden gekauft, falls eins dreckig wird. Die Jeans waren seine. Und dann hab ich noch eine Bluse nähen lassen, so wie ihre. Weil es kann ja dort etwas passieren, ein Fettfleck auf der Seidenbluse wär nicht gut gewesen. Für den Tonmann (Georg Misch) war die Seidenbluse übrigens ein großes Problem. Ich hab eine aus Baumwolle nähen lassen, aber die war so schiach! Hab ich gesagt: »Georg, du musst mit der Seidenbluse leben.« Für ihn war das schrecklich, aber in keinem Kino der Welt hörst du, wenn der Stoff ein bisschen raschelt.

Was waren die Hauptkriterien beim Casting, bei der Wahl der beiden Darsteller?

RB: Jung, sehr jung. Und ich wollte unbedingt österreichische Sprache haben. Von mir aus tschechischer Akzent, aber kein bundesdeutscher. Und ich hab gesagt: Es müssen keine Schauspieler sein. Ich brauch zwei junge Leute, denen man das zutraut, die diese Tiefe haben,

Seele – ein Wort, das ich sonst nie benutze. Was mir an Lisa Oláh, mit der ich das Casting gemacht habe, so gut gefällt, ist, dass sie schräg denken kann. Sie hat die Idee mit Anja gehabt. Und Anja hat mir gleich, als ich sie kennengelernt habe, sehr gut gefallen. Aber ich hatte Zweifel, weil sie ja keine Schauspielerin ist, und habe mir viele Schauspielerinnen angesehen. Ich bin trotzdem immer wieder zu ihr zurückgekehrt. Das Schwierige war, einen Mann zu finden, der zu ihr passt – und der ganz anders ist. Die jungen Männer heute, ob Schauspieler oder nicht, die haben alle so etwas Sportliches … Ich musste ihm zutrauen, dass er etwas zeigen kann, das authentisch ist. Dass man ihm diesen Text glaubt.

Hast du mit den beiden geprobt?

RB: Nein. Ich hab sie zu zweit getroffen, im Kaffeehaus. Ich wollte sehen, wie das ist, wenn die zusammen sind. Wie sie miteinander umgehen. Die kannten sich nur ganz flüchtig, und das war gut. Sie haben sich erst beim Dreh angenähert.

Es gibt nur das eine Set, nur eine Ausstattung, nur dieses Paar – ist das primär deiner Liebe zur Reduktion geschuldet oder dem Umstand, dass du beim ersten Spielfilm überschaubare Dimensionen haben wolltest?

RB: Reduktion. Bei *homemad(e)* hätte es sich wirklich aufgedrängt, die Demos gegen Schwarz-Blau zu filmen – eine war sogar ums Eck in der Vorlaufstraße, als wir im Café gedreht haben –, aber ich hab mir gesagt: Nein, ich will das von hier aus betrachten. Diese Entscheidungen, worauf man sich konzentriert, sind total wichtig. Und was man weglässt.

Sonst zerfließt die Aufmerksamkeit – oder richtet sich auf etwas, das gar nicht wesentlich ist.

Hattest du die Momente des Heraustretens aus dem Briefdialog und damit aus dem Studio durchgeplant oder wolltest du das der Drehsituation überlassen?

RB: Die Orte waren festgelegt, die Dialoge nicht. Die waren größtenteils spontan. Die Orte hab ich mir alle ausgesucht. Auch, dass im Film eine Konzertprobe stattfindet und ich diesen Sendesaal nehme. Ich wusste aber nicht, welches Stück geprobt wird. Ich hab auch noch Szenen mit dem Sender FM4 gedreht und mit dem *Mittagsjournal* – das ist alles nicht im Film. Man muss sich eben entscheiden: Mach ich einen Film über das Funkhaus oder über diese Texte?

Wie bist du mit den Briefen, also dem historischen Textmaterial umgegangen? Welche Leitlinien hat man, wenn man so eine Beziehung darstellen will? Was daran hat dich am meisten bewegt?

RB: Dieser Prozess, zusammen mit Ina Hartwig, hat ein Jahr gebraucht und viele, viele Fassungen. Na ja, einerseits natürlich der Verlauf der Beziehung: große Passion, Trennung, Wiederfinden und langsames Zerbröseln. Das waren die Blöcke. Klar war, dass wir alles weglassen, was nur mit dem Literaturbetrieb zu tun hat – Gruppe 47, die diversen Veröffentlichungen usw. Die Leitlinie war, dass man für den Film weder die Briefe kennen, noch irgendetwas über Bachmann und Celan wissen muss. Nicht einmal, wer die beiden sind. Ich glaube, das ist eine ganz typische moderne Liebe nach der Katastrophe; dass zwei Menschen aus diesen zwei Kollektiven da aufeinandertreffen. Dieser

Hintergrund sollte mitschwingen – woher er kommt und wie sie darauf reagiert. Das Gedicht am Anfang, mit dem der Film beginnt, war sein erster Brief an sie – »In Ägypten«. Da weist er ihr schon ganz klar die Rolle der Fremden zu: »Ruth! Noemie! Mirjam! Du sollst sie schmücken, wenn du bei der Fremden liegst …« Eine Liebe vor diesem Hintergrund zu zeigen, daran haben wir lang herumgewurschtelt.

Haben Beispiele aus der Filmgeschichte wie Hiroshima, mon amour oder der Literaturgeschichte eine Rolle für dich gespielt?

RB: *Hiroshima, mon amour* ist natürlich ein Meilenstein, aber ich hab ihn mir nicht noch einmal angeschaut. *Letztes Jahr in Marienbad* hab ich mir wieder angeschaut. Es gibt ja immer so Momente, in denen man sich irgendetwas anschauen muss … Bei dem Waldheim-Film denk ich grad, ich muss mir unbedingt *Zelig* anschauen von Woody Allen, weil das auch so ein Chamäleon ist!

Ich hab natürlich viel von den beiden und über die beiden gelesen, aber Filme: nein, es war so klar wie selten, wie dieser Film ausschauen sollte. Natürlich mit der Einschränkung, dass ich dachte, ich werde mehr aus dem Studio rausgehen und an anderen Orten drehen, so à la *Those Who Go*. Und dass die Stimmen dann ins Off wandern. Das wären Orte im heutigen Europa gewesen, wo ich selber oder zu zweit mit Johannes gedreht hätte, sehr assoziativ. Bachmann hat ja an unglaublich vielen Orten gelebt – und es hätte ein gegenwärtiges Europa hereingebracht. Aber es ist gut, dass das nicht drin ist. Man braucht's nicht.

Zurück zu den Leitlinien, nach denen die »Edition« der Briefe und Briefstellen erfolgt ist …

RB: Wir haben viel an der Dramaturgie gearbeitet, die Chronologie aber natürlich beibehalten. Wir sind mit den Briefen zunehmend frei umgegangen, haben gelacht und gesagt: Jetzt arbeiten wir an der Story! Das hat uns gefallen, dass wir eine Story zusammenbauen – wobei ich ja nicht jemand bin, die im Film normalerweise an die Story denkt, im Gegenteil: Filme, die wirklich nur »a G'schicht« erzählen, langweilen mich.

Warst du in die zwei schon als Teenager verliebt? In welchen mehr?

RB: In die Bachmann. Mir war das gar nicht bewusst, aber ich bin draufgekommen, dass irrsinnig viele Frauen für mich wichtig waren. In der Literatur und im Film, und die Bachmann war eine Begleiterin, seit ich sechzehn war. Wobei ich vor allem ihre Prosa gelesen habe, ihre Kurzgeschichten und später natürlich *Malina*.

Die Beziehung zu Celan war geheim. Als Bachmann-Leserin hätte ich die beiden überhaupt nie zusammengebracht. Im Literaturbetrieb wurde nur darüber gemunkelt, und ihre Familie versuchte alles geheim zu halten und zu beschönigen. Als 2008 dieser Briefwechsel herauskam, wurde er ein Bestseller. Die wahre, physische Begegnung war auch nur sehr kurz – zwei, drei Monate in Wien.

Celan hast du später rezipiert?

RB: Schon, aber mehr als Figur. Ich bin keine große Gedichte-Leserin, muss ich sagen. Natürlich habe ich den Briefwechsel gelesen, als er herauskam, aber ich hab nicht dran gedacht, einen Film zu machen. Dann war ich einmal mit Ina zusammen in einer Jury bei einem Literaturpreis und sie hat mir erzählt, dass sie an einem Buch über Bachmann schreibt. So kamen wir auf den Briefwechsel. Und wir haben uns einen Abend lang total hineingesteigert und gesagt: Machen wir einen Film! Das war im März 2014. Dann haben wir innerhalb von einem Monat das Exposé geschrieben und eingereicht.

Über deine eigene Arbeit als Autorin, über deine Texte und Bücher haben wir noch kaum gesprochen. Wie steht dein Schreiben im Verhältnis zu deinem Filmschaffen?

RB: Die Bücher waren zumeist Folgeerscheinungen der Filme. Zum ersten Buch, *Die Mazzesinsel*, bin ich durch die Arbeit an *Wien retour* gekommen. Obwohl ich in der Innenstadt aufgewachsen bin, wusste ich davor gar nicht, dass es im 2. Bezirk so eine große jüdische Bevölkerung gegeben hatte. Das war ja alles weg. Und nach der *Papierenen Brücke* kam das Buch *Unzugehörig*, weil ich diese Thematik noch auf andere Art abhandeln wollte.

Natürlich ist das Schreiben an sich ein gewisser Schmerz – dass ich das viel zu wenig mache. Es war die erste Liebe und ich stell es höher als das Filmemachen. Weil du mit dem Papier und dem Stift – oder dem Computer – allein bist. Meine Heroes sind schon Schriftsteller, nicht Filmemacher. Diese inneren Widerstände und Ansprüche beim Schreiben, mit denen fertigzuwerden ist für mich sichtlich schwieriger als beim Film. Dort gibt's natürlich auch die inneren Widerstände, aber die äußeren sind dafür ganz angenehm, weil sie überwindbarer sind. Beim Schreiben bist du ausschließlich mit deinem Inneren konfrontiert, weil es nix kostet außer deine Zeit. Du brauchst kein Team, du bist ganz allein und du musst mit deinen Ansprüchen, deiner Kraft und deiner Disziplin umgehen. Davor hab ich sehr viel Respekt! Vor jemandem, der fünf Jahre an einem Roman arbeitet, ohne das geringste Erfolgserlebnis dazwischen zu haben, und das – ganz abgesehen vom Ökonomischen – täglich aushält, das halt ich für sehr, sehr stark.

Ich bin nicht jemand, der leicht schreibt. Wenn ich schreibe, kann ich *nur* das tun. Da kann ich mir nicht einmal mit jemandem ein Abendessen ausmachen – was ich sehr wohl kann, wenn ich an einem Film arbeite. Die eigentlichen kreativen Phasen beim Film, an denen die große Verzweiflung kommt, die Angst, dass das nix wird, kommen während des Drehs und wieder bei der Montage – aber diese Phasen halten beim Film viel kürzer an; beim Schreiben ist es dauernd so!

Ich weiß nicht, ob ich noch einmal etwas schreiben werde, keine Ahnung! Irgendwann ist es physisch vielleicht nicht mehr möglich, Filme zu machen, dann kann man immer noch schreiben. Es wird hinausgeschoben. Das muss man ja auch lernen, diese Disziplin vor allem. Oder man hat wirklich was zu sagen. Als ich *Unzugehörig* geschrieben hab, musste ich das machen. Wenn du diesen Drang hast, dass du unbedingt etwas beitragen musst, ist es natürlich leichter. Diese Frage sollte man sich immer stellen: Was hab ich beizutragen?

Das Gespräch wurde in zwei Teilen, am 26. Juli und am 5. August 2016, in Wien geführt.

Michael Omasta & Brigitte Mayr

Filmografie

Arena besetzt (1977)

Auf amol a Streik.
Semperit Traiskirchen 17. 4.–11. 5. 1978 (1978)

Der Hammer steht auf der Wies'n da draußen.
Wie die VEW-Arbeiter um ihre Arbeitsplätze kämpfen
(1981)

Wien retour.
Franz West. Die Jahre 1924–1934 (1983)

Der Igel.
Widerstand im Salzkammergut (1985)

Die papierene Brücke (1987)

Nach Jerusalem (1991)

Jenseits des Krieges (1996)

Ein flüchtiger Zug nach dem Orient (1999)

homemad(e) (2001)

Zorros Bar Mizwa (2006)

Mozart Enigma.
Mozart Minute 10 (2006)

American Passages (2011)

Jackson/Marker 4am (2012)

Those Who Go Those Who Stay (2013)

Die Geträumten (2016)

Arena besetzt

Österreich 1977

REGIE, BUCH, KAMERA, SCHNITT, TON, PRODUKTION Videogruppe
Arena (Josef Aichholzer, Ruth Beckermann, Franz Grafl)
16 MM (BLOW-UP VON DIVERSEN VIDEO- UND FILMFORMATEN) /
SCHWARZ-WEISS / 77 MINUTEN
URAUFFÜHRUNG 29. September 1977, 1. Österreichische
Filmtage Velden
KINOSTART 4. November 1977, Action Kino, Wien

Fünf Monate dauert es, bis zwölf Stunden Filmmaterial (16mm, S-8mm, Video), zirka 1000
Fotos, fünf Ordner mit Dokumenten und Zei-
tungsausschnitten und zehn Stunden Tonma-
terial von den verschiedensten Stellen zu-
sammengetragen und gesichtet werden. Da
alles selbstfinanziert wird, wählen wir Video als
die billigste Produktionsform. [...]

12 Wochen lang wurde die Arena, der ehemalige Auslandsschlachthof St. Marx im Sommer 1976 von tausenden von Wienern besetzt
und zu einem Jugend-, Kultur- und Kommuni-
kationszentrum umfunktioniert. Die Sympa-
thien für die Besetzer waren bei der übrigen Bevölkerung ungewohnt groß. Erst durch gezielte
Diffamierungen in der Öffentlichkeit, durch
Verwaltungsaktionen, wiederholte Polizeiein-
sätze und durch langwierige Scheinverhand-
lungen konnte die Arena-Bewegung geschwächt

werden. Im September wurden die Verhandlungen abgebrochen, das Gelände an eine Tex-
tilfirma verkauft und die Gebäude geschliffen.

Videogruppe Arena

77 Minuten lang darf das dem Schöps-Textil-
zentrum geopferte Kultur- und Kommunika-
tionszentrum auf dem Auslandsschlachthof St.
Marx noch einmal auf der Leinwand aufleben.
Neben Ausschnitten der Benefizauftritte von
US-Stars wie Leonard Cohen, John McLaughlin
und der Austrobarden Wolfgang Ambros und
Georg Danzer werden Bilder aus dem Arena-
Alltag gezeigt: von der Besetzung, einer Sitzung
des Selbstverwaltungsrates, Arbeitseinsätzen
und gemeinsamen Festen bis zu den kabarett-
reifen Verhandlungen mit dem Wiener Ge-
meinderat und der Erkenntnis von Bürgermeister Gratz: »Was es gegeben hat, war, glaub' ich,
ein zu großer Demokratie-Idealismus auf seiten
der Arena-Besetzer.«

Um ihren eigenen Politstreifen, den sie in
Eigenregie ohne Subventionen drehten, einer
breiteren Öffentlichkeit zeigen zu können,
gründeten die Filmemacher auch einen eigenen
Alternativ-Verleih. Seit einer Woche verleiht
der nicht gewinnorientierte »Filmladen« in der
Wiener Spittelberggasse 5 in- und ausländische
Agitprop-Filme, »die denjenigen das Wort
geben, die in der bürgerlichen Gesellschaft nur
wortlose Konsumenten sind«.

o.A., »Arena Auferstehung«, profil, 2.11.1977

Weitere Texte (Auswahl): o.A., »A klane Stadt
mit Häusa und mit Wiesn« (*Kurier*, 4.11.1977);
Fritz Walden, »Die Wühlmäuse und die Lem-
minge: *Arena besetzt* im Action Kino« (*Arbeiter-*
Zeitung, 5.11.1977)

Auf amol a Streik

Semperit Traiskirchen 17.4.– 11.5.1978

Österreich 1978

REGIE, BUCH, KAMERA, SCHNITT, TON Ruth Beckermann, Josef Aichholzer **SPRECHERIN** Ruth Beckermann **GRAFIKEN** Manfred Deix **PRODUKTION** Filmladen, Wien

16 MM / SCHWARZ-WEISS / 24 MINUTEN

URAUFFÜHRUNG Oktober 1978, Internationales Festival für Dokumentar- und Animationsfilm, Leipzig

Mit Interviews, Fotos, Grafiken und einer Gesprächsrunde von Streikenden im Wirtshaus gibt der Film Einblick in den einzigen von der Gewerkschaft unterstützten, mehr als dreiwöchigen Streik seit Kriegsende oder treffender: seit Beginn der Sozialpartnerschaft – den im Semperit-Werk Traiskirchen im Frühjahr 1978.

Beckermann und Aichholzer [setzen] auf die Selbstartikulation von Arbeiter/inne/n, die in einem Konflikt standen: auf ihre Leidenschaften, ihr Gedächtnis, auch auf ihren Ernst und den Stolz auf ihre materielle Arbeit, etwas, das sich rund 25 Jahre später in der »Mac-Job-Gesellschaft« beinah als Anachronismus ausnimmt (oder als Testament, je nachdem).

Siegfried Mattl, »Arbeit in Bewegung«, in: Ruth Beckermann Film Collection, *Wien 2007*

Der Hammer steht auf der Wies'n da draußen

Wie die VEW-Arbeiter um ihre Arbeitsplätze kämpfen

Österreich 1981

REGIE, BUCH, SCHNITT, TON Josef Aichholzer, Ruth Beckermann, Michael Stejskal **MITARBEIT** Siegfried Mattl, Peter Pilz **KAMERA** Bernhard Watzek **PRODUKTION** Filmladen, Wien

16 MM / FARBE UND SCHWARZ-WEISS / 40 MINUTEN

Am 28. März 1981 gehen 10.000 Menschen auf die Straße. Die Stadt Judenburg demonstriert für die Erhaltung ihres Stahlwerks – ein später Versuch, den drohenden Abbau von Arbeitsplätzen zu verhindern. […] Im ersten Teil werden Eindrücke vermittelt, was sich für die Betroffenen verändert, wenn plötzlich Kündigungen bevorstehen, wie ein Klima der Unsicherheit, der Existenzangst, aber auch der Entschlossenheit sich zu wehren, entsteht. Der zweite Teil dokumentiert die aufbrechenden Zweifel an der Politik der Gewerkschaft, die Diskussion und Funktion und Stellung der Betriebsräte, (noch) vorsichtig formulierte Kritik an der Sozialpartnerschaft.

Infoblatt Filmladen, Wien 1981

Wien retour
Franz West. Die Jahre 1924–1934

Österreich 1983

REGIE, MONTAGE Josef Aichholzer, Ruth Beckermann MIT-
ARBEIT Hanja Dirnbacher IDEE WG Heinestraße KAMERA
Tamas Ujlaki, Bernd Neuburger, Bernhard Watzek, Gerd
Broser TON Gerhardt Ordnung MISCHUNG Karl Schlifelner
SPRECHERIN Paola Loew MUSIK Max Dubois (*Concerto für
Saxophon und Streichorchester*), Schurli Herrnstadt
(*Leopoldstadt*), Erich Meixner (Stummfilmmusik), Hermann
Leopoldi (*Die Überlandpartie*) EZZESGEBER Edek Bartz,
John Bunzl, Liane Segall, Michael Stejskal, Hermann Teifer
PRODUKTION Filmladen, Wien FÖRDERUNG BMUK, Kulturamt
der Stadt Wien

16 MM / FARBE UND SCHWARZ-WEISS / 95 MINUTEN
URAUFFÜHRUNG 30. April 1983, Filmtag des Filmladens,
Stadtkino Wien
KINOSTART 12. November 1983, Stadtkino Wien

Mit Ausschnitten aus den Filmen *Wie ein Fran-
zose Wien sieht* (Jean Masson, 1935), *1. Mai 1925,
10 Jahre Republik* (1929), *Das Notizbuch des
Mr. Pim* (1929), *Kampf der Gewalten* (1919), *Wien
in den späten 20er Jahren, Der Brand des Justiz-
palastes in Wien 1927, Heimwehraufmarsch in
Wien, Seipels Sanierung. Ein trauriges Märchen
der Wirklichkeit, Episode* (Walter Reisch, 1935),
Feberrevolte 1934 in Wien (Bundespolizeidirek-
tion), *Bundeskanzler Dollfuß: 2 Jahre Arbeit*
(Selenofon, 1934)

Das war nicht mein Sonderschicksal. Meine
jüdischen Freunde, viele Hunderte, Tausende,
können Ähnliches erzählen. Schon lang her. Viel
Zeit ist vergangen. Man weiß nicht mehr viel
davon, und es gibt viele, die nichts mehr davon
wissen wollen, deshalb ist es doch gut, wenn
man ab und zu davon spricht, daran erinnert,
was es für eine Zeit war, in der man damals ge-
lebt hat.   *Franz West (im Film)*

Ruth Beckermann und Josef Aichholzer haben
mit *Wien retour* dem Dokumentarfilm seine
größte Möglichkeit wiedergegeben: Sie stellen
einen Menschen, Franz West, in den Mittelpunkt ihres Films, einen jüdischen Sozialdemokraten und Kommunisten. Man hört ohne besondere filmische und dokumentarische Aufbe-
reitung das Schicksal dieses Menschen und sieht
doch das Schicksal ganz Österreichs vor sich.
Dieser Film stellt Ansprüche, […] weil er die ge-
störten Sehweisen, die Gier nach schneller Ab-
wechslung nicht einlöst, aber je länger man ihn
sieht, desto mehr beschenkt er den Betrachter:
Noch nie habe ich einen Dokumentarfilm gesehen, bei dem ich den Zusammenhang zwischen
Mensch und Geschichte so tief empfunden
habe. Ein Mensch wie Franz West hat in Österreich wenig Öffentlichkeit. Sein Leben lässt sich
mit medialen Schlagworten nicht fassen, dafür
ist es zu reich. Sein Tun lässt sich nicht an einer
Tat vorführen, dafür hat er zuviel getan. Seine
Anschauungen sind nicht in private und öffentliche zerfallen. Sein Mut ist kein spektakulärer,
aber ein kontinuierlicher. Sein Humor gefriert
nicht in schnellen kolportierbaren Bonmots, er
erwärmt ein ganzes kämpferisches Leben.

Peter Turrini, »Faszination & Irritation«,
Wochenpresse 47/1983

Geschichten und Geschichte; die Versuche, Vergangenes lebendig zu machen. Irgendwo zwischen den trockenen Fakten der Geschichtsbücher und den Interpretationsversuchen der Wissenschaft liegt das individuelle Erleben, »gelebte Geschichte«, rekonstruierter Alltag, Spuren, Erinnerungen … Dieser Film begibt sich auf die Suche nach den Spuren des Erlebten. Ein Augenzeuge, besser: ein Beteiligter, erinnert sich an die Erste Republik. In den Erzählungen des Franz West über seine Kindheit in einer jüdisch geprägten Umgebung, den Alltag und die »großen« politischen Kämpfe, in seinen Reflexionen über die Erfolge und Niederlagen, über das Scheitern und über die Hoffnung sind das Private und das Politische untrennbar verbunden. Ein Lebenslauf von vielen und doch eine einmalige, individuelle Geschichte. *Susanna Pyrker, Katalog Österreichische Film Tage, Wels 1984*

Weitere Texte (Auswahl): Fritz Walden, »Ein Ein-Mann-Film feiert als Großfilm Erfolge: Wien – in Zeiten wie jenen …« (*Arbeiter-Zeitung*, 11.11.1983); Robert Streibel, »Die Vergangenheit ist nicht tot« (*Volksstimme*, 11.11.1983); Christine Gaigg, »*Wien Retour*« (*Falter* 22/1983); Franz Fischerlehner, »*Wien Retour* – Filmladen-Produktion über die Zwischenkriegszeit« (*rotpress* 14/1983); Christof Reinprecht, »*Wien Retour* – Zu einem Film über die Erste Republik« (*Wiener Tagebuch*, November 1983); Holl., »*Wien Retour* – Return to Vienna« (*Variety*, 14.12.1983); Christian Dewald, Elisabeth Büttner, »VI. Nicht versöhnt/Geschichtsarchäologie« (*Filmhimmel Österreich* 077, Wien 2008); Gérald Collas, »*Retour à Vienne*« (*Images documentaires* 40–41/2011)

Der Igel
Widerstand im Salzkammergut

Österreich 1985

REGIE, BUCH Studierende des History-Workshop Salzburg (initiiert von Gerhard Botz) und Ruth Beckermann
KAMERA Wolfgang Lehner **PRODUKTION** History-Workshop Salzburg **FÖRDERUNG** BMWF, Ludwig-Boltzmann-Institut für historische Sozialforschung
MIT Leni Egger, Resi Pesendorfer, Maria Plieseis u. a.
VIDEO/34 MINUTEN
URAUFFÜHRUNG März 1985, Internationaler Oral-History-Kongress, Barcelona

»Der Igel«, ein geheimer Unterstand in den Bergen, hat ab Ende 1943 bis zu dreißig Männer, fast durchwegs politisch Verfolgte aus der Gegend von Hallein, beherbergt. Die Erinnerungen dieser Männer und der Menschen im Tal, die sie unterstützt haben, sind ebenso Themen des Films wie die kollektive Verdrängung dieser Zeit. Der Film entstand während einer zweisemestrigen Lehrveranstaltung von Ruth Beckermann an den Instituten für Geschichte und Publizistik der Universität Salzburg. Parallel dazu fand ein Seminar von Prof. Gerhard Botz zu dem Thema statt. […] Die filmische Gestaltung musste sich den Produktionsbedingungen (Minimalbudget und nur eine Woche Drehzeit) anpassen. *Infoblatt Filmladen*

Die papierene Brücke

Österreich 1987

REGIE, BUCH, ERZÄHLERIN Ruth Beckermann **KAMERA** Nurith
Aviv, Claire Bailly du Bois **TON** Josef Aichholzer, Reinhold
Kaiser, Heinz Ebner **MONTAGE** Gertraud Luschützky **TON** Josef
Aichholzer, Reinhold Kaiser, Heinz Ebner **MUSIK** Arvo Pärt
(*Fratres, Tabula Rasa*) **MISCHUNG** Othmar Eichinger **ZUSÄTZ-
LICHE KAMERA** Peter Elster, Bernd Neuburger **TEXTBERATER**
Peter Stastny **EZZESGEBER** Edek Bartz, Michaela Kaiser, Kathi
Springer, Paul Stein, Dagmar Schwarz, Robert Schindel
PRODUKTIONSLEITUNG Josef Aichholzer **PRODUKTION** Fima
Schlappenhut **FÖRDERUNG** BMUKS
MIT Bety Beckermann, Salo Beckermann, Herbert Gropper,
Robert Schindel, Willi Stern, Rabbi Wassermann, Bronja
Svierski, Libby Anninger, Israela Diuk, Menachem Golan,
Michael Fischmann

16 MM / FARBE / 95 MINUTEN

URAUFFÜHRUNG 1. März 1987, Internationales Forum des
jungen Films, Berlin **KINOSTART** 10. April 1987, Stadtkino
Wien

Die papierene Brücke führt das Verhältnis zwischen Geschichte und Erinnerung vor, verweist
auf den Akt (des Filmens) ohne ins Pornografi-
sche (der Selbstbespiegelung) abzugleiten, und
kommentiert ganz nebenbei die Ereignisse des
Jahres 1986; zeigt einige Minuten lang den
Faschismus bei der Arbeit.

Alexander Horwath, »Die papierene Brücke«,
in: Falter 15/1987

Ich verstand nichts mehr. Schaute in die Stadt
hinein, schaute aus der Stadt hinaus. Ich schrieb
die Namen aller Familienmitglieder auf, ich
zeichnete die Routen ihrer Wanderschaft nach.
[…] Ich versuchte, alles aufzuschreiben. Nahm
die Feder und den gelben Schreibblock aus
Amerika. Ich zündete mir eine Zigarette an und
legte den Kopf auf den Tisch. Es ist ein selt-
sames Gefühl, wenn die Ereignisse, die dein
Leben mitbestimmen, Geschichte werden.
Wenn du zum Objekt der Wissenschaft wirst.
Unlängst las ich, man werde sich erst dann wis-
senschaftlich mit dem Schicksal der Juden be-
fassen können, wenn keiner mehr lebt aus der
Generation der Überlebenden. Oft dreht sich
mir der Kopf. In diesem Winter bin ich weggefahren.

Wien, die Bukowina bis zur russischen
Grenze, der Wunderrabbi in Sadagura. Wan-
derbühnen aus Galizien. Geschichten, die mein
Vater erzählte. Tel Aviv, Wien, Theresienstadt,
aber nicht bei Prag, sondern in Jugoslawien und
aus Pappmaché. »All die Jahre, die ich nun in
diesem Wald lebe, habe ich lediglich alle Wege
entdeckt, wie man nicht aus diesem Wald
herauskommt … rezistenta in timp …«

Ruth Beckermann (Filmkommentar)

Oh, die Stimmenvölker, die sich entfernen, un-
sichtbar werden. Wenn sie nicht mehr da sind,
wer wird dann »des Zeugen Zeuge« sein? Da
kommt die Stimme von Ruth Beckermann,
kommt die Stimme, die zuhört, die schaut, und
aufzeichnet. Mit unsichtbarem Tonbandgerät,
unsichtbarer Kamera. Nein, das ist kein Dokumentarfilm, das ist ein lebendiges Werk, das die
Filmkunst über ihre Gemeinsamkeiten mit der
Poesie, der Erzählung, der Innenschau hinaus-

hebt, indem es die subtilsten Ausdrucksmittel der Metapher und der Metonymie in den Dienst des Wunsches zu bewahren stellt. Was wahren? Detailgenau die Zeichen, die Züge, den sublimierten Geist der Leben einer bestimmten Welt, einer bestimmten Kultur, die gleichzeitig für die menschliche Spezies steht. Man müsste eine exemplarische Anthropologie aus dem Herzen heraus ersinnen. Die wunderbare Repräsentativität eines Individuums, gültig für das Universum.

Hélène Cixous, »Das Unsichtbarwerden filmen«, Films de Femmes, Catalogue du 28eme festival international Créteil 2006 *(Deutsch von Karin Schiefer und Esther von der Osten)*

Weitere Texte (Auswahl): Elisabeth Hirt, »Immer wieder Illusionen haben …« Gespräch mit Ruth Beckermann *(die linke,* 2.4.1987); »Elfriede Jelinek – Ruth Beckermann. Ein Gespräch« aufgezeichnet von Michaela Kaiser *(Stadtkino Programm* 110/April 1987); Erika Wantoch, »»Seit Waldheim weiß ich, wo die Grenzen sind‹«. Gespräch mit Ruth Beckermann *(profil* 14/1987); Jürgen Bretschneider, »Heimatsuche auf jüdisch« *(Film und Fernsehen* 5/1988); Annick Peigné-Giuly, »*Le Pont de papier*« *(Images documentaires* 39/2000); Ildiko Röd, »Spiegel der Seele – *Die papierene Brücke* im Filmgespräch« *(Märkische Allgemeine,* 19.7.2002)

Nach Jerusalem

Österreich 1991

REGIE, BUCH, ERZÄHLERIN Ruth Beckermann **MITARBEIT** Peter Stastny **KAMERA** Nurith Aviv, Claire Bailly du Bois **TON** Jochai Mosche, Othmar Schmiederer **MONTAGE** Gertraud Luschützky **MUSIKBERATUNG** Edek Bartz **MUSIK** Peter I. Tschaikowsky *(Sérénade mélancolique,* b-moll op. 26), Meredith Monk *(Early Morning Melody)* **MISCHUNG** Johann Wiesinger **KONSULENTIN** Yael Katzir **SPRECHERIN** Niki Kunz **EZZESGEBER** Bety Beckermann, Judith und Hermann Deutsch, Heinz Leonhardsberger, Jutta Misak, Liliana Targownik **PRODUZENT** Josef Aichholzer **PRODUKTIONSASSISTENZ** Ruti Singer **PRODUKTION** Filmladen **FÖRDERUNG** BMUK, ORF Film/Fernseh-Abkommen **16 MM / FARBE / 85 MINUTEN**
URAUFFÜHRUNG 23. Februar 1991, Internationales Forum des jungen Films, Berlin
KINOSTART 12. April 1991, Votiv Kino, Wien

Wovon hat man geträumt, in Tarnopol, Czernowitz, Berlin und Wien? Ein eigenes Land, Bäume pflanzen, Orangen und Blumen. Milch und Honig sollte fließen, für alle gleich. Freie Menschen. Neue Menschen auf alter Erde. Kein Spott mehr, kein Elend und keine Scham. Ein Volk wie jedes Volk – Heimat, Erde, Vaterland. Vorbei die Angst vor Soldaten und Nachbarn. In Basel wurde eine Fahne genäht, blau-weiß, und gesagt: Wenn ihr wollt, ist es kein Märchen. Und dann – unter der Wintersonne übers Meer. Angst auslöschen, Angst vergessen, vom Überleben gebrannt. Wovon hat man geträumt?

Auf der Straße von Westen nach Jerusalem. Lastwagen, Tankstellen, Bauarbeiter, Kaffeehausbesucher, russische Einwanderer, Taxichauffeure, Sicherheitswachen. Auf nur sechzig Kilometern Begegnungen mit unterschiedlichen Landschaften und individuellen Geschichten; Szenen, die aus dem Zufall einer Reise entstehen. Durch die Alltagsrealität klingt die jahrhundertealte Sehnsucht *nach dem Jerusalem* herüber, eine Sehnsucht, für die es jedoch keinen realen Ort zu finden gibt. Während der Reise stellt sich auch die Frage, was aus dem Traum von der jüdischen Heimat geworden ist.

Ruth Beckermann

Ruth Beckermanns road movie *Nach Jerusalem* geht durch die Zeiten und durch die Welten. In langen Einstellungen fängt sie das Unspektakuläre dichtgedrängt ein, sodass sich aus vermeintlichen Belanglosigkeiten, Off-Tönen, kleinen Gesprächen, ein aussagekräftiges Gesamtbild von Israel anno 1990 ergibt.

Eva-Elisabeth Fischer,
Süddeutsche Zeitung, *14.3.1991*

Weitere Texte (Auswahl): Michaela Lechner, »*Nach Jerusalem*. Ruth Beckermanns Filmreise im Forum« (*taz*, 26.2.1991); Fritz Göttler, »Runden auf dem alten Roller. Filme von und mit Frauen« (*Süddeutsche Zeitung*, 28.2.1991); Roland Rust, »Nicht verzeichnete Erfahrungen, 3 Filme über jüdisches Schicksal in unserem Jahrhundert« (*Illustrierte Neue Welt*, März 1991); Doron Rabinovici, »*Nach Jerusalem*« (*Bulletin Republikanischer Club – Neues Österreich*, Nr. 4/1991); »Die Sehnsucht bleibt unbestimmt«. Interview Ruth Beckermann mit Irene Brickner (*Arbeiter-Zeitung*, 19.4.1991)

Jenseits des Krieges

Österreich 1996

REGIE Ruth Beckermann **KAMERA** Peter Roehsler **MONTAGE** Gertraud Luschützky **MAZ-SCHNITT** Manfred Neuwirth **PRODUKTION** Aichholzer Filmproduktion **FÖRDERUNG** BMWFK, Hamburger Institut für Sozialforschung
35 MM (BLOW-UP VON HIGH-8) / FARBE / 117 MINUTEN
URAUFFÜHRUNG 20. Oktober 1996, Viennale
KINOSTART 27. November 1996, Votiv Kino, Wien

Ruth Beckermann lässt in ihrem Film *Jenseits des Krieges* Menschen reden. Es sind überwiegend ehemalige Wehrmachtssoldaten, die, bei der sogenannten »Wehrmachtsausstellung« mit ihrer Vergangenheit konfrontiert, von damals erzählen. Es ist zunächst und vordergründig ein Film über das Reden, buchstäblich ein Anschauungs-Unterricht über das Erzählen. Aber die noch viel zu wenig gewürdigte Pointe des Films ist: Er führt zu einer Neubewertung des Schweigens.

Robert Menasse, »Sterbensworte« (Vorwort), in: Ruth Beckermann, Jenseits des Krieges, *1998*

Ruth Beckermanns Film dupliziert die Ausstellung nicht, er beginnt dort, wo sie endet: im Kommentar dazu. Sein Thema ist weniger die Geschichte als das Erinnern, weniger die Vergangenheit als die Gegenwart … Die Filmemacherin entscheidet sich dafür, nur Männern zu begegnen, die in einem Alter sind, diese Ereignisse miterlebt zu haben, schließt jegliches Vorgespräch aus, zeigt keinerlei Bild der Ausstellung, holt weder den Opfer- noch den Historikerstandpunkt stärker vor die Kamera. Das im Off-Halten all dessen, was normalerweise der filmischen Geschichtsschreibung angehört, verrät das eigentliche Anliegen des Films, das weniger im Zutagebringen einer Wahrheit liegt (sie wird als gegeben betrachtet) als vielmehr im Versuch, wortwörtlich und gleichzeitig auf frischer Tat zu erfassen, was sie auf widerwärtige Weise verzerrt. Beginnend eben mit diesen Worten, die sturzflutartig hereinbrechen, als hätte ein ein halbes Jahrhundert alter Damm plötzlich nachgegeben in eine vertrocknete Landschaft hinein, die sich nur aus den Gesichtern jener zusammensetzt, die sie von sich geben. Die schlechte Bildqualität, das Neonlicht, die langen, fixen Einstellungen auf die ehemaligen Soldaten, die ihre letzten Kräfte in eine Schlacht werfen, von der sie längst wissen, dass sie verloren ist, tragen nicht wenig zur frappierenden, beinahe experimentellen Dimension dieses Films bei.

Jacques Mandelbaum, »La mémoire des véterans autrichiens confrontée à l'histoire de la Wehrmacht«, Le Monde, 19.4.2000

In den kahlen, ausgekalkten Ausstellungsräumen sieht man sie vor den Bild- und Textwänden stehen, wie von Riesenmagneten angezogen, schweigend, reglos, jeder für sich. Dann sitzen sie dem unsichtbaren Fragensteller gegenüber, die Hand auf den Marmortischen, geben willig Auskunft wie bei einer Anamnese, oder sie reden, die Gesichter dicht vor den Fotos der Genickschüsse und Galgen, der Erschießungspeletons und Plünderungskommandos, als ob sie selbst dort abgebildet wären und Rechenschaft ablegen müssten. Die Alpenmilchzentrale ist zum Röntgenraum geworden, eine ganze Generation lässt sich durchleuchten, freiwillig und öffentlich.

Hannes Heer (Leiter der Ausstellung) im Presse-Flyer zu Jenseits des Krieges, *1996*

Jenseits des Krieges ist jedenfalls kein Film über die Wehrmachtsausstellung, sondern ein Porträt der Kriegsgeneration, ein Film über die Reste des Krieges in den Kriegsteilnehmern. In diesen alten, im Frieden gealterten Gesichtern und in dem, was diese Menschen erzählen, steckt heute noch ebensoviel Krieg wie in den schwarzweißen historischen Fotos im Hintergrund.

Eva Menasse, »»Gemein und hundsgemein««, profil 42/1996;

Weitere Texte (Auswahl): Bert Rebhandl, »Nachbilder einer Ausstellung« (*Der Standard*, 19./20.10.1996); Bernhard Odehnal, »Was hätten Sie getan?« (*Falter* 46/1996); Constantin Wulff, »Vom Mangel an Herzensbildung«, ein Gespräch (*Austrian Film News* 6/1996); Reinhard Lüke, »*Jenseits des Krieges*« (*filmdienst* 7/1997); Monique Laroze, »*Jenseits des Krieges*« (*Images documentaires* 28/1997); Erwan Higuinen, »L'Autriche exposée« (*Cahiers du cinéma* 545/April 2000); Philippe Azoury, »Amnésies d'Autriche« (*Libération*, 20.4.2000); Michael Melinard, »Un présent écrit au passé« (*L'Humanité*, 22.4.2000)

Ein flüchtiger Zug nach dem Orient

Österreich 1999

REGIE, BUCH, ERZÄHLERIN Ruth Beckermann **KAMERA** Nurith Aviv, Sophie Cadet **TON** Bruno Pisek **MONTAGE** Gertraud Luschützky **ORIGINALMUSIK** Bruno Pisek, Peter Ponger, Ernst Zettl **MUSIK** Kronos Quartet (*Pieces of Africa*), Dumisani Maraire (*Mai Nozipo*), Obo Addy (*Wawshishijay*), Kevin Volans (*White Man Sleeps*), Woman's Ensemble of Fergana (*La Illah Illa Allah*) **TONSCHNITT** Johannes Konecny **MISCHUNG** Hannes Eder **REGIEASSISTENZ** Christina Kaindl-Hönig **ZWEITE KAMERA** Sophie Maintigneux, Elke Harder **PRODUKTIONS-LEITUNG** Gabriele Kranzelbinder **PRODUZENT** Josef Aichholzer **PRODUKTION** Aichholzer Filmproduktion **FÖRDERUNG** Österreichisches Filminstitut

35 MM (BLOW-UP VON SUPER-16) / FARBE / 82 MINUTEN
URAUFFÜHRUNG 23. Oktober 1999, Viennale
KINOSTART 19. November 1999, Votiv Kino, Wien

Bilder aus Ägypten. Eine Umschau. Eine Reminiszenz gewissermaßen. Die Wiener Filmemacherin Ruth Beckermann hat sich auf die Spuren einer Reisenden, der »Einsamsten der Einsamen«, begeben, die mehr als hundert Jahre vor ihr inkognito das Land bereiste: Elisabeth, Kaiserin von Österreich.

»Doch vielleicht ist die Vergangenheit ein fernes Ausland«. – Elisabeth, die sich ab dem 31. Lebensjahr nicht mehr fotografieren ließ, aber gleichzeitig begann, die Fotografien anderer, unbekannter, schöner Frauen aus aller Welt zu sammeln, hat hier keine Spuren hinterlassen. Ihre genauen Routen sind nicht mehr nachvoll-

ziehbar, und so imaginiert sich der Film die flüchtige Reisende und ihre möglichen Gegenüber, schweift durch die Aufzeichnungen ihres Vorlesers und entlehnt den Titel des Films dem Reisebericht von Sisis Kapitän: *Ein flüchtiger Zug nach dem Orient*.

> *Isabella Reicher, »Gemessenen Blicks zurück in die Fremde«, Der Standard, 22.11.1999*

Ein flüchtiger Zug nach dem Orient will weder die bloße Rekonstruktion einer kaiserlichen Reiselaune noch die Dekonstruktion eines habsburgischen Mythos betreiben. Müßig wäre es etwa gewesen, den Spuren einer Frau zu folgen, die sich bemühte, keine Spuren zu hinterlassen. Ägypten war die am weitesten von Wien entfernte Fremde, die Sisi je erreichte. Die Regisseurin hat von dort Bilder mitgebracht, die alles Mögliche zeigen, nur nicht die Wirklichkeit des heutigen Ägypten oder die Spuren von Sisis Vergangenheit. Beckermann: »Ich würde gerne durch die Zeiten reisen und filme doch immer nur die eine, die meine. Ich kann nicht in die Vergangenheit, nur in die Ferne fahren, in die Fremde … Doch vielleicht ist die Vergangenheit ein fernes Ausland.«

Wenn die Vergangenheit ein fernes Ausland ist, dann gilt umgekehrt auch, dass das Ausland eine ferne Vergangenheit ist. Vor allem, wenn man die Geschichte des imperialen Blicks berücksichtigt, mit dem der Okzident sich seinen Orient konstruierte. Die ausgedehnten Kamerafahrten durch Kairos Straßen, die Szenen einfangen, die nicht gesucht, sondern wie gefunden wirken, die Bilder von Wüsten oder von Meeresküsten laden schnell einmal zum Träumen ein, bringen wie von selbst das romantische Klischee des Orients als Märchenwelt hervor. Gegenüber diesem Klischee aber gilt es gerade Distanz zu erzeugen, denn es ist entweder ein erstarrtes Bild aus der Vergangenheit, das sich über das lebendige Bild der Gegenwart (Ägypten) legt, oder aber ein ebenso starres Bild, das sich die Gegenwart von der Vergangenheit (Sisi) macht. Über diese doppelte Verneinung hinweg inszeniert Ruth Beckermann einen Blick auf das Unsichtbare, eine Art seherische Blindheit, die sich an der Grenze des positiven Wissens ansiedelt, um von dessen Voraussetzungen zu sprechen. »Es gibt Bilder, die existieren nur, um andere ungesehen zu machen«, lässt Beckermann den französischen Filmkritiker Serge Daney sagen.

Die ungesehenen aber sind nicht einfach andere Bilder, es sind Bilder, die im unmittelbar Sichtbaren durchscheinen. Beckermanns Stimme im Off weist auf deren Existenz hin, genaugenommen unternimmt ihr Kommentar die eigentliche Reise. Er versucht, von den in Ägypten gefundenen Bildern wie von der Vergangenheit loszukommen, ohne beide gänzlich loszuwerden. Eine gelungene Geste der Befreiung.

Vrääth Öhner, »Fluchtpunkt Kairo«,
Falter 46/1999

Weitere Texte (Auswahl): Dominik Kamalzadeh, »Eine Kaiserin als Flaneurin« (*Der Standard,* Viennale-Beilage, 21.10.1999); Horst Christoph, »Sisi in Kairo« (*profil* 46/1999); Claudia Lenssen, »Ein Leben ohne Bild« (*taz,* 16.2.2000); Ulrich Kriest, »*Ein flüchtiger Zug nach dem Orient*« (*filmdienst* 21/2000); Dagmar C.G. Lorenz, »Reassessment of the Postcolonial Condition: Ruth Beckermann's Film *Ein flüchtiger Zug nach dem Orient*« (*Seminar* 41/3, 2005)

homemad(e)

Österreich 2001

REGIE, BUCH, ERZÄHLERIN Ruth Beckermann **KAMERA** Nurith Aviv, Ruth Beckermann, Peter Roehsler **TON** Christina Kaindl-Hönig **MONTAGE** Gertraud Luschützky, Dieter Pichler **MISCHUNG** Hannes Eder **REGIEASSISTENZ** Christina Kaindl-Hönig **PRODUKTION** Ruth Beckermann Filmproduktion **FÖRDERUNG** Wiener Film Fonds, ORF Film/Fernseh-Abkommen
MIT Adolf »Adi« Doft sowie Djavad und Nasrin Alam, Helene Doft, Peter Ferber, Gernot Friedel, Elfriede Gerstl, Erika Göschl, Dieter Haspel, Ferri Heschmat, Georg Hoffmann-Ostenhof, Gigi Martschitsch, Franz Novotny, Kurt Kalb, Karl Pfeifer, Lisl Ponger, Tina Reimann, Bobby Rosner, Franz Schuh, Senta Segall, Rudi Schmutz, Eduard Steinberger, Eleonore und Herbert Wolf
35 MM (BLOW-UP VON DV) / FARBE / 85 MINUTEN
URAUFFÜHRUNG 8. Februar 2001, Internationales Forum des jungen Films, Berlin
KINOSTART 14. September 2001, Votiv Kino, Wien

Szenen aus der Marc-Aurel-Straße, im Café Salzgries und vor dem Geschäft des letzten jüdischen Textilhändlers im Grätzel. Ruth Beckermann zeigt die Welt vor ihrer Haustür, »ihr« Wien, das gerade unter dem Schock der Regierungsbeteiligung der FPÖ steht. Es ist wie am Dorf, jede/r kennt jede/n: den Gastronomen Kurt Kalb, die Lyrikerin Elfriede Gerstl, den Regisseur Franz Novotny, die Künstlerin Lisl Ponger, den Autor Franz Schuh. Zufällige, alltägliche Begegnungen, zugleich ein unwiederbringliches Dokument: Nach der Neuübernahme des Cafés, dem Tod von Adolf Doft und der Schließung seines Geschäfts fühlt sich die Straße nur wenige Jahre später bereits ganz anders an. *Michael Omasta*

Das Viertel ist ein Refugium am Rande der City, und es trifft sich gut, dass es nach jenem römischen Kaiser benannt ist, der als Philosoph berühmt wurde. Der distanzierte Stil seiner stoischen Selbstbetrachtungen passt gut in jene Gegend rund um das Café Salzgries. In diesem Tonfall, leicht ironisch, plaudern die Menschen, die Beckermann zu Worte kommen lässt. Die schrillen Stimmen sind nicht zu vernehmen. Die Populisten des Ressentiments schwingen hier keine Reden. Beckermann wirbt nicht für eine kakanisch-bürokratische Gesinnung, die sich zugute hält, keine zu haben, propagiert nicht ihre moderne Variante, die vermeintliche Coolness. Der Film zelebriert vielmehr eine Gelassenheit, die einer Zivilcourage nicht im Wege steht. Wie es ihm gehe, fragt die Regisseurin den Filmproduzenten Franz Novotny im Frühjahr des Jahres 2000: »Wir sind dabei, dagegen zu sein«, antwortet er.

Doron Rabinovici, »»Tina, ruf die Polizei!««,
Die Presse, 8.9.2001

Die Marc-Aurel-Straße in Wien: das ist der letzte jüdische Händler im ehemaligen Textilviertel, der iranische Hotelier, das Café Salzgries mit seinen Stammgästen. Von Sommer 1999 bis Frühling 2000 unternahm Ruth Beckermann kleine Reisen vor die eigene Haustüre und erkundete ihre Umgebung mit der Kamera. »Es gibt viel zu viel, um alles zu zeigen«, heißt es im Filmtext, »und schließlich kann sich jeder vorstellen, wie so eine Straße im ältesten Teil von Wien aussieht. Was mich interessiert, sind die Menschen, die diskutieren und gestikulieren und intrigieren und studieren und einfach nur vorbeispazieren. Sie mag ich viel mehr.« In diesem Jahr wechselten nicht allein die Jahreszeiten, sondern auch die Regierung. Jeder dritte Österreicher hatte Haider gewählt. Und so zeigt *homemad(e)* unter anderem, wie der politische Umbruch im Kaffeehaus reflektiert wird, das bekanntlich nach Alfred Polgar »eine Weltanschauung ist, und zwar eine, deren innerster Inhalt es ist, die Welt nicht anzuschauen«.

Presseflyer homemad(e)*, 2001*

Weitere Texte (Auswahl): o.A., »Wie funktioniert Stadt? Ruth Beckermann dreht einen Film über die Marc-Aurel-Straße« (*Augustin*, Oktober 1999); Verena Mayer, »Abwarten und Kaffee trinken« (*Frankfurter Allgemeine Zeitung*, 8.2.2001); Karin Schiefer, »Der weibliche Blick in der Stadt. Ruth Beckermann spricht über ihren Essayfilm *homemad(e)*« (*Austrian Film News* 1/2001); Stefan Grissemann, »Die Wege des Flaneurs. Ruth Beckermann blickt in ihrem neuen Film auf das Leben in ihrem Viertel, in der Marc-Aurel-Straße« (*Die Presse*, 19.9.2001)

Zorros Bar Mizwa

Österreich 2006

REGIE, BUCH Ruth Beckermann **KAMERA** Nurith Aviv, Leena Koppe, André Wanne **TON** Günther Tuppinger, Stefan Holzer **MONTAGE** Dieter Pichler, Thomas Woschitz **DRAMA-TURGIE** Gertraud Luschützky **ZUSÄTZLICHE KAMERA** Joerg Burger, Peter Roehsler **KAMERAASSISTENZ** Konrad Edelbacher, Ludwig Löckinger, Anna Manhardt **TONSCHNITT** Johannes Konecny **MISCHUNG** Bernhard Maisch **ZUSÄTZLICHER TON** Odo Grötschnig, Regina Höllbacher, Thomas Szabolcs **GRAFIK, TITEL** Neiss & Neumann **TEAM ISRAEL** Nurith Aviv (Kamera), Tully Chen, Amos Zipori (Ton), Gaby Moatty (Produktionsleitung), Kerstin Gebelein (Schnittassistenz) **PRODUKTIONS-ASSISTENZ** Daphne Frucht, Efrat Karlitzky, Nomi Lassar, Johanna Malloth **PRODUKTION** Ruth Beckermann Filmproduktion **FÖRDERUNG** Österreichisches Filminstitut, Wiener Film Fonds, ORF Film/Fernseh-Abkommen **MIT** Tom Sattler, Moishy Ortner, Sharon Mamistvalov, Sophie Landesmann, André Wanne sowie Paul Chaim Eisenberg, Shmuel Barzilai, Svetlana Wanne, Adi, Christian und Tamar Sattler, Sara und Avi Ortner, Rusodan, Badry, Natalie, Arik und Ortis Mamistvalov, Nana und Marcel Landesmann, Elaine und Hans Landesmann, Gila und Avraham Izhaki, Julietta und Schlomo Zach, Andreas »Woody« Holzmann

35 MM (BLOW-UP VON DV) / FARBE / 90 MINUTEN
URAUFFÜHRUNG 10. März 2006, Cinéma du Réel, Paris
KINOSTART 15. Dezember 2006, Votiv Kino, Wien

Zorros Bar Mizwa folgt einer komplex verdichteten Dramaturgie, die religiöses Zeremoniell mit Problemen des Erwachsenwerdens und Fragen der Repräsentation verschränkt. Er begleitet Tom, Sharon, Moishy und Sophie, vier Zwölfjährige in Wien, die sich auf ihre Bar Mizwa bzw. Bat Mizwa vorbereiten. Neben dem Oberrabbiner und dem Kantor kommt dabei auch dem Filmemacher André Wanne eine ganz besondere Rolle zu: Er verewigt, je nach Wunsch und Budget der Familie, die Feierlichkeiten oder dreht Clips mit den Teenagern, in denen sich diese nach Lust und Laune selbst in Szene setzen können. Ruth Beckermanns neue Arbeit ist der geglückte Versuch, einen neuen Blick, eine neue Perspektive zu finden: einen Film zu machen nicht über die Vergangenheit, sondern die Zukunft.

> Michael Omasta, »Fest des Lebens«,
> Falter 50/2006

Außerdem erzählt der Film natürlich von Übergangsriten, davon, wie hilfreich diese hoch formalisierten Zeremonien in Phasen der Krise sind, wie sie soziale Einbettung gewährleisten und wie sie die Angst vor dem Neuen dadurch reduzieren, dass sie immer zu früh kommen: Die Jugendlichen werden zu Erwachsenen erklärt, obwohl zugleich offensichtlich ist, dass sie es noch nicht sind. Auf diese Weise werden Spielräume geschaffen, »Als ob«-Zonen, sichere Korridore, in denen sie sich gefahrlos eine Weile aufhalten können.

Am pointiertesten legt das Moishys Vater dar, wenn er davon spricht, wie er jetzt seinem dreizehnjährigen Sohn die Sünden, die er all die Zeit für ihn getragen hat, zurückgeben wird. In diesem Moment strahlt eine kleine diebische Freude aus dem Mann, zugleich aber das Wissen, dass ihm der ganze Knabe, mitsamt seinen verlagerten Sünden, wohl noch einige Zeit auf den Schultern sitzen wird.

Schließlich und vor allem ist *Zorros Bar Mizwa* natürlich ein Film über das Wiener Judentum in seiner gesamten ethnischen und religiösen Vielfalt. Tom ist der Sohn einer israelischen Mutter und eines österreichischen, nichtjüdischen, Vaters; Moishy kommt aus einer streng orthodoxen Familie; Sharon hat georgische Eltern mit sephardischen Wurzeln; Sophie schließlich entstammt einer völlig assimilierten Familie. Dementsprechend unterschiedlich fallen sowohl die religiösen Feiern als auch die damit verbundenen Familienfeste aus. In Summe entsteht eine außerordentlich bunte Geschichte, die in erster Linie von ihrem Humor und ihrer Privatheit lebt.

Es gehe ihr darum, familiäre Innenräume und Innenräume der Stadt zu zeigen, sagt Ruth Beckermann, daher begebe sie sich in die Küchen und Wohnzimmer der Familien und in die Synagoge. Vielleicht habe sie in Wahrheit eine verrückte wienerisch-jüdische Doku-Soap machen wollen.

Paulus Hochgatterer, »Eine Art Knotenlösen«,
Die Presse, 13.1.2007

Weitere Texte (Auswahl): Lisa Nesselson, *»Zorro's Bar Mitzvah« (Variety* 20.4.2006); Annette Busch, »»Wir planen, bis wir das perfekt auf die Bühne gestellt haben«« (*kolik film* 6/2006); Anchalee Chaiworaporn, »Das Geheimnis des Familienfilms«, Ruth Beckermann und Arash im Gespräch (*ray* 10/2006); Stefan Grissemann, »Lockerungsübungen« (*profil* 50/2006); Dominik Kamalzadeh, »Zorro war vielleicht auch ein Jude««. Gespräch mit Ruth Beckermann (*Der Standard*, 16.12.2006)

Mozart Enigma
Mozart Minute 10

Österreich 2006

REGIE, IDEE Ruth Beckermann **KAMERA/TON** Joerg Burger, Martin Putz **SCHNITT** Dieter Pichler **FOTOMONTAGE** Axel Swoboda **PRODUKTION** Wiener Mozartjahr 2006 **MIT** Sonja Holfeld
35 MM (BLOW-UP VON DVCAM) / FARBE / 1 MINUTE

Ein ironischer Kommentar zu biografischen Scheindokumentationen. Sich das Bild von einem Menschen machen? Ist das überhaupt möglich? Warum nicht zu einer Wahrsagerin gehen; Perücke runter und die Karten gelegt. Für den Film *Mozart Enigma* stellten wir eine Fotomontage her, welche die Züge Mozarts trägt, ihn jedoch mit neuer Frisur und Kleidung zeigt. Das verfremdete Foto wurde einer Wahrsagerin in Wien vorgelegt, die ohne zu wissen, um wen es sich handelt, aus den Karten liest.

Ruth Beckermann

Im Zuge des Wiener Mozartjahres 2006 wurden 28 namhafte in Österreich lebende Filmschaffende eingeladen, assoziative Miniaturen zu dem Komponisten zu gestalten, darunter Mara Mattuschka, Peter Tscherkassky, Jessica Hausner, Michael Glawogger, Sabine Derflinger, Ferry Radax, Michaela Schwentner, Ulrich Seidl, Peter Patzak, Wolfgang Glück.

American Passages

Österreich 2011

REGIE, BUCH Ruth Beckermann **KAMERA** Antoine Parouty, Lisa Rinzler **MONTAGE** Dieter Pichler **TON** Atanas Tcholakov, Matthew Dennis **SCHNITTASSISTENZ** Peter Jaitz **TONSCHNITT** Atanas Tcholakov **MISCHUNG** Bernhard Maisch **MUSIKKONSULENT** Edek Bartz **MUSIK** Waitstill Baxter (*Follow Me*), Kurt Weill, Bert Brecht (*Alabama Song*) **GRAFIK** Oliver Neumann **PRODUKTIONSLEITUNG** Ursula Wolschlager (Ö), Karen Annarino, Marisa Lloredo Saez (USA) **ASSOCIATE PRODUCER** Gabriele Kranzelbinder **PRODUKTIONSASSISTENZ** Ruth Kaaserer, Daniela Praher **PRODUKTION** Ruth Beckermann Filmproduktion **FÖRDERUNG** Österreichisches Filminstitut, Film Fonds Wien, ORF Film/Fernseh-Abkommen

MIT Michael Vogt, Bobbie Martin, Sheila Jackson-Johnson, James & Marie & Grace Stack, Sheila Skemp, Michele Mitchell, Lynetta Lyon, James Collette Iii, John Parkerson, Brian Whitfield, Linda & James Waltman, Ruth Haefliger, Phil Mcentee, Constance Slaughter-Harvey, Tomie Green, Johnnie Moore, Charles & Robert & Alison & Asher Hahn-Lowry, Juan Delgado Soto, David Epstein, Michael Light, Paolo Soleri, Joseph Arpaio, Mary Justice, Nancy Herr, Jaki Baskow, Larry Hart, Caroline Swindle, Tony Heart, Rich & Marie Little, Frank Randall, Genevieve Dew, Jesse Garon, Patricia Larsen, Andreas Mitisek, Eric & Phil, Jerry Goldberg

35 MM (BLOW-UP VON DVCAM) / FARBE / 120 MINUTEN
URAUFFÜHRUNG 31. März 2011, Cinéma du Réel, Paris
KINOSTART 25. November 2011, Votiv Kino, Wien

Es beginnt mit der Wahl Barack Obamas und endet am Roulettetisch in Las Vegas. Dazwischen liegen zwei Jahre, unzählige Begegnungen und Gespräche, die Ruth Beckermann in elf US-Bundesstaaten geführt hat. Gespräche über den Irakkrieg, das Recht auf Pursuit of Happiness, über Alltag, Träume, Utopien. Herausgekommen ist ein Passagenwerk, eine Landkarte wie eine Projektionsfläche, die von den Zuschauer/inne/n mit eigenen Amerika-Bildern bespielt und ergänzt werden muss.

Diagonale 2012

An Obamas Glücksversprechen von Veränderungen und Transformation – den im Titel bereits angedeuteten »Passages« – in der Anfangssequenz wird sich im Folgenden die Lage des Landes messen, und je tiefer Beckermann zuerst in die schwer republikanischen Bundesstaaten des Südens und dann weiter in den konservativen Westen vordringt, desto entfernter hallt dieses Echo nach. Der politische Aufbruchsgedanke aus der Großstadt bricht sich an den Alltäglichkeiten des Hinterlandes und zerfällt dort in kleine, höchst unterschiedliche Praktiken des Privaten. Beckermann markiert ihre Reisebewegungen durch lange, ruhige Kamerafahrten, die – manchmal aus Autofenstern heraus – elegisch die vorbeiziehenden Landschaften aufnehmen. Interviewpassagen mit Protagonist/inn/en unterbrechen die schönen, flüssigen Reisebewegungen und ermöglichen eine Art von Mapping verschiedener sehr generischer Orte – meist öffentlicher und/oder anonymer Plätze, wie Diners, Drive-Ins, Friedhöfe, Kirchen, Supermärkte, Gedenkstätten, Casinos oder Gefängnisse.

Alexandra Seibel, »Auf der Suche nach dem Möglichkeitssinn. Ruth Beckermanns Dokumentarfilm American Passages«, in: kolik film, 16/2011

Schon lange wollte ich einen Film über das Land der »verwirklichten Utopie« (Baudrillard) drehen, das Land, welches sich das »Recht auf die Suche nach dem Glück« bereits in die Un-abhängigkeitserklärung schrieb. Im Herbst 2008, durch den Doppelschock von Finanzkrise und historischem Befreiungsschlag durch die Wahl eines schwarzen Präsidenten, war der richtige Moment da, auf den es im Dokumentarfilm so stark ankommt, d. h. keine tagesaktuelle Situation, doch eine aufgewühlte Stimmung, welche das richtige Maß an Spannung und Reflexion ermöglicht. Ich fuhr los und filmte während zwei Jahren im Süden und Westen und in der Mitte der USA. Was ich fand? Maximalen Pragmatismus und maximale Fantasie. »It is what it is« wurde während der Dreharbeiten zu meinem Motto. Alles ist möglich. Und alles, was möglich ist, kann wirklich werden. Ich fand Menschen, welche wir so gut zu kennen meinen, dass ihr grundlegendes Anderssein umso mehr überrascht. Jeder erfindet sich selbst und immer wieder neu. Die Grenzen zwischen Fiktion und Wirklichkeit sind verschwommen und die Zukunft wichtiger als die Vergangenheit. Darum fühle ich mich trotz aller Melancholie über das Ende des amerikanischen Jahrhunderts, welche der Film ausstrahlt, immer noch leicht, wenn ich das Wort »Amerika« ausspreche.   *Ruth Beckermann*

Weitere Texte (Auswahl): Robert Koehler, »*American Passages*« (*Variety*, 27.4.2011); Stefan Grissemann, »Das Gespenst der Freiheit« (*profil* 47/2011); Siobhán Geets, »Beckermann: Amerika in Aufruhr« (*Die Presse*, 24.11.2011); Michael Omasta, Joachim Schätz, »»Wir denken und schauen heute anders««, Gespräch mit Ruth Beckermann (*Falter* 47/2011); Andreas Ungerböck, Roman Scheiber, »Nicht-Orts-Gespräche«, Interview mit Ruth Beckermann (*ray* 11/2011)

Jackson/Marker 4am

Österreich 2012

REGIE, BUCH Ruth Beckermann **KAMERA** Antoine Parouty **SCHNITT** Dieter Pichler **TON** Atanas Tcholakov **PRODUKTION** Ruth Beckermann Filmproduktion
HD/3,25 MINUTEN
URAUFFÜHRUNG 22. Januar 2012, Filmcasino, Wien

mein – dein
schein – sein
und woher kommt die musik
                    Ruth Beckermann

Eingeführt von einem Zitat, das seinen Schöpfer (Chris Marker) erfindet, tanzt jemand im Eiskunstlaufkostüm zu einem Musikstück, das seine Quelle verbirgt. *Jackson/Marker 4am*: Ein vorrationales, filmisches Fragment, lebendig in seiner Rätselhaftigkeit.

Eine Tanzszene, eine Straßenszene. Der Tanz als Übung, als Inszenierung, als harte Arbeit zwischen den Autos. Dennoch vergisst die Person im roten Kostüm manchmal darauf, das Geld zu nehmen. Nur die Musik steht im Mittelpunkt, aus der Ferne kommend, von nebenan oder vielleicht bloß gefühlt.

Katalog Diagonale 2012

Those Who Go Those Who Stay

Österreich 2013

REGIE, BUCH Ruth Beckermann **KAMERA** Johannes Hammel, Peter Roehsler, Ruth Beckermann, Georg Weiss, Nurith Aviv **MONTAGE** Ruth Beckermann, Dieter Pichler **TON** Sebastian Brameshuber, Atanas Tcholakov, Christina Kaindl-Hönig **MUSIK** Eleni Karaindrou **ORIGINALMUSIK, SOUND DESIGN** Gerhard Daurer **MISCHUNG** Bernhard Maisch **REGIEASSISTENZ** Félix L. Leemann, Jacopo Mauro, Josef Skedi **RECHERCHE** Stella Pongracz **DRAMATURGISCHE BERATUNG** Gertraud Luschützky **POSTPRODUKTIONSLEITUNG** Marie Tappero **TITELGRAFIK** Oliver Neumann **PRODUKTION** Ruth Beckermann Filmproduktion **FÖRDERUNG** BKA Innovative Film Austria, ORF Film/Fernseh-Abkommen

MIT Georg Stefan Troller und Kirsten Troller, Bety Beckermann, Viola Raheb und Sari Hanafi, Giulia Buttazzoni und Annalisa Proietti, Matthias Zwilling, George Samaan und Barbara Taufar, Alex und Good Luck, Rudy Ricciotti, Elfriede Gerstl

DCP / FARBE / 75 MINUTEN
URAUFFÜHRUNG 25. Oktober 2013, Viennale
KINOSTART 21. März 2014, Votiv Kino, Wien

Absichtlich absichtslos schauen, zufällig erkennen. *Those Who Go Those Who Stay* erzählt vom Unterwegssein in der Welt und im eigenen Lebenslauf. Es wäre reizvoll, über den / die zehnte Passant / in in einer Einkaufsstraße – unabhängig von Aussehen, Geschlecht und Sozialisierung – einen Dokumentarfilm zu drehen, schildert Georg Stefan Troller ein nicht realisiertes Filmkonzept. Wahlverwandt mit diesem Plädoyer für den Zufall verzweigen sich bei Ruth Beckermann geografisch sowie zeitlich sprunghafte Beobachtungen und Unterhaltungen zu einem filmischen Rhizom. Die Filmemacherin flaniert durch unsere labyrinthgleiche Welt und sammelt Spuren: von Schicksalen, Alltag, Reise- und Fluchtbewegungen; von Biografien, die in der Heimat oder anderswo (im Exil) fortgeschrieben wurden; vom nigerianischen Flüchtling, der von einer Karriere beim AC Milan träumt; von der 1938 nach Israel emigrierten Mutter …

Es sind Fragmente des Nichterzählten und in diesem Sinne auch ausfransende Reminiszenzen an frühere Arbeiten Beckermanns – Inseln im unendlichen Ozean der Möglichkeiten. Dabei ist die Filmemacherin im Subtext der interpretativ offen angelegten Reise auffällig präsent, sei es durch die Wahl der aufgesuchten Orte und Menschen oder auch durch die wiederkehrenden Fäden, Tücher, Textilien, die sie schon als Kind bei Einkaufsreisen mit dem Vater bestaunte. In derlei Details vermittelt sich Beckermanns persönliche filmische Haltung gegenüber einer merklich kleinteiligen Welt: Poesie ohne Leseanleitung.

Sebastian Höglinger & Vina Yun,
Katalog Diagonale 2014

In Textilfabriken greifen schwarze und weiße Arbeitshände in das Gewebe ein, wie eine Filmemacherin in ihre Erzählung. Die Wanderungen zwischen den Nationen und Kontinenten, die Erfahrung der Emigration, quer durch die Geschichte der vergangenen achtzig Jahre: Auch darum geht es in Ruth Beckermanns Film, aber auf seltsam leichte, fast träumerische Weise; um die Hoffnungen der Menschen etwa, die in einem sizilianischen Flüchtlingslager ankommen, um den Multikulturalismus in den Straßen der Welt, um Fragmente laufender Debatten über kulturelle Differenzen und Gemeinsamkeiten.

Stefan Grissemann, »Kaleidoskop«,
profil 12/2014

Episoden: A Flâneur in Paris – The Couple in the Car, Israel – Projection East of War, Aarhus – Mother Remembers, Vienna – The Doll Suitcase, Vienna – Strolling Through Buenos Aires – At the Border, Plöckenpass – Shared Memories, Krimml – Minigolf Is Dying Out, Lignano Pineta – Made in Italy, Prato – Alte Sachen, Jaffo – So Is Life, Czernowitz – Peter Kogler's Rats, Paris – Grid, Phoenix, AR – Security! Israel – Couples in a Park, Vienna – Cold Rooms, Reichenau – Conversation in Galilee, Jish – Election Campaign, Vienna – Those in Darkness Drop from Sight, Lampedusa – Refugee Conversation Between Mineo & Catania – The (Chinese) Merchant of Prato – An Encounter in Alexandria – Text & Textile, Café Salzgries, Vienna – Orient Express, Istanbul

Weitere Texte (Auswahl): Jenny Legenstein, »Wege, Umwege. Über Flucht und andere Bewegungen – Ruth Beckermanns neuer Film« (*Augustin* 363/19.3.2014); Köksal Baltaci, »Fasziniert von Bewegung – Bekenntnisse einer Reisenden. Porträt Ruth Beckermann« (*Die Presse*, 24.3.1014); Joachim Schätz, »Einen Reim auf die Dinge« (*kolik film* 21/2014); Michael Omasta, »Der Teufel am Frühstücksbuffet« (*Falter* 12/2014); Hélène Cixous, »Aus dem Schicksal führt kein Weg hinaus« (*Der Standard*, 19./20.4.2014)

Die Geträumten

Österreich 2016

REGIE Ruth Beckermann **BUCH** Ina Hartwig, Ruth Beckermann nach dem Briefwechsel von Ingeborg Bachmann und Paul Celan **KAMERA** Johannes Hammel **MONTAGE** Dieter Pichler **TON** Georg Misch **MUSIK** James Brown (*It's a Man's Man's Man's World*), Wolfgang Rihm (Probe zu *Die Eroberung von Mexico*), Astor Piazzolla (*Otoño Porteño* aus *Las quatro estaziones Porteñas*) **TONGESTALTUNG** Gerhard Daurer, Andreas Pils, Bernhard Maisch **STUDIOTON** Georg Mittermayr **DRAMATURGIE** Bernadette Weigel **SCHNITTBERATUNG** Gertraud Luschützky **CASTING** Lisa Oláh **LICHT** Bernhard Rübar **MASKE** Susanne Weichesmiller **AUSSTATTUNG** Andreas Donhauser **ZUSÄTZLICHE KAMERA** Joerg Burger **ZUSÄTZLICHER TON** Hjalti Bager-Jonathansson **PRODUKTIONSLEITUNG** Hanne Lassl **TITELGRAFIK** Thomas Gabriel **PRODUKTION** Ruth Beckermann Filmproduktion **FÖRDERUNG** Österreichisches Filminstitut, ORF Film/Fernseh-Abkommen, FISA – Filmstandort Wien
MIT Anja Plaschg, Laurence Rupp
DCP / FARBE / 89 MINUTEN
URAUFFÜHRUNG 13. Februar 2016, Internationales Forum des jungen Films, Berlin
KINOSTART 27. Oktober 2016 (D), 3. November 2016 (CH), 16. Dezember 2016, Stadtkino im Künstlerhaus, Wien

»Einen Film zu machen über alles, was man nicht filmen kann«, hatte Ruth Beckermann schon länger gereizt. Der Gedanke ist eine logische Konsequenz ihrer bisherigen Arbeiten: die Grenzen des Dokumentarfilms zu überschreiten, aber auch jene des Schauens neu zu stecken. Beckermann lässt die Musikerin Anja Plaschg und den Schauspieler Laurence Rupp Briefe vortragen, die Ingeborg Bachmann und

Paul Celan einander schrieben, nachdem sie sich 1948 zum ersten Mal begegnet waren – sie damals 22, er 27 Jahre alt. Etwa zwei Monate lang waren sie zusammen, dann, bis auf ein Wiedersehen und einer weiteren, intensiven Liebesphase knapp zehn Jahre später, immer räumlich getrennt, aber emotional und geistig verbunden, bis zu Celans Selbstmord 1970. Die Briefe – tief empfundene Bekenntnisse zum Möglichen, doch nie Realen – werden in Beckermanns Film mehr als nur hörbar gemacht.

Im Wiener Funkhaus, wo die Gemälde an der Wand wie Fenster in die Welt wirken, lesen Plaschg und Rupp die Texte nicht nur ein – sie lassen zu, dass diese auf sie wirken, dass diese Liebe auf sie wirkt, in ihrem Rausch, ihrer Verlustangst, ihrem Entzücken, ihrem Erschrecken, ihrer intimen Nähe und schmerzlichen Fremdheit, aber auch in ihrem historischen Kontext der Nachkriegszeit.

Alexandra Zawia, Katalog Diagonale 2016

Ingeborg Bachmann und Paul Celan gehören in die Reihe großer, moderner Liebender. Ihre Liebe ist einerseits einzigartig, sie steht aber auch paradigmatisch für die Möglichkeit und Unmöglichkeit einer Begegnung nach der Katastrophe des Kriegs und der Vernichtung. Die wohl wichtigsten deutschsprachigen Dichter/innen der zweiten Hälfte des 20. Jahrhunderts ringen um jene Fragen, die ich mir selbst immer wieder gestellt habe: Was bedeutet Liebe in unserer modernen bzw. postmodernen Zeit? Wie viele Generationen weit reicht die Zerstörung von Empathie und Vertrauen durch die NS-Ideologie in deren Kernländern Deutschland und Österreich? Sind Leben und Kunst vereinbar?

Ruth Beckermann

Liebe Ruth, gestern habe ich deinen Film gesehen. Er hat mich tief beeindruckt, vor allem wegen der Stimmen, die du gewählt hast. Sie besitzen eine physische Präsenz, und zwar durchgängig, sodass ich die Untertitel gelegentlich außer acht ließ, um nur ihrer Musik zu lauschen. Eine einmalige Erfahrung. Ich musste an Bresson denken, der seine Darsteller immer nach ihren Stimmen ausgesucht hat. Nach dem Film habe ich mich zuhause in eine zweisprachige Ausgabe (deutsch-französisch) von Celan vertieft. Danke und alles Gute, Edgardo

Aus einem Brief von Edgardo Cozarinsky an Ruth Beckermann, 25.10.2016

Weitere Texte (Auswahl): Verena Lueken, »Liebe oder Krieg der Opfer. Gespräch mit Ruth Beckermann und Ina Hartwig« (*Frankfurter Allgemeine Zeitung*, 8.2.2016); Helmut Böttiger, »Das Knistern des Zigarettenpapiers«, (*Süddeutsche Zeitung*, 16.2.2016); Sylvia Szely, »Produktive Gegensätze« (*kolik film* 25/2016); Peter Kremski, »Die Geträumten« (*filmbulletin* 3/2016); Andréa Picard, »Sehnsucht: Ruth Beckermann on *The Dreamed Ones*« (*Cinema Scope* #68/Fall 2016); Bert Rebhandl, »Celan und Bachmann – Welches Dunkel ist älter?« (*Frankfurter Allgemeine Zeitung*, 30.10.2016); Esther Buss, »Die Geträumten« (*filmdienst* 22/2016); Céline Leclère, »Entretien avec Ruth Beckermann à propos de *Die Geträumten*« (*Images documentaires* 85–86/2016); Catherine Wheatley, »*The Dreamed Ones*« (*Sight & Sound* 12/2016)

Weitere künstlerische Arbeiten

Versunkene Welt

Ausstellung mit Fotografien von Roman Vishniak und der Mazzesinsel
GESTALTUNG Joachim Riedl MITARBEIT Ruth Beckermann u. a.
30.10.–3.12.1984, Künstlerhaus Wien

europaMemoria

Ausstellung/Installation im Rahmen von Graz 2003 –
Kulturhauptstadt Europas
29.8.–28.9.2003, Dom im Berg, Graz
11.11.2004–6.1.2005, Museum Moderner Kunst, Wien
9.3.–19.3.2006, Maison des Arts Créteil, Paris
27.2.–28.3.2014, Kinoatelje, Gorizia

Flüchtlinge, moderne Nomaden. Menschen in Europa erzählen einen Moment aus ihrem Leben. *europaMemoria* handelt von Gesichtern und Geschichten – gefilmt von Ruth Beckermann, präsentiert auf 25 Bildschirmen in 25 begehbaren, in dicken farbigen Filz gekleidete Kabinen. »Das Verbindende aber ist, dass es da immer diese Ambivalenz gibt, diesen Schmerz und Verlust, bei jedem und jeder. Meist hat das mit Landschaft zu tun, mit Licht und Sonne, mit Kindheit, mit allem, was dort fehlt, wo man gerade ist. Aber dann öffnen sich neue Räume, spiritual territories.« (Ruth Beckermann)

Traiskirchen 2007

DVD Bonusmaterial zu *Auf amol a Streik*
REALISATION Ruth Beckermann MITARBEIT Ruth Kaaserer, Dieter Pichler 4 MINUTEN

Fotoessay einer ehemaligen Industriestadt. Dreißig Jahre nach *Auf amol a Streik* kehrt Ruth Beckermann zurück nach Traiskirchen; Reifen von Semperit galten seinerzeit als Symbol für österreichische Qualität. Am Morgen des 22. August 2007 steht die Filmemacherin erneut vor dem Fabriktor, das Werksgelände betreten darf sie wie damals nicht. Der Portier erinnert sich, beim Streik dabei gewesen zu sein. Heute arbeiten nur mehr 400 Menschen in dem Werk. Statt der Fabrik dominiert der Supermarkt, vor dessen Tor belebt sich das Bild, Leute gehen ein und aus. »Dem Ort geht es gut«, so Beckermanns Kommentar. »Konsum statt Industrie.«

Leben! Juden in Wien nach 1945

Ausstellung mit Fotografien von Margit Dobronyi
Idee und Konzept von Ruth Beckermann
19.3.–22.6.2008, Jüdisches Museum Wien

2007 stellt Ruth Beckermann ein Team zusammen, das mit der systematischen Dokumentation des rund 150.000 Bilder umfassenden Archivs der Fotografin Margit Dobronyi beginnt, das sich im Besitz des Jüdischen Museums Wien befindet. Den Schwerpunkt der Auswahl für die Ausstellung *Leben!* legt Beckermann dabei auf die Fülle des Materials: Zirka 1200 Fotos bilden eine Installation, welche durch Filmausschnitte animiert und durch Video-Erzählungen verdichtet wird.

The Missing Image

Eine Installation von Ruth Beckermann
12.3.–12.11.2015, Albertinaplatz, Wien
SOUNDS Olga Neuwirth BILDGESTALTUNG Klaus Pamminger
PRODUKTIONSLEITUNG Milli Segal ASSISTENZ Philipp Diettrich
ENTWURF Ruth Beckermann, Walter Studener HISTORISCHES
FILMMATERIAL Österreichisches Filmmuseum
HD (AUSGANGSMATERIAL 9,5 MM) / SCHWARZ-WEISS /
LOOP 1,35 MINUTEN
FÖRDERUNG BKA Innovative Film Austria, Zukunftsfonds der Republik Österreich, Nationalfonds der Republik Österreich für Opfer des Nationalsozialismus, Film Fonds Wien, Wien Kultur, KÖR Kunst im öffentlichen Raum

europaMemoria: Installationsansicht, Stills

Durch eine temporäre Installation wird das 1988 von Alfred Hrdlicka geschaffene »Mahnmal gegen Krieg und Faschismus« neu kontextualisiert. *The Missing Image* bezieht sich auf die als Erinnerung an den »Anschluss«-Pogrom im März 1938 geschaffene Bronzefigur eines liegenden bärtigen Mannes mit einer Bürste in der Hand, die einen straßenwaschenden Juden darstellen soll. Dieser Figur fügt Ruth Beckermann die fehlenden (bewegten) Bilder der lachenden Zuseher hinzu, die im Österreichischen Filmmuseum bewahrt werden. Durch die Einschreibung der bearbeiteten und geloopten Filmszenen in das Mahnmal treffen nun drei »Körper« aufeinander. Die Bronzefigur des Opfers, die in einer Zweikanal-Inszenierung auf LED-Screens projizierten Körper der historischen Täter und die realen Körper der Passanten, die sich jenen gegenüber sehen. Der Amateurfilm, aus dem die Bilder stammen, ist online unter seinem Archivtitel *Amateuraufnahmen Wien, Frühjahr 1938* auf efilms.ushmm.org einsehbar.

Zu *The Missing Image* existiert eine elfminütige Dokumentation, die das örtliche Umfeld und einige Gespräche rund um die Installation festhält.

Déjà-vu

Eine Intervention von Ruth Beckermann
18.6.–19.6.2015
Mahnmal am Albertinaplatz, Wien

Aus aktuellem Anlass wird die Installation *The Missing Image* von Ruth Beckermann adaptiert. Der straßenwaschende Jude bekommt für 24 Stunden Gesellschaft von drei heutigen Flüchtlingen, denen sogenannte Einheimische ihren Trotz und ihre Ablehnung ins Gesicht schleudern.

Bibliografie (Auswahl)

BÜCHER VON RUTH BECKERMANN

Die Berichterstattung über die Frauenfrage in den New Yorker Zeitschriften 1865–1900. Dissertation. Universität Wien 1977

Die Mazzesinsel. Juden in der Wiener Leopoldstadt 1918–1938. Hg. und mit einem historischen Essay von Ruth Beckermann. Löcker, Wien 1984 (französische Ausgabe: *Vienne, rue du temple: Le quartier juif 1918–1938.* Éditions Hazan, Paris 1986)

Widerstand im Salzkammergut: Unter Einsatz von audiovisuellen Medien als Forschungs- und Darstellungsinstrument. Endbericht zum Forschungsauftrag des BMWF, durchgeführt von Ruth Beckermann, Christa Blümlinger, Gerhard Botz unter Mitarbeit von Josef Aichholzer. Ludwig-Boltzmann-Institut für historische Sozialwissenschaft, Salzburg 1985

Unzugehörig. Österreicher und Juden nach 1945. Löcker, Wien 1989 (2. Auflage 2005)

Ohne Untertitel. Fragmente einer Geschichte des österreichischen Kinos. Hg. gem. mit Christa Blümlinger. Sonderzahl, Wien 1996

Jenseits des Krieges. Ehemalige Wehrmachtsoldaten erinnern sich. Döcker, Wien 1998

europaMemoria (Katalog + DVD). Hg. gem. mit Stefan Grissemann. Czernin, Wien 2003

Leben! Juden in Wien nach 1945. Fotografiert von Margit Dobronyi. Hg. von Ruth Beckermann. Mandelbaum, Wien 2008

BEITRÄGE

»Erdbeeren in Czernowitz«, in: Christoph Ransmayr (Hg.): *Im blinden Winkel – Nachrichten aus Mitteleuropa.* Wien 1985

»Fredi Blau auf Reisen«, in: Dan Diner, Susann Heenen-Wolff, Gertrud Koch (Hg.): *Babylon. Beiträge zur jüdischen Gegenwart.* Heft 3 (Frankfurt am Main) 1988

»Illusionen und Kompromisse: Zur Identität der Wiener Juden nach 1945«, in: Gerhard Botz, Ivar Oxaal, Michael Pollak (Hg.): *Eine zerstörte Kultur – Jüdisches Leben und Antisemitismus in Wien seit dem 19. Jahrhundert.* Buchloe 1990

»La glorieuse resistance autrichienne et l'oublie des juifs«, in: *Austriaca,* Nr. 31 (Rouen) 12/1990

»Par-dessus les ponts«, in: *Autrement.* Paris 1991

»Jean Améry and Austria«, in: Dagmar Lorenz, Gabriele Weinberger: *Insiders and Outsiders – Jewish and Gentile Culture in Germany and Austria.* Detroit 1994

»Unter der Bank gelesen«, in: Stephan Steiner (Hg.): *Jean Améry (Hans Maier).* Basel 1995

»Todeslisten – Lebenslisten«, in: *Auschwitz filmen oder Die Darstellbarkeit der Geschichte* (Mitteilungen des Instituts für Wissenschaft und Kunst), Nr. 4 (Wien) 1995

»Ausschluss und Einschluss – Zur Produktion von Eigenem und Fremdem in den Nachkriegsjahren«, in: Wolfgang Kos, Georg Rigele (Hg.): *Inventur 45/55 – Österreich im ersten Jahrzehnt der Zweiten Republik.* Wien 1996

»A l'Est de la guerre – Journal de tournage«, in: *Trafic, Revue de Cinéma,* Nr. 35 (Paris) 2000

»Auf der Brücke. Essay über dieses Österreich, das auch 55 Jahre nach der Schoah kein Ort für Juden ist«, in: *profil 42/2000*

»Österreich spricht – Textcollage«, in: Rubina Möhring (Hg.): *Österreich allein zuhause – Politik, Medien und Justiz nach der politischen Wende.* Frankfurt am Main, London 2001

»Auf der Brücke«, Rede zur Verleihung des Manès-Sperber-Preises, in: *The German Quarterly,* Nr. 74/1, Michigan State University 2001

»Der österreichische Heimatfilm. Eine Endlosschleife«, in: Ilija Dürhammer, Pia Janke: *Die »österreichische« nationalsozialistische Ästhetik.* Wien, Köln, Weimar, 2003

»Fugue orientale«, in: *Trafic, Revue de Cinéma,*
Nr. 49 (Paris) 2004

»Wo ist Israel? Gedanken zu einem Filmprojekt«,
in: *kolik film* (Wien) 2/2004

»Die Mazzesinsel revisited«, in: *Wiener Jahrbuch
für jüdische Geschichte, Kultur und Museums-
wesen,* Band 7, 2006

»Schaut euch um, lauter Juden!«, in: *Falter* 20/2007

»Ein Fest fürs Leben«, in: Raimund Löw (Hg.):
Die Fantasie und die Macht. 1968 und danach.
Wien 2007

»Unter der Bank gelesen. Jean Améry und Österreich«, in: *Jean Améry. Werke. Band 9: Materia-
lien.* Hg. von Irene Heidelberger-Leonard.
Stuttgart 2008

»Wohin und zurück. Anmerkungen zur Filmtrilo-
gie und ihrem Regisseur«, in: Georg Stefan
Troller: *Wohin und Zurück. Die Axel-Corti-
Trilogie* (Nachwort). Wien 2009

»Der zündende Funke ist ein Gefühl. Es geht
immer um Gefühle«, in: Christa Eder: *Der zündende Funke: Gespräche mit Künstlerinnen und
Künstlern.* Wien 2009

»Die Grenzen des Sagbaren erweitern«, in: Heinrich Berger, Melanie Dejnega, Regina Fritz,
Alexander Prenninger (Hg.): *Politische Gewalt
und Machtausübung im 20. Jahrhundert. Zeitgeschichte, Zeitgeschehen, Kontroversen.* Wien 2011

»Aus dem Off, von daheim. Hommage an Chantal
Akerman«, in: *Falter* 41/2011 (Viennale-Beilage)

»Jenseits des Krieges«, in: Sven Fritz, Jens Geiger
(Hg.): *Viele Schichten Wahrheit. Beiträge zur
Erinnerungskultur. Festschrift für Hannes Heer.*
Berlin 2014

»Das letzte Abendlicht«, in: *Der Standard,*
27.9.2014

ÜBER RUTH BECKERMANN

Renate S. Posthofen: »Ruth Beckermann: Re-
Activating Memory – In Search of Time Lost«,
in: Margarete Lamb-Faffelberger (Hg.): *Out
from the shadows: essays on contemporary
Austrian women writers and filmmakers.*
Riverside, Calif., 1997

Gertraud Leimüller: »Wider das Geducktsein«,
in: *Salzburger Nachrichten/Beilage zum
Wochenende,* 17.10.1998

Andrea Reiter: »Ruth Beckermann und die jüdi-
sche Nachkriegsgeneration in Österreich«, in:
Allyson Fiddler: *»Other« Austrians. Post-1945
Austrian Women's Writing – proceedings of the
conference held at Nottingham in April 1996.*
Bern 1998

Christa Blümlinger: »Le souvenir partagé«, in:
*Retour de Mémoire. Rencontres Cinémato-
graphiques de la Seine-Saint-Denis,* Paris 2000
(deutsche Übersetzung: »Wessen Erinnerung?«, in: *Infoblatt 53,* Internationales Forum
des jungen Films, Berlin 2001)

Janine Halbreich-Euvrard: »Ruth Beckermann,
cinéaste juive«, in: *Regards,* Nr. 483 und 486
(Brüssel) 2000

Ruth Wodak: »Gespräch mit Ruth Beckermann
über *Jenseits des Krieges*«, in: *L'homme – Zeitschrift für feministische Geschichtswissenschaft,*
Jahrgang 12, 1/2001

Bibliothèque Centre Pompidou (Hg.):
*Ruth Beckermann, histoire(s) au temps
présent* (Broschüre zur Retrospektive).
Paris 2002

Dagmar C. G. Lorenz: »Post-Shoah Positions of
Displacement in the Films of Ruth Beckermann«, in: Judith Beniston (Hg.): *Hitler's first
victim?* Leeds 2003

Marie Appert: »Ruth Beckermann, cinéaste
de l'identité«, in: *Positif,* Nr. 505 (Paris)
März 2003

Céline Leclère: »Ruth Beckermann: une rétrospective«, in: *La pensée de midi* Nr. 10 (Marseille) 2003

Christina Guenther: »The politics of location in Ruth Beckermann's ›Vienna films‹«, in: *Modern Austrian literature: a journal devoted to the study of Austrian literature and culture,* Bd. 37/ H. 3–4, Houston, Texas 2004

Christa Blümlinger: »Les divagations d'une voyageuse autrichienne«, in: *Trafic, Revue de Cinéma,* Nr. 49 (Paris) 2004

Christa Blümlinger: »Ruth Beckermann: a cartography of migration / Ruth Beckermann: Cartographie de la migration«, in: *Parachute: revue d'art contemporain*, Nr. 120: *Frontières* (Montréal) 2005

Ruth Beckermann – Film Collection. Texte/Texts/ Textes (dreisprachiges Begleitbuch zur 8-DVD-Box, Redaktion: Monika Lendl). Ruth Beckermann Filmproduktion. Wien 2007

Dagmar C. G. Lorenz: »Transformationen der Avantgarde: Veza Canetti, Elfriede Jelinek und Ruth Beckermann«, in: Siglinde Bolbecher, Beate Schmeichel-Falkenberg (Hg.): *Frauen im Exil*. Klagenfurt 2007

Rudolf Bernd: *Ruth Beckermann und das Sichtbarmachen des Verschwindens: der Beitrag der Autorin und Filmemacherin zur Medien- und Kommunikationsgeschichte in den Jahren 1978–2008.* Diplomarbeit. Universität Wien 2008

Hillary Hope Herzog: »The Global and the Local in Ruth Beckermann's Films and Writings«, in: H. H. Herzog, Todd Herzog, Benjamin Lapp (Hg.): *Rebirth of a culture*. New York 2008

Christina Guenther: »Cartographies of Identity: Memory and History in Ruth Beckermann's Documentary Films«, in: Robert von Dassanowsky (Hg.): *New Austrian Film*. New York 2011

Hélène Cixous, »Aus dem Schicksal führt kein Weg hinaus«, in: *Der Standard*, 21.4.2014

Katya Krylova, »Melancholy Journeys in the Films of Ruth Beckermann«, in: *Leo Baeck Institute Year Book*, Jahrgang 59, Mai 2014

Erhard Stackl: »›Mit der Ambivalenz leben lernen‹. Ein Gespräch mit der Filmemacherin und Autorin Ruth Beckermann über Veränderungen und Konstanten des jüdischen Lebens in Wien«, in: *Das Jüdische Echo*, Nr. 64 (Wien) 9.3.2016

Autorinnen und Autoren

CHRISTA BLÜMLINGER ist Professorin für Film-wissenschaft an der Universität Paris 8 Vincennes-Saint-Denis. Neben diversen Tätigkeiten als Kritikerin und Kuratorin u. a. in Wien, Berlin und Paris fungierte sie als Herausgeberin ausgewählter Schriften von Serge Daney (auf Deutsch) und Harun Farocki (auf Französisch) und hat zahl-reiche Publikationen insbesondere zu Film-ästhetik, Dokumentar- und Avantgardefilm sowie Medienkunst vorgelegt. Unter anderem: *Kino aus zweiter Hand. Formen materieller Aneignung im Film und in der Medienkunst* (2009), »Attrait de l'archive«, *Cinémas*, Bd. 24, Nr. 2–3, 2014 (Gast-herausgabe), *Paysage et mémoire. Photographie, Cinéma, audiovisuels* (Hg. mit Sylvie Lindeperg et al., 2014) sowie *Morgan Fisher – un cinéma hors champ / Morgan Fisher, Off-Screen Cinema* (Hg. mit Jean-Philippe Antoine, 2016).

INA HARTWIG, geboren in Hamburg, studierte Romanistik und Germanistik in Avignon und Berlin. Neben Lehrtätigkeiten an der FU Berlin, in St. Louis und Göttingen war sie verantwortliche Literaturredakteurin bei der *Frankfurter Rund-schau* und arbeitete danach als freie Kritikerin u. a. für die *Süddeutsche Zeitung* und *Die Zeit.* Sie erhielt mehrere Auszeichnungen, darunter den Alfred-Kerr-Preis für Literaturkritik. Im Sommer 2016 wurde Ina Hartwig zur neuen Kulturdezernentin der Stadt Frankfurt am Main gewählt. Ein biografisches Buch über Ingeborg Bachmann, das sie jüngst am Wissenschaftskolleg zu Berlin fertiggestellt hat, soll 2017 erscheinen.

ALEXANDER HORWATH ist Autor und Kurator und war als Filmkritiker und Redakteur u. a. für den *Falter*, den *Standard*, *Die Zeit* und die *Süddeutsche Zeitung* tätig. Er leitete die Viennale und ist seit 2002 Direktor des Österreichischen Filmmuseums. 2007 fungierte er als Kurator des Filmprogramms

der Documenta 12. Er ist korrespondierendes Mitglied der Wiener Secession und Mitglied der Akademie der Künste, Berlin. Zu seinen Publi-kationen als Autor und (Ko-)Herausgeber zählen u. a. Bücher über Michael Haneke (1991, 1997), das amerikanische Kino der 1960er / 70er-Jahre (1994, 1995, 2003), Peter Tscherkassky (2005), Josef von Sternberg (2007), *Film Curatorship* (2008) und über das Österreichische Filmmuseum (2014).

ALICE LEROY lehrt Filmästhetik und Filmtheorie an der Universität Paris VII und an der Ecole des Hautes Etudes en Sciences Sociale in Paris. Sie hat im Fach Visual Studies an der Universität Paris Est promoviert. Ihre Dissertation mit dem Titel *Le Corps utopique au cinéma. Transparence, Réversibilité, Hybridité* befasst sich mit der Be-ziehung zwischen Ästhetik, Wissenschaft und dem Körper. Sie ist regelmäßige Mitarbeiterin des internationalen Dokumentarfilmfestivals Cinéma du Réel am Centre Pompidou und hat Aufsätze u. a. für die Zeitschriften *Trafic, Esprit, Critique, 1895, Desports* und *Images documentaires* verfasst.

BRIGITTE MAYR, 1958 in Linz geboren, wissen-schaftliche Leiterin von Synema – Gesellschaft für Film & Medien, einer interdisziplinären Schnittstelle zur Vermittlung zwischen Theorie und Praxis, Kunst und Wissenschaft der audio-visuellen Medien. (Ko-)Konzeption zahlreicher Symposien und begleitender Filmschauen; (Ko-)Herausgeberin von Büchern, u. a. *Carl Mayer, Scenar[t]ist. Ein Script von ihm war schon ein Film* (2003), *Film Denken / Thinking Film – Film & Philosophie* (2005), *Falsche Fährten in Film und Fernsehen* (2007), *Script: Anna Gmeyner. Eine Wiener Drehbuchautorin im Exil* (2009), *Wolf Suschitzky Films* (2010), *Ein Meister der ziel-strebigen Umwege – Marcel Ophüls und sein Film »The Memory of Justice«* (2015).

OLGA NEUWIRTH, geboren in Graz, ist Musikerin, Komponistin und Filmemacherin, deren Werke bewusst in Abweichung zu tradierten musikalischen Mustern und Wahrnehmungsformen entstehen, um neue Klangerlebnisse zu ermöglichen. 1991 begann ihre Zusammenarbeit mit Elfriede Jelinek, die in den Musiktheaterwerken *Bählamms Fest*, *Lost Highway* (nach David Lynch) oder *Kloing! and A Songplay in 9 fits* Niederschlag gefunden hat. Neben großen Orchesterwerken wie *Clinamen/Nodus* komponiert sie Filmscores (u. a. *Ich seh ich seh*, 2014) und gestaltete den Sound zu Ruth Beckermanns Installation *The Missing Image*. Sie ist Mitglied der Akademie der Künste in Berlin und München und erhielt zahlreiche Auszeichnungen, darunter 2010 den Großen Österreichischen Staatspreis. Zuletzt war sie Composer in Residence beim Lucerne Festival, wo im Sommer 2016 ihr Schlagzeugkonzert *Trurliade – Zone Zero* uraufgeführt wurde.

CRISTINA NORD arbeitet am Goethe-Institut Brüssel, wo sie für die Kulturprogramme in der Region Südwesteuropa verantwortlich zeichnet. Von 2002 bis 2015 war sie Filmredakteurin im Kulturressort der *taz. die tageszeitung* in Berlin. 2013 erhielt sie den Siegfried Kracauer Preis für die Beste Filmkritik. Zu ihren Publikationen zählen *True Blood* (Diaphanes, Zürich, Berlin 2015), »Hitler goes kaput. Zu Quentin Tarantinos kontrafaktischem Geschichtsspektakel *Inglourious Basterds*« (in: Iris Roebling-Grau, Dirk Rupnow [Hg.]: »*Holocaust*«-Fiktion. *Kunst jenseits der Authentizität*, Wilhelm Fink Verlag, Paderborn 2015) und »So ein kleines Stückchen Freiheit – Rainer Werner Fassbinder und das Fernsehen« (in: *Fassbinder JETZT. Film- und Videokunst*, hg. vom Deutschen Filminstitut, Frankfurt am Main, und von der Rainer Werner Fassbinder Foundation, Berlin 2013).

MICHAEL OMASTA, 1964 in Wien geboren, ist Filmredakteur der Wiener Wochenzeitung *Falter* und Vorstandsmitglied des Vereins Synema – Gesellschaft für Film und Medien. Er hat einige Filmreihen kuratiert und ist (Ko-)Herausgeber der sie begleitenden Publikationen, u. a. *Aufbruch ins Ungewisse. Österreichische Filmschaffende in der Emigration vor 1945* (1993), *Tribute to Sasha. Das filmische Werk von Alexander Hammid* (2002), *Fritz Rosenfeld, Filmkritiker* (2006), *Josef von Sternberg. The Case of Lena Smith* (2007), *Romuald Karmakar* (2010), *Amos Vogel: Ein New Yorker Cineast aus Wien* (2011) und *Manfred Neuwirth: Bilder der flüchtigen Welt* (2014). Zuletzt erschien bei Synema-Publikationen das Fotobuch *Wolf Suschitzky. Seven Decades of Photography*.

JEAN PERRET, 1952 in Paris geboren, erlangte ein Lizentiat in französischer Literatur und Geschichte der Neuzeit und widmete seine Abschlussarbeit dem Schweizer Dokumentarfilm der 1930er-Jahre. Er arbeitete als Filmjournalist für Zeitschriften und Zeitungen sowie für das Radio der französischen Schweiz. Er gründete und leitete die Semaine de la critique beim Filmfestival von Locarno und übernahm anschließend die Leitung des internationalen Dokumentarfilmfestivals in Nyon, das er unter dem Namen Visions du Réel weiterführte. 2010 wurde er als Leiter der Abteilung Film – die nunmehr den Titel Cinéma du Réel trägt – der Haute école d'art et de design in Genf berufen.

CHRISTOPH RANSMAYR, 1954 in Oberösterreich geboren, lebt nach Jahren in Irland und auf Reisen wieder in Wien. Neben Romanen wie *Die Schrecken des Eises und der Finsternis, Die letzte Welt* oder *Der fliegende Berg* veröffentlichte er bisher zehn Spielformen des Erzählens, darunter *Damen & Herren unter Wasser* und *Geständ-*

nisse eines Touristen. Für seine Bücher, die in dreißig Sprachen übersetzt wurden, erhielt er zahlreiche Auszeichnungen, u. a. die nach Hölderlin, Kafka und Brecht benannten Literaturpreise, den Premio Mondello und, gemeinsam mit Salman Rushdie, den Prix Aristeion der Europäischen Union, den Prix du meilleur livre étranger und den Prix Jean Monnet de Littérature Européenne. Zuletzt erschien bei S. Fischer der Roman *Cox oder Der Lauf der Zeit*.

BERT REBHANDL, 1964 in Oberösterreich geboren, studierte in Wien Germanistik, Katholische Theologie und Philosophie und lebt seit 2000 als freier Journalist, Autor und Übersetzer in Berlin. Filmkritiken für die *Frankfurter Allgemeine Zeitung*, Texte für *Der Standard*, *Frieze*, *tip*, *Der Freitag*, u. v. a. Er ist Mitbegründer und Mitherausgeber der Zeitschrift *CARGO Film Medien Kultur* (www.cargo-film.de), hat Bücher über *Orson Welles* (Zsolnay 2005) und die Fernsehserie *Seinfeld* (Diaphanes 2012) verfasst und ist Herausgeber der Anthologien *Western: Genre und Geschichte* (Zsolnay 2008) und der Texte von Christoph Hübner & Gabriele Voss (*Film/Arbeit*, Vorwerk 8 2014).

ARMIN THURNHER, geboren 1949 in Bregenz, ist Mitbegründer und Miteigentümer und seit bald vierzig Jahren auch Herausgeber und Chefredakteur der Wiener Wochenzeitung *Falter*. Für seine Arbeit erhielt er zahlreiche Auszeichnungen, u. a. den Preis des österreichischen Buchhandels für Toleranz und den Otto-Brenner-Preis für seinen Einsatz für ein soziales Europa. Er ist Autor der Erinnerungen von Leon Zelman, *Ein Leben nach dem Überleben* (2005), des Romans *Der Übergänger* (2009) sowie vieler politischer Bücher, darunter *Republik ohne Würde* (2013) oder zuletzt des Essays *Ach, Österreich! Europäische Lektionen aus der Alpenrepublik*, erschienen bei Zsolnay im Herbst 2016.

GEORG STEFAN TROLLER, geboren 1921 in Wien, ist Journalist, Erzähler und Filmemacher. Jüdischer Herkunft, emigrierte er 1938 in die Tschechoslowakei, 1939 nach Frankreich und 1941 über Casablanca nach Amerika. 1943 wurde er US-Bürger, kehrte mit der Army als Verhöroffizier nach Europa zurück. Lebt seit 1949 in Paris, wo er zuerst als Radioreporter, später Korrespondent fürs deutsche Fernsehen arbeitete. Seine Reihen *Pariser Journal* (50 Folgen) und *Personenbeschreibung* (75 Folgen) sind legendär, ebenso seine Drehbücher für den österreichischen TV-Regisseur Axel Corti, *Ein junger Mann aus dem Innviertel* (1975), *Der junge Freud* (1978) sowie die Trilogie *Wohin und zurück* (1982–86). Zudem ist Troller der Autor Dutzender Bücher, eine autobiografische *Selbstbeschreibung* erschien 2009 bei Artemis & Winkler.

Abbildungsnachweis

Dank

Für ihre Unterstützung und Mitarbeit an diesem Buch danken die Herausgeber zuallererst Ruth Beckermann sowie allen Autorinnen und Autoren, die zu seinem Zustandekommen beigetragen haben, ganz herzlich.

Weiters bedanken wir uns bei Raymond Bellour, Heribert Corn, Edgardo Cozarinsky, Philipp Diettrich, Roland Fischer-Briand, Sven Fritz und Jens Geiger, Andrea Glawogger, Fritz Göttler, Stefan Grissemann, Maida Hedzic, Eszter Kondor, Dennis Lim, Brigitte Mayr, Brigitte Morgenthaler, Katharina Müller, Michael Pilz, Robert Schindel, Regina Schlagnitweit, Roland Teichmann – sie alle haben uns mit Rat und Tat bei der Arbeit an diesem Buch geholfen.